校企合作双元开发新形态信息化教材

高等职业教育轨道交通类“十四五”技能型人才培养实用教材

轨道交通工程盾构施工技术

（智媒体版）

主　编 ◎ 段军朝　杨治东　罗立娜

副主编 ◎ 付迎春　马庆辉

主　审 ◎ 陈　馈

新形态信息化教材　校企合作双元开发　课程思政

视频　微课　课件

西南交通大学出版社

·成　都·

图书在版编目（CIP）数据

轨道交通工程盾构施工技术：智媒体版 / 段军朝，杨治东，罗立娜主编. —成都：西南交通大学出版社，2023.4
校企合作双元开发新形态信息化教材　高等职业教育轨道交通类“十四五”技能型人才培养实用教材
ISBN 978-7-5643-9166-9

Ⅰ. ①轨…　Ⅱ. ①段…　②杨…　③罗…　Ⅲ. ①城市铁路－轨道交通－隧道施工－盾构法－工程施工－高等职业教育－教材　Ⅳ. ①U239.5

中国国家版本馆 CIP 数据核字（2023）第 009723 号

校企合作双元开发新形态信息化教材
高等职业教育轨道交通类“十四五”技能型人才培养实用教材

Guidao Jiaotong Gongcheng Dungou Shigong Jishu
（Zhimeiti Ban）

轨道交通工程盾构施工技术
（智媒体版）

主　编 / 段军朝　杨治东　罗立娜

责任编辑 / 王同晓
封面设计 / 何东琳设计工作室

西南交通大学出版社出版发行
（四川省成都市金牛区二环路北一段 111 号西南交通大学创新大厦 21 楼　610031）
发行部电话：028-87600564　028-87600533
网址：http://www.xnjdcbs.com
印刷：四川煤田地质制图印务有限责任公司

成品尺寸　185 mm × 260 mm
印张　12.5　　字数　303 千
版次　2023 年 4 月第 1 版　　印次　2023 年 4 月第 1 次

书号　ISBN 978-7-5643-9166-9
定价　54.00 元

课件咨询电话：028-81435775

PREFACE 前言

近年来，随着我国城市轨道交通事业的发展，对盾构施工专业人才的需求日益增强。本教材在继承和充分尊重其他教材的基础上，以培养城市轨道盾构隧道施工岗位的高素质技能型人才为目标，按照国家对高职高专这一层面学生的培养要求而编写。本书采用了行业最新规范，广泛吸收了国内外盾构施工现场的新技术、新方法、新工艺，以实用、实践、实效为原则，比较系统地介绍了盾构分类、构造和盾构施工技术。具体内容包括盾构发展史、盾构分类和构造、盾构选型、盾构施工技术和特殊地质地段盾构施工技术等。

本书由中国建筑先进技术研究院段军朝、石家庄铁路职业技术学院杨治东、广州铁路职业技术学院罗立娜担任主编，石家庄铁路职业技术学院付迎春、深圳地铁建设集团有限公司马庆辉任副主编。其中项目 1 由段军朝和杨治东编写；项目 2 和项目 3 由付迎春和杨治东编写；项目 4 中的任务 13 由陕西铁路工程职业技术学院赵旭坤编写，项目 4 其余部分由段军朝和杨治东编写；项目 5 由段军朝和包头铁道职业技术学院秦驰越编写；项目 6 由罗立娜、马庆辉和杨治东编写。全书由杨治东负责统稿，中铁隧道局集团有限公司陈馈担任主审。

本书由校企合作编写，体现了行业企业一线专家的工程实践和工程经验，具有较强的实践性和实用性；又结合了院校教师多年的教学经验，采用项目任务的形式进行编排，体现了以学习者为中心、教学做一体化的教学理念。因此，本书可作为高职高专学校土木工程类盾构施工课程的教学用书，也可供盾构隧道施工技术人员学习参考。

在本书编写过程中得到了有关单位的大力支持和帮助，在此表示诚挚的感谢。

由于编者水平有限，本书难免存在疏漏与不足，谨请各位读者批评和指正。

编 者

2023 年 1 月

CONTENTS 目录

项目 1　盾构发展历史认知

项目描述

盾构是先进的隧道建设专用设备。盾构法施工就是盾构在盾壳的掩护下进行土体开挖、土渣排运、整机推进和管片安装等作业使隧道成形的隧道修建方法。国外盾构发展大概可以分为 4 个阶段：① 以布鲁内尔盾构为代表的手掘式盾构；② 以半机械式、机械式、网格式、气压式为代表的机械开挖式盾构；③ 以土压平衡或泥水平衡为代表的闭胸式盾构；④ 以大断面、大深度、长距离、断面多样化为代表的多元化盾构。我国盾构研发工作者经过反复探索，掌握了盾构系统的核心技术。我国目前生产的盾构性能指标达到或部分超越了国际同类产品，极大地推动了我国盾构法隧道建设发展。

知识目标

（1）掌握盾构和盾构施工的基本概念；
（2）熟悉盾构起源、发展历史和未来趋势；
（3）熟悉我国盾构研发成就和盾构隧道建设成绩。

技能目标

（1）能够利用搜索工具查阅盾构发展史相关文献；
（2）能够通过专家咨询学习我国盾构创新创业历程；
（3）能够整理盾构发展史文献，并用简洁语言进行概括；
（4）能够根据盾构发展史主题搜索相应的图片作为内容支撑；
（5）能够利用幻灯片表述所学盾构发展史。

素质目标

（1）培养学生的组织归纳能力；
（2）培养学生的创新意识；
（3）培养学生的爱国情操；
（4）培养学生的语言组织能力；
（5）培养学生沟通协作能力。

任务 1.1 国外盾构发展认知

【工作任务】

几个地铁发烧友听说某地铁区间隧道是用盾构修建的，想了解一下盾构是什么？盾构的过去、现在和未来是什么样？你作为盾构专业学生该如何向他们解说呢？

【相关知识】

盾构是隧道建设专用设备，具有金属外壳，壳内装有整机及辅助设备。它是一个能支承地层压力又能在地层中推进的钢筒结构，在钢筒的前面设置各种类型的开挖和支撑土体的装置，在钢筒中段周圈内面安装提供推进力的推进油缸，而钢筒尾部壳体内有一定空间，在该空间内可以拼装预制的隧道管片。盾构法施工就是盾构在盾壳的掩护下进行土体开挖、土渣排运、整机推进和管片安装等作业使隧道成形的隧道修建方法。

国外盾构主要经历了 4 个发展阶段：① 以布鲁内尔盾构为代表的手掘式盾构；② 以半机械式、机械式、网格式、气压式为代表的机械开挖式盾构；③ 以土压平衡或泥水平衡为代表的闭胸式盾构；④ 以大断面、大深度、长距离、断面多样化为代表的多元化盾构。

1.1.1 手掘式盾构

1806 年，法国工程师马克·布鲁内乐（Marc Brunel）发现船的木板中，有一种蛀虫钻出孔道，蛀虫头部有外壳，在钻穿木板时，分泌出液体涂在孔壁上形成坚韧的保护壳，用以抵抗木板潮湿后的膨胀，以防被压扁。在蛀虫钻孔的启示下，马克发现了盾构掘进隧道的原理，并在英国注册了专利。马克的专利盾构由不同的单元格组成，每一个单元格可容纳一个工人独立工作，并对工人起到保护作用。所有的单元格牢靠地装在盾壳上。当一段隧道挖完后，由液压千斤顶将整个盾壳向前推进，挖空的地方被铺上砖块作为衬砌。1818 年，马克完善了盾构结构的机械系统，设计成用全断面螺旋式开挖的封闭式盾壳，衬砌紧随其后，如图 1-1 所示。

1825 年，马克和他的儿子金德姆·布鲁内尔（Kingdom Brunel）第一次在伦敦泰晤士河下用一个断面高 6.8 m，宽 11.4 m 的矩形盾构修建第一条盾构法隧道。在泰晤士河隧道施工过程中事故不断，发生过沼气逸入隧道被照明灯点燃，河水冲入隧道造成施工人员伤亡等事故；甚至在 1828 年 1 月 12 日，出现第一次涌水停工，而后又经历了 4 次特大涌水。在金德姆指导下，历时 18 年，直到 1843 年才完成了这条全长 370 m 的隧道，并于 1865 年归并于东伦敦铁路。该隧道是世界上第一条水下铁路隧道，在 1913 年实现电气化，目前为东伦敦铁道线的一部分。国际上公认马克为盾构法隧道创始人，而他的儿子金德姆更是作为杰出发明家和工程师留名青史。

1869 年，英国人詹姆斯·亨利·格雷特黑德（James Henry Greathead）用圆形盾构再次在泰晤士河底修建了一条外径为 2.18 m，长 402 m 的隧道（Rotherhithe 隧道），并第一次采用了铸铁管片。由于隧道基本上是在不透水的黏土地层中掘进，在控制地下水方面没有遇到什么困难。Greathead 圆形盾构后来成为大多数盾构的模型。

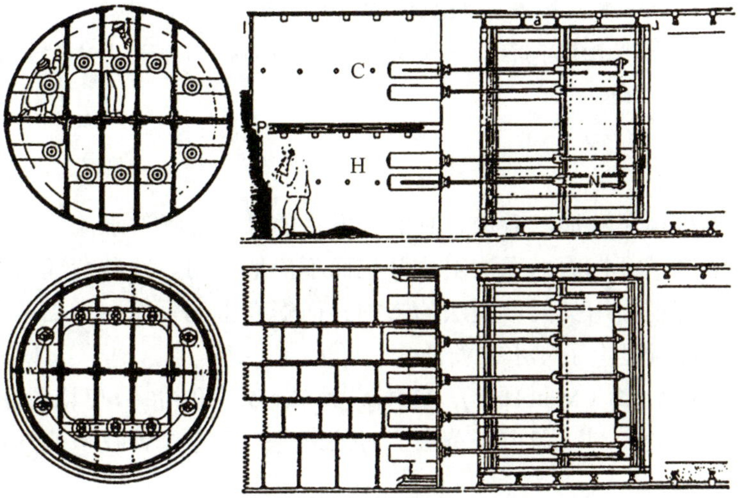

图 1-1　布鲁内尔申请的盾构专利示意

1.1.2　机械式盾构

用机械开挖代替人工开挖是盾构施工的一个巨大进步。第一个机械化盾构的专利是 1876 年英国人约翰·迪金森·布伦顿（John Dickinson Brunton）和他的兄弟乔治·布伦顿（George Brunton）申请的专利。这台盾构采用了半球形旋转刀盘，开挖渣土落入径向装在刀盘上的料斗中，料斗将渣土转运到皮带输送机上。

1886 年，格雷特黑德在伦敦一处地下施工中将压缩空气方法与盾构掘进相结合使用。压缩空气在盾构掘进中的使用，标志着在承压水地层中掘进隧道的一个重大进步，填补了富水地层隧道施工的空白，促进了盾构在世界范围内的推广。

1896 年，英国人普赖斯（Price）开发了一种幅条式刀盘机械化盾构，并于 1897 年成功地应用在伦敦的黏土地层的施工中。它第一次将 Greathead 圆形盾构与旋转力盘结合在一起，在 4 个幅条式刀盘上装有切削工具，刀盘通过一根长轴由电机驱动。

1.1.3　闭胸式盾构

第三代盾构以闭胸式盾构为代表，主要包括土压平衡盾构和泥水平衡盾构，以新型衬砌为主要技术特点。土压平衡盾构是通过调节土舱的土压力稳定开挖面，弃土可以从土舱排出的盾构。泥水平衡盾构是通过调节泥水舱的泥水压力稳定开挖面，弃土以泥水方式排出的盾构。

1. 土压平衡盾构

土压平衡盾构又称为泥土加压式盾构。它的前端有一个全断面切削刀盘，切削刀盘的后面有一个贮留切削土体的密封舱，在密封舱中心线下部装置长筒形螺旋输送机，输送机一头设有出入口。所谓土压平衡就是密封舱中切削下来的土体和泥水充满密封舱，并具有适当压力与开挖面土压平衡，以减少对土体的扰动，控制地表沉降。

1974 年第一台土压平衡盾构在日本东京使用，该盾构由日本 IHI 公司制造，其外径为 3.72 m。

2. 泥水平衡盾构

泥水平衡盾构也称泥水加压盾构，它的开发目的是通过喷射水流，将土料以泥浆的形式排出。但水不能支护开挖面，无法阻止开挖面不停地流动。这种情况与充满水的挖槽相类似，从而提出在开挖面用类同槽壁法的支护，而膨润土泥浆可在无黏聚力土槽沟中支护掘出的开挖面。这样就诞生了泥水平衡盾构。

1964 年英国人莫特·海（Mott Hay）、安德森（Anderson）和约翰·巴特利特（John·Bartlett）申请了泥水平衡盾构的专利。但由于英国当时缺乏适合促进这种技术的隧道工程，它的发展受到了限制。

1967 年第一台用刀盘切削土体和水力出渣的泥水平衡盾构在日本投入使用，这台盾构由三菱公司制造，其直径为 3.1 m。

1970 年日本铁道建设公司在京叶线森崎运河下的羽田隧道工程中采用了直径为 7.29 m 的泥水平衡盾构施工，施工长度为 1 712 m，施工获得了极大成功，这是当时直径最大的泥水平衡盾构。随后，德国 Wayss & Freytag 公司意识到膨润土技术所具有的潜在发展前途，开发了德国的第一台泥水平衡盾构，并于 1974 年在德国汉堡首次使用，开挖了 4.6 km 的长污水管道。

1.1.4 多元化盾构

1. 盾构隧道长距离化、大直径化

1992 年竣工的英法两国共同建造的英吉利海峡隧道长 48 km，采用直径 8.8 m 的盾构；1996 年竣工的日本东京湾隧道长 15.1 km，采用直径 14.4 m 的泥水平衡盾构；2003 年竣工的德国易北河第 4 隧道采用直径 14.2 m 的泥水平衡盾构；2004 年竣工的荷兰格累恩哈特隧道采用直径 14.4 m 的泥水平衡盾构；等等。表 1-1 列出了部分直径超过 15 m 的国外盾构隧道工程

表 1-1　国外直径超过 15 m 盾构隧道工程

序号	工程名称	盾构直径/m	盾构类型
1	马德里 M30 环线隧道	15.2	土压
2	意大利 Sparvo 隧道	15.55	土压
3	东京湾公路海底隧道	14.14	泥水
4	意大利 Santa Lucia 隧道	15.87	土压

续表

序号	工程名称	盾构直径/m	盾构类型
5	东京外环公路隧道	16.1	土压
6	美国西雅图 SR99 隧道	17.45	土压
7	意大利 Caltanissetta 公路隧道	15.08	泥水

2. 盾构多样化

从断面形状方面讲，出现了类矩形（图 1-2）、双圆盾构、三圆盾构（图 1-3）、马蹄形盾构（图 1-4）等多种异形断面盾构；从功能上讲，出现了球体盾构、母子盾构（图 1-5）、扩径盾构、变径盾构、分岔盾构、途中更换刀具（无需竖井）盾构、障碍物直接切除盾构等特种盾构；从盾构的掘削方式上看，出现了摇动、摆动掘削方式的盾构，打破了以往的传统的旋转掘削方式。

图 1-2　类矩形盾构

图 1-3　三圆盾构

图 1-4　马蹄形盾构

图 1-5　母子型盾构

3. 施工自动化

施工设备出现了：管片供给、运送、组装自动化装置；盾构掘进中的方向、姿态自动控制系统；施工信息化、自动化的管理系统及施工故障自诊断系统。

任务 1.2 中国盾构发展认知

【工作任务】

纪录片《超级工程》其中一期介绍了北京地铁网络建设。某高中生看过后发现盾构能克服密布地下管线，下穿纵横交错高大建筑的地基，并能保护老北京古建筑，对盾构惊叹不已，有意报考盾构生产或盾构施工等专业方向。请你向他介绍一下盾构在我国发展史及应用前景如何？

【相关知识】

中国盾构历经了黎明期、创新期和跨越期。中国盾构从曾经落后于世界发展到现在总体技术已位于世界领先水平。

1.2.1 中国盾构的黎明期

1953 年至 2001 年是中国盾构发展的黎明期。1953 年，东北阜新煤矿用手掘式盾构及小混凝土预制块修建了直径 2.6 m 的疏水巷道，是我国首条用盾构法施工的隧道。从而揭开了中国盾构从无到有的历史。

1962 年 2 月，上海城建局隧道工程公司结合上海软土地层对盾构进行了系统的试验研究。研制了 1 台直径 4.16 m 的手掘式普通敞胸盾构，在两种有代表性的地层进行掘进试验，用降水或气压来稳定粉砂层及软黏土地层。在经过反复论证和地面试验之后，选用由螺栓连接的单层钢筋混凝土管片作为隧道衬砌，环氧煤焦油作为接缝防水材料。隧道掘进长度 68 m，试验获得了成功，并采集了大量的盾构隧道数据资料。1965 年 3 月，由上海隧道工程设计院设计、江南造船厂制造的 2 台直径 5.8 m 的网格挤压盾构，于 1966 年完成了 2 条 660 m 平行隧道建设，地面最大沉降为 10 cm。

1986 年，中铁隧道局集团有限公司研制出半断面插刀盾构，并成功用于修建北京地铁复兴门折返线。半断面插刀盾构将盾构法与浅埋暗挖法紧密结合，取消了小导管超前注浆，在盾构壳体和尾板的保护下，进行地铁隧道上半断面的开挖。半断面插刀盾构能全液压传动、电控操作，可自行推进、转向、调头，能有效控制地面沉降，减轻工人劳动强度，施工速度较快，日均进尺 3 ~ 4 m。

1987 年 12 月，上海造船厂制造出我国首台直径 4.35 m 加泥式土压平衡盾构。由上海隧道工程股份有限公司于 1988 年 1 月至 9 月成功应用于上海市南站过江电缆隧道穿越黄浦江底粉砂层，掘进长度 583 m。填补了我国加泥式土压平衡盾构制造的空白技术，并达到了 20 世纪 80 年代初期国际先进水平，1990 年获得国家科技进步一等奖。继自主开发直径 4.35 m 加泥式土压平衡盾构，并成功应用于上海市南电缆隧道、福州路电缆隧道之后，1988 年上海又自主开发研制了当时我国直径最大的新一代土压平衡盾构（直径 5.64 m）。盾构应用于上海吴泾热电厂排水隧道，隧道采用装配式钢筋混凝土管片，外径 5.5 m，内径 4.84 m。

施工中推进 655 m，其中包括 326 m 暗绿色亚黏土硬土层，实践证明掘进施工性能良好，土压平衡效果良好，对周围土层扰动小，有效地控制了地面沉降，保护了邻近的煤码头。隧道到达尽端后，拆除盾构内部设备，将盾壳留在隧道，在终端约 35 m 范围设置六座立管出水口，出水口位于浦东潘家港上游 60 m 附近，用垂直顶升法建造排水口。

上海自行开发研制的直径 5.64 m 土压平衡盾构是在总结了当时中国 20 年来盾构设计、制造、施工等经验的基础上，根据国际上盾构发展趋势而研制的一种新型盾构，也是当时国内直径最大的加水型土压平衡盾构。盾构的总体设计合理，刀盘结构新颖、切削硬土能力强，螺旋输送机排泥性能良好，采用了具有自整定和预整定功能的土压平衡控制系统，性能稳定可靠。盾构分解为几个单元体制造并在工地总装，简化了工艺、降低了造价、缩短了加工周期。

1.2.2 创新期中国盾构

2002 年至 2008 年是中国盾构的创新期。2002 年 8 月，国家将盾构的自主研发正式列入国家高技术研究发展计划（简称“863”计划），从而揭开了中国盾构从有到优的历史。这一时期，中铁隧道局集团有限公司牵头研制出了中国首台具有完全自主知识产权的复合盾构，上海隧道工程股份有限公司牵头研制出了中国首台具有完全自主知识产权的土压平衡盾构和大直径泥水平衡盾构。

2002 年 8 月，国家科学技术部将“ϕ6.3 m 全断面隧道掘进机研究设计”列入国家“863”计划，课题由中铁隧道局集团有限公司牵头，联合浙江大学、洛阳工学院、中国第一重型机械集团公司、西南交通大学等国内相关技术优势单位，组成动态技术联盟，对 6.3 m 土压平衡盾构开展了技术攻关。在国家“863”计划的引导下，完成了ϕ6.3 m 土压平衡盾构的主机结构、液压传动系统、电气系统、后配套系统等研究设计；完成了盾构系统刀具的研究设计、开发与制造，完成了盾构泡沫添加剂、盾尾密封油脂的开发应用研究，并实现了产品化。

2004 年 10 月，中国首台具有完全自主知识产权的地铁土压平衡盾构——“先行号”盾构，在上海地铁二号线西延伸段区间隧道始发掘进，打破了原来“洋盾构”一统天下的局面，结束了我国盾构长期依赖国外品牌的历史。地铁土压平衡盾构“先行号”是上海隧道工程股份有限公司依托“十五”国家“863”项目研制出的国内首台全部自主设计、具有自主知识产权、属于“国家 863 先进制造与自动化领域机器人技术”的特种机器人，是中国地下掘进装备科技创新的代表作。

为缩小我国在泥水平衡盾构的设计、制造技术方面与国际先进水平的差距。国家科学技术部于 2005 年 7 月将泥水平衡盾构的研究列入“863”计划，对大直径泥水平衡盾构消化吸收与设计课题进行了专题立项，项目由中铁隧道局集团有限公司为主承担，并取得了以下成果：① 在消化吸收国外大直径泥水平衡盾构技术的基础上，依托南水北调中线一期穿黄工程，开展了泥水平衡盾构的掘进系统和管片拼装机等设计制造的研究工作，完成了直径 9 m 泥水平衡盾构总体设计图、电气控制和泥水系统等系统设计图，在泥水系统接管器方面有创新。② 在消化吸收武汉长江公路隧道引进的直径 11.38 m 泥水平衡盾构刀盘的基础上，根据南水北调中线一期穿黄工程具体地质条件，开展了泥水平衡盾构刀盘刀具的结构设计、刀盘磨损极限检测系统和主驱动密封等关键技术的研究，完成了直径 9 m 泥水平衡盾构刀盘的设计，在优化设计方面取得了进展。

1.2.3 跨越期中国盾构

2009 年至今，是中国盾构的跨越期。这个时期中国盾构自主创新能力显著提高，在关键核心技术、实验平台研制、盾构产业化跨越式发展等方面取得了重大突破，在中国巨大的盾构市场及“一带一路”互联互通需求拉动下，中铁工程装备集团有限公司、中国铁建重工集团股份有限公司、中交天和机械设备制造有限公司、辽宁三三工业有限公司、上海隧道工程股份有限公司机械制造分公司、北方重工集团有限公司等中国盾构制造企业迅速崛起，从而揭开了中国盾构从优秀到卓越，并走向国际的历史新篇章。

在关键核心技术方面，以“盾构装备自主设计制造关键技术及产业化”项目为依托，围绕盾构施工的失稳、失效、失准等三大国际难题，攻克了稳定性、顺应性、协调性三大关键技术。针对失稳，研制出了压力动态平衡控制系统，提高了界面稳定性、有效防止了地面塌陷；针对失效，首创了载荷顺应性设计方法，降低了载荷对装备的冲击；针对失准，开发了盾构姿态预测纠偏技术，提高了隧道轴线精度。

在实验平台研制方面，研制出了多台具有自主知识产权的盾构技术科研仪器设备，建成了盾构及掘进技术国家重点实验室和全断面掘进机国家重点实验室两个盾构技术先进制造领域的企业国家重点实验室。

在盾构产业发展方面，土压平衡盾构、泥水平衡盾构和岩石掘进机产业化取得了重大突破，在中国巨大的盾构市场需求拉动下，以中铁工程装备集团有限公司为代表的中国盾构制造企业迅速崛起，所设计制造的盾构，其性能指标达到或超过国际同类产品，替代了进口产品，并出口至新加坡、马来西亚、以色列、印度等国家。

1.2.4 中国盾构市场前景

随着国家可持续发展战略、城市化战略和高速铁路发展战略的实施，我国的基础设施建设在 21 世纪进入了高速发展时期。地下空间的开发，由于具有不占用地面资源、缓解地面交通、不影响景观、有利于环境保护等优点，因此铁路隧道、公路隧道、城市地铁、过江隧道、地下行人通道、地下商场的建设方兴未艾。作为世界最大的隧道及地下工程施工市场，中国的市场潜力正在迅速释放。国内城市建设和轨道交通的迅猛发展，使盾构具有广阔的市场前景。

1. 城市地铁盾构应用前景

北京、天津、上海、广州是中国前 4 个拥有地铁的城市。紧随其后，深圳、南京、杭州、苏州、西安、青岛、重庆、沈阳、哈尔滨、成都、武汉也都相继开始了地铁项目的运作。中国城市对地铁的渴望首先体现在长度上，几乎所有城市都在实施地铁一期工程之后竞相修改了原先立项的地铁长度。目前中国运作地铁项目的城市，尽管 1 号线的长度都在 25 km 以内，但地铁总长度规划没有一个在 100 km 以下的。

我国近期地铁盾构施工市场主要分布在以下三类城市：① 区域地区经济龙头城市：以北京、上海、广州等城市为代表。② 经济发达的超大城市：以深圳、天津、重庆、成都等城市为代表。③ 人口密集的特大城市：以杭州、苏州、南京、武汉、哈尔滨、沈阳、青岛等城市为代表。

2. 过江隧道前景

中国江河湖海众多，海岸线绵延万余公里，越江、跨海隧道大有前景。泥水平衡盾构已广泛地应用于越江、跨海等隧道工程。国家发改委于 2020 年发布了《长江干线过江通道布局规划（2020—2035 年）》。规划中指出，目前过江通道仍存在通道总量偏少、部分通道负荷较重、资源利用水平不高等亟待解决的矛盾和问题，到 2025 年，建成过江通道 180 座左右，到 2035 年，建成过江通道 240 座左右，另长江下游等重点河段应坚持“少桥多隧”“宜隧则隧”的原则。

随着长江经济带规划、粤港澳大湾区等政策的推进落地，超江跨海隧道将会越来越多，同时也将遇到更多更难的技术问题，如在建和即将开工建设的深圳望海路隧道、汕头湾隧道、江阴海太过江隧道等，均或多或少面临 10 km 以上超长距离、15 m 以上超大直径、超深覆土、超高水压等建设难题。超长越江跨海隧道工程在建设理念、建设目标、标准体系、设计方法、施工工艺、设备材料、运维管理等方面，亟待系统的创新与改进，同时为渤海海峡、琼州海峡等跨海通道建设奠定技术基础。

3. 铁路隧道前景

铁路隧道是盾构施工的重要对象，从 2000 年开始，新建铁路隧道每年平均以 200 km 的速度增长，且长大隧道所占相对密度增加。2006 年 10 月 26 日，中国《铁路“十一五”规划》正式发布，根据该规划，将建成新线近 1.7 万 km，其中客运专线为 8 000 km。在新建铁路中，隧道约占 2 000 km，其中部分隧道将采用盾构施工。

4. 市政管道前景

城市综合管廊是在城市道路、厂区等地下建造一个隧道空间，将电力、通信、燃气、供热、给排水中两种及两种以上的市政公用管线铺设在同一个构筑物内，同时设置专门的投料口、通风口、检修口和检测系统保证其正常运行。综合管廊使城市地下的空间资源得以充分利用，是我国城市化建设的发展需求。目前我国城市建设地下综合管廊仍然处于缓慢发展状态，从长远来看，综合管廊的建设必定会带来巨大的盾构应用市场。

此外，我国水资源分布不均，北方地区水资源严重短缺，西南方水资源则比较丰富，因此进行跨流域调水非常必要。引水工程不可避免地会遇到引水隧道的施工问题，而选择盾构或硬岩掘进机施工是其最佳手段。

1.2.5 盾构施工发展展望——智能盾构智能建造

相对于传统的浅埋暗挖施工，隧道盾构施工极大地提高了机械化和自动化程度。伴随着信息时代的到来，以及大数据、人工智能和物联网等现代技术发展和应用，具备“智能感知、智能决策、智能执行”的智能盾构开始崭露头角。智能化盾构的应用，能够显著提升机械工程的效率，降低劳动强度，减少施工风险。未来，智能盾构修建隧道，能够利用感知系统自己判断前方地质及环境条件，预测盾构施工对周边环境的影响；能够感知和监控盾构关键系统的工作状态，判定损伤程度，自动维护和更换；同步完成自动化决策管控，自动选择掘进模式，自动调整掘进方向和姿态，实现自动推进、自动纠偏、自动注浆、自动拼装；自动检测和评价盾构隧道建设质量，及时发现偏差和缺陷，并反馈给盾构决策系统，随后调整掘进和支护参数，从而实现自我纠正。此外，智能盾构智能建造隧道时，可以利用通信技术，让在千里外的建设单位、设计单位、施工单位、监理单位和质监单位及时掌握施工信息，在关键时刻人为干预，从而实现智能盾构智能修建的远程控制和管理。

项目 2 盾构构造认知

项目描述

盾构按照不同的标准可以分成不同种类。目前修建城市地铁区间隧道常用的土压平衡盾构和泥水平衡盾构通常含有切削系统、渣土输送系统、推进系统、流体系统、注浆系统、密封系统、人舱系统、管片拼装系统、电气控制系统、导向系统等。土压平衡盾构推进时，其前端刀盘旋转掘削地层土体，切削下来的土体进入土舱，当土体充满土舱时，其被动土压与掘削面上的土压、水压基本平衡，使得开挖面处于平衡状态。泥水平衡盾构是指在盾构开挖面的密封隔舱内注入泥水，通过泥水加压和外部压力平衡，以保证开挖面土体的稳定。为适应地层地质变化，近年双模盾构、三模盾构和可变密度盾构逐渐发展起来。

知识目标

（1）熟悉盾构的基本构造；

（2）掌握盾构各主要系统的功能、结构及工作原理，包括切削系统、渣土输送系统、推进系统、管片拼装系统、电气控制系统、导向系统等；

（3）了解我国近年新发展的双模盾构、三模盾构和可变密度盾构。

技能目标

（1）能够利用搜索工具查阅、整理和概括盾构构造文献；

（2）能够准确描述盾构各系统的基本工作原理；

（3）能够利用文字、图片和视频表述盾构构造内容；

（4）能够通过模型观察描述盾构构造。

素质目标

（1）培养学生的培养团结协作精神；

（2）培养学生的创新意识；

（3）培养学生的爱国情操；

（4）培养学生的语言组织能力；

（5）培养学生积极认真的工作态度。

任务 2.1 盾构的分类认知

【工作任务】

某集团公司为加强盾构施工技术力量，培训骨干技术员工，准备购买盾构教学模型。假如指派你确定具体模型，你该如何比选不同类型的盾构，拟定模型尺寸和参数呢？

【相关知识】

盾构必须能够承受围岩压力，且能安全经济地进行隧道的掘进，在盾构施工区间所遇到的各种条件是复杂多变的，因此必须根据地质条件的调查结果选择盾构类型，使其强度、耐久性、施工可行性、安全性、经济性与实际条件相适应。

2.1.1 按挖掘土体的方式分类

按挖掘土体的方式，盾构可分手掘式盾构、半机械式盾构及机械式盾构 3 种。

（1）手掘式盾构：即掘削和出土均靠人工操作进行的方式，手掘式盾构是结构最简单、配套设备少，因而造价也最低，制造工期短。

（2）半机械盾构：是在手掘式盾构正面装上机械来代替人工开挖，根据地层条件，可以安装反铲挖土机或螺旋切削机，土体较硬可安装软岩掘进机。

（3）机械式盾构：机械式盾构是在手掘式盾构的切口部分装上一个与盾构直径一般大小的大刀盘，用它来实现盾构施工的全断面切削开挖。

2.1.2 按开挖直径分类

盾构根据其直径的大小分为以下几类：

（1）0.2 ~ 2 m 直径称为微型盾构。

（2）2 ~ 4.2 m 直径称为小型盾构。

（3）4.2 ~ 7 m 直径称为中型盾构。

（4）7 ~ 12 m 称为大型盾构。

（5）12 m 以上为超大型盾构。

2.1.3 按支护地层形式分类

盾构按照支护地层的形式主要分为：自然支护式、机械支护式、压缩空气支护式、泥浆支护式，土压平衡支护式 5 种类型。

（1）自然支护式盾构：利用推土斜面的压力来抵抗外部土压，适用于地质情况稳定，且无地下水的地层。

（2）机械支护式盾构：利用机械压力来抵抗开挖面的土压，适用于地质情况稳定，且无地下水的地层。

（3）压缩空气支护式盾构：通过设备制造压缩空气来平衡开挖面的水土压力，适用于含有地下水的软土地层。目前使用的大部分盾构均配备压缩空气系统作为辅助加压措施。

（4）泥水平衡盾构：利用泥浆压力来抵抗开挖面水土压力的盾构，适用于地下水丰富的土层中，对地表的沉降控制较为有利。

（5）土压平衡盾构：利用土舱内的土压来平衡开挖面水土压力的盾构，可适用于各种地层。

2.1.4 按掘削面的挡土形式分类

按掘削面的挡土形式，盾构可分为开放式、部分开放式、封闭式 3 种。

（1）开放式：即掘削面敞开，并可直接看到掘削面的掘削方式。

（2）部分开放式：即掘削面不完全敞开，而是部分敞开的掘削方式。

（3）封闭式：即掘削面封闭不能直接看到掘削面，而是靠各种装置间接地掌握掘削面的方式。

2.1.5 按截面形状分类

盾构按照截面类型可分为：圆形盾构、椭圆形盾构、马蹄形盾构、矩形盾构、双圆搭接形盾构、三圆搭接形盾构等类型。

1. 圆形盾构

圆形盾构如图 2-1 所示，为目前隧道施工中使用最为广泛的类型，圆形盾构具有结构受力合理，承载能力较强，荷载分布均匀；施工过程中不易发生侧倾，稳定性好等优点。

图 2-1　圆形盾构

2. 马蹄形盾构

马蹄形盾构如图 2-2 所示。该盾构有大小 9 个刀盘，错落设置，最大的直径 4.9 m，最小的 1.1 m，每个刀盘都是独立的操控系统，可随意组合，能同时、单个和不同方向地旋转。相对圆形盾构的一个大刀盘旋转、一套控制系统的“粗放”施工，马蹄形盾构可以针对不同土质层进行最大面积、最大角度的精细开挖。

图 2-2　马蹄形盾构

3. 矩形盾构

矩形盾构如图 2-3 所示。相比于圆形盾构，矩形盾构空间利用率较高，且开挖断面尺寸一般较大；缺点是技术难度大，造价相对较高。目前我国已生产出具有自主知识产权的矩形盾构，可用于单洞双线等大断面隧道的施工。

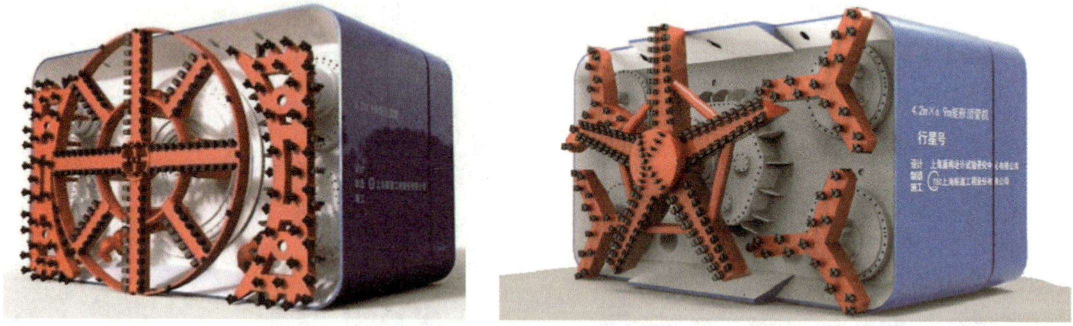

图 2-3　矩形盾构

4. 多圆搭接形盾构

多圆盾构一般为多个圆断面叠加、搭接组成，主要有双圆搭接形盾构（图 2-4）、三圆搭接形盾构（图 2-5）两种形式。下面以双圆搭接形盾构为例，说明双圆搭接形盾构的优点：

（1）双圆隧道优化了断面形式，有效减少了开挖断面积，可大幅度地减少土体开挖量。

（2）双圆区间隧道宽度较窄，可在狭窄的地下空间走廊内穿越，避免对地面构筑物的影响，并大大缩小了区间隧道沿线地面道路规划红线控制宽度。

（3）双圆搭接形盾构隧道的开挖面可以左右或上下任意安排，为线路选线提供了多种可行方案。

（4）两条区间隧道合二为一，有利于提高抗震、救灾能力。

（5）从经济角度考虑，由于双圆搭接形盾构隧道集马蹄形、矩形两种隧道形式的优点于一身，可缩小区间隧道和相邻车站的工程量。

图 2-4　双圆盾构

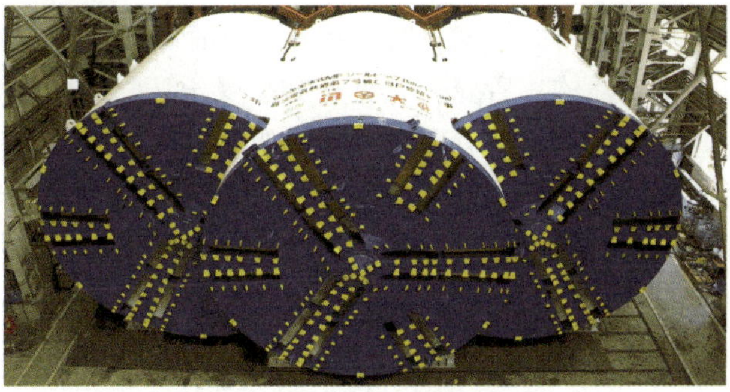

图 2-5　三圆盾构

2.1.6　按适用土质分类

按适用土质，盾构可分为软土盾构、硬岩盾构及复合盾构 3 种。

（1）软土盾构：即切削软土的盾构。

（2）硬岩盾构：即掘削硬岩的盾构。

（3）复合盾构：既可切削软土，又能掘削硬岩的盾构。

任务 2.2　土压平衡盾构认知

【工作任务】

假如你所在的项目部正用 1 台土压平衡盾构修建某地铁区间隧道。有实习生到项目报到，项目部选派你向实习生讲解土压平衡盾构的构造和工作原理，你将如何准备解说？

【相关知识】

2.2.1　工作原理

土压平衡盾构是在机械式盾构的前部设置隔板，使土舱和排土用的螺旋输送机内充满切削下来的泥土，依靠推进油缸的推力给土舱内的开挖土渣加压，使土压作用于开挖面以使其稳定。土压平衡盾构的支护材料是土壤本身。

土压平衡盾构的工作原理：刀盘旋转切削开挖面的泥土，破碎的泥土通过刀盘开口进入土舱，泥土落到土舱底部后，通过螺旋输送机运到皮带输送机上，然后输送到停在轨道上的运渣车上。盾构在推进油缸的推力作用下向前推进。盾壳对挖掘出的还未衬砌的隧道起着临时支护作用，承受周围土层的土压、承受地下水的水压并将地下水挡在盾壳外面。掘进、排土、衬砌等作业均在盾壳的掩护下进行。

2.2.2 主机构造

所有盾构的形式，其本体从工作面开始均可分为前盾、中盾、盾尾三部分，借以盾壳钢板连成整体。盾壳拥有可充分承受土压、水压、盾构千斤顶推进反作用力、挖掘反作用力。中盾前部收纳有刀盘装置的驱动部分、通过舱墙与前盾区分开来。舱墙下方设置有螺旋输送机；上方装有人行孔，中央装有人行闸、回转节。中盾外周呈圆周方向，均等配置有为推进盾构运行的盾构千斤顶。土压平衡盾构盾体结构如图 2-6 所示。

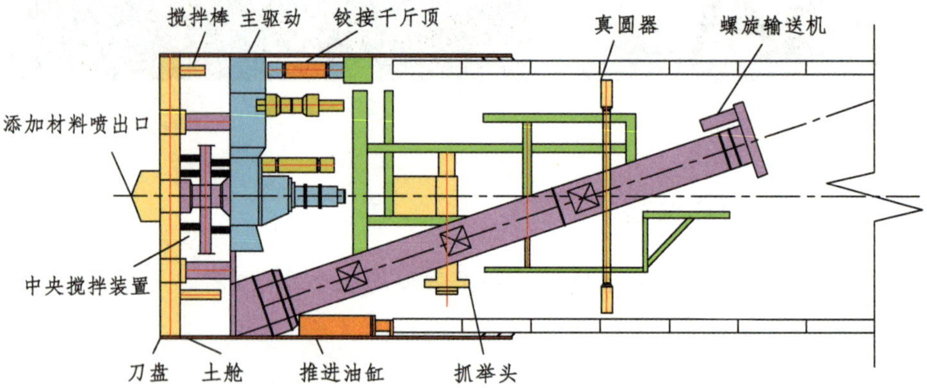

图 2-6 土压平衡盾构盾体结构示意

1. 前盾构造

前盾（图 2-7）部分是开挖和挡土部分，它位于盾构的最前端，施工时最先切入土层并掩护开挖作业。前盾保持着工作面的稳定，并作为开挖下来的土砂向后方运输的通道，采用机械化开挖式盾构时，可根据开挖下来土砂的状态，确定前盾的形状、尺寸。土压平衡盾构安置有切削刀盘、搅拌器和螺旋输送机，因前盾内压力高于隧道内常压，所以在前盾处还需要布设密封隔板及人行舱的进出闸门。

主驱动装置（图 2-8）由主轴承、八个液压驱动马达、八个减速器及主轴承密封组成，轴承外圈通过连接法兰用螺丝与前体固定，轴承内圈用螺丝和刀盘连接，借助液压动力带动液压马达、减速器、轴承内齿圈直接驱动刀盘旋转。主轴承设置有三道唇形外密封和两道唇形内密封，外密封前两道采用永久性失脂润滑来阻止土舱内的渣土和泥浆渗入，后一道密封是防止主轴承内的润滑油渗漏。内密封前一道阻止盾体内大气尘土的侵入，后一道防止主轴承内润滑油的外渗。

图 2-7　前盾

图 2-8　主驱动

2. 中盾构造

中盾（图 2-9）是盾构的主体结构，是承受作用于盾构上全部荷载的骨架。它紧接于前盾，位于盾构中部，通常是一个刚性很好的圆形结构。地层压力、所有千斤顶的反作用力及前盾入土正面阻力、衬砌拼装时的施工荷载均由中盾来承受。

图 2-9　中盾

推进油缸作业

在中盾外沿布置有盾构千斤顶，中间布置拼装机及液压设备、动力设备、操纵控制台。当前盾压力高于常压时，在中盾内要布置人行加/减压舱。

中盾的长度应不小于固定盾构千斤顶所需的长度，对于有刀盘的盾构还要考虑安装切削刀盘的轴承装置、驱动装置和排土装置的空间。

人员舱是在需要压缩空气以平衡盾构围岩的水土压力，以保持作业面的稳定作业时使用，以实现操作人员在气压状态下检查、更换刀具及排除工作面异物等工作。人员舱分普通舱和紧急舱，它们由密封的压力门隔开。普通舱和盾构前体上的中间舱之间用法兰连接，而中间舱直接焊接在压力隔板上。通过隔板上的压力门可以进入土舱。普通舱和紧急舱横向连接，舱内舱外均装有时钟、温度计、压力计、电话、记录仪、加压阀、减压阀、溢流排气阀（即水路、照明系统）。紧急舱的作用是在压缩空气工作和出现紧急情况时的出入。进入人员舱的工作人员必须经过身体检查及专业培训，并取得劳动部门的相关资质，在进行加压和减压作业时要严格遵循加压、减压规程。

盾构的推进系统是提供盾构向前推进的动力，同时具有纠偏和爬坡功能。推进机构一般包括 20～30 个推进油缸和推进液压泵站。推进油缸按照在圆周上的区域分为四组，每组 7～8 个油缸。通过调整每组油缸的不同推力来对盾构进行纠偏和调向。油缸后端的球铰支座顶在管片上以提供盾构前进的反力，球铰支座可使支座与管片之间的接触面密贴，以保护管片不被损坏。油缸缸体尾部由一个塑胶轴承支撑，这样，这些油缸就可以不受侧向力的作用从管片向压力舱板自由伸展。推进油缸为两个一组，每对油缸均有独立的撑靴。在推进时，每组油缸各自独立进行压力调节。总的推进速度由一个总流量控制阀来调节。其中部分油缸安装有位移传感器，通过油缸的位移传感器可以掌握油缸的伸出长度和盾构的掘进状态。

3. 盾尾构造

盾尾钢结构钢板一般厚 40 mm，以适应预计的工作压力，与中盾通过铰接油缸进行连接，盾尾主要包括：

（1）盾尾密封（图 2-10）：盾尾密封一般采用钢丝刷密封装置，钢丝刷是集弹簧钢板、钢丝刷及不锈钢金属网于一体的结构（也有采用钢板刷）。盾尾油脂泵向每道钢丝刷密封之间的腔室提供压力油脂，以提高止水性能。根据不同的水土压力可选择不同排数的尾刷布置方式。它的作用是防止地下水、土砂、壁后注浆材料等进入管片与盾构壳体之间的缝隙。

（2）双铰接密封：由重载型橡胶密封和紧急密封（紧急膨胀）组成。

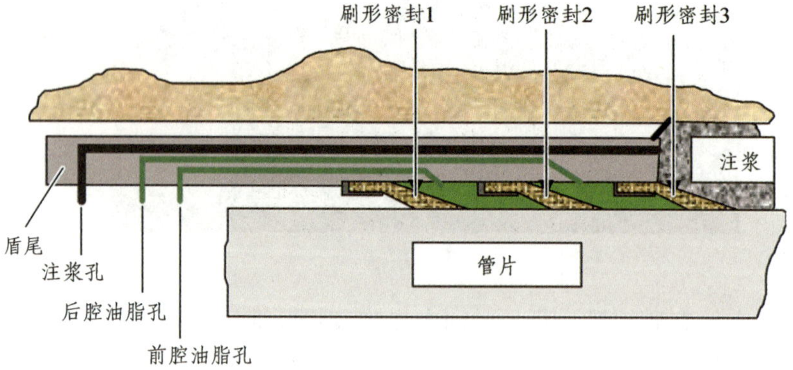

图 2-10　盾尾密封示意

2.2.3　刀盘构造

1. 刀盘构造简介

刀盘位于盾构的最前部，是一个带有多个进料槽的切削盘体，主要用于切削土体。根据结构形式，刀盘主要可分为面板式（图 2-11）

盾构刀盘转动

和辐条式（图 2-12）两种，此外还有一种介于两者之间的幅板式刀盘（由辐条和幅板组成）。盾构刀盘的选用应结合地质情况及工作环境综合分析确定（表 2-1）。

图 2-11　面板式刀盘

图 2-12　辐条式刀盘

（1）刀盘的主要功能。

① 开挖功能：刀盘旋转时，刀具切削隧道掌子面的土体，对掌子面的地层进行开挖，开挖后的渣土通过刀盘的开口进入土舱。

② 稳定功能：支撑掌子面，具有稳定掌子面的功能。

③ 搅拌功能：对于土压平衡盾构，刀盘对土舱内的渣土具有一定的塑性，然后通过螺旋输送机将渣土排出。

表 2-1　面板式与辐条式刀盘适应性对比

比较项目	面板式	辐条式
砂、土适应性（粒径＜15 cm）	由于开挖面土体受面板开口影响，渣土进入渣舱不顺畅，易黏结，易堵塞	仅有几根幅条，同时幅条后均设有搅拌叶片，土、砂流动顺畅，不易堵塞
砂卵石适应性（粒径 15～30 cm）	卵石地层以剥离为主的切削方式，面板式刀盘渣土流动性不好，滚刀作用不大，刀具会产生二次破碎，易磨损成本高	渣土流动性好，二次破碎较弱，加装强度较高的切削刀具，加大螺旋机直径或采用带式螺旋机更适应
硬岩及软硬不均	硬岩需要刀具滚刀进行破碎，可以加装更多的滚刀，适应性强	刀盘结构强度无法满足加装更多滚刀和破岩的需要
刀盘扭矩	刀盘扭矩阻力大，需增加设备能力，造价高，适用于硬土与岩石地层	刀盘扭矩阻力小，设备造价低，适用于淤泥质地层与砂层及粒径不大的砂卵石地层
注：复合地层刀盘往往设计成面板+辐条式		

（2）刀盘的要求。

① 刀盘应有足够的强度和刚度。

② 刀盘应有较大的开口率。

③ 针对地层的变化，能够方便地更换硬岩滚刀和软岩齿刀。

④ 刀盘结构应有足够的耐磨强度。

⑤ 刀盘上应配置足够的渣土搅拌装置。

⑥ 刀盘上应配置足够的注入口，各口并装有单向阀，以满足刀具的冷却、润滑和渣土改良。

（3）刀盘的支撑方式。

由盾构直径及土质条件决定，还应考虑与排土机构的组合。

① 中心支撑式：结构简单，多用于中小型盾构，优点是黏附黏性土的危险性小。此外，当刀盘需要前后滑动时，比其他支撑方式更易做到。但是，由于结构需要而机内空间狭窄，处理孤石或漂石时难度大。支撑方式见图 2-13。

② 中间支撑式：结构均衡，多用于大中型盾构。当用小直径盾构时，须充分讨论处理孤石、漂石及防止中心部位附着黏性土的措施。支撑方式见图 2-14。

③ 外周支撑式：由于该型支撑的盾构内空间广阔，故便于大直径盾构中处理孤石、漂石。刀盘支撑形状（滚筒）和棱柱状（梁形）两种。这种方式土沙容易附着在刀盘外周，所以要仔细讨论防止黏土附着的措施。支撑方式见图 2-15。

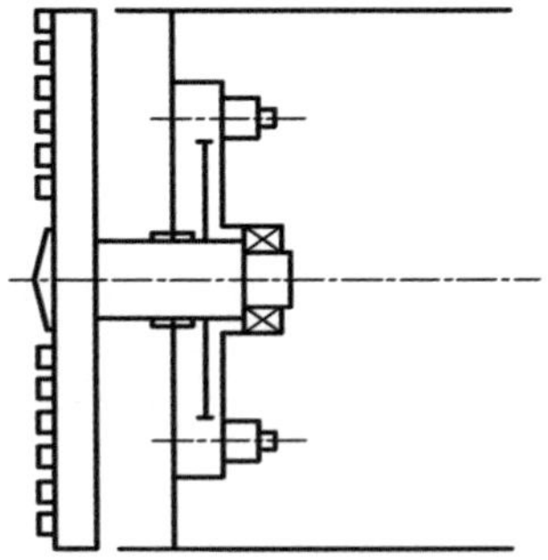
图 2-13　中心支撑式

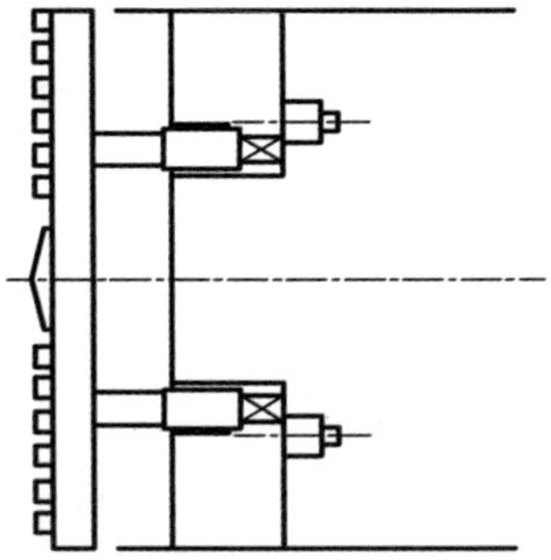
图 2-14　中间支撑式

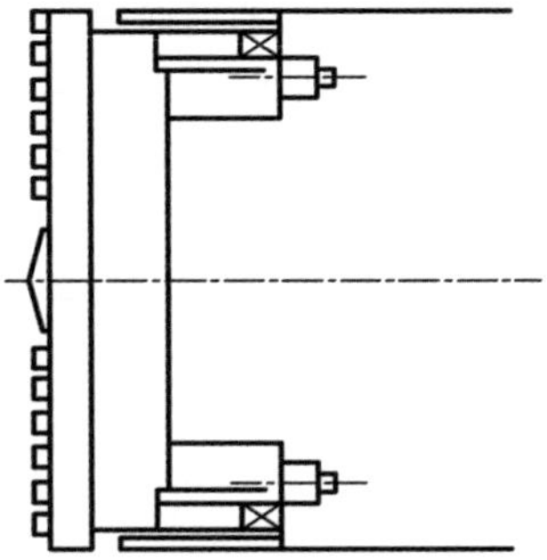
图 2-15　外周支撑式

（4）刀盘评价指标。

① 开口率：指开口面积占整个刀盘面积的百分比。一般在 20% ~ 65%不等，开口率对土压平衡盾构有着重要意义，开口是否合适直接影响到压力控制。

② 刀间距：指在直径方向上，相邻两条轨迹上的刀具之间的距离。刀间距过大，影响切削效果；刀间距过小，浪费能源，经济性变差。

③ 刀高：指刀具伸出面板的距离。

④ 刀具高差：指不同刀具之间的高度差。很多时候为了改善切削效果，采用不同的刀具和高度，例如先行刀、主切刀、鱼尾刀就有不同的高度。

2. 刀具简介

盾构刀具的配置是盾构刀具设计中非常重要的内容，其配置是否适合工程地质条件，直接影响盾构的刀盘使用寿命、切削效果、出土状况、掘进速度和施工效率。目前使用的刀具一般有两类：一是滚动类刀具，滚动刀具是指不仅可以随刀盘转动，同时还可作自转运动的破岩刀具。二是切削类刀具，切削刀具是指只随刀盘转动而没有自转的破岩刀具，切削刀具的种类繁多，目前盾构掘进机上常用的切削刀具类有边刮刀、切刀、齿刀、先行刀、仿形刀等。

（1）滚刀。

滚刀分齿形滚刀和盘形滚刀。齿形滚刀主要有球齿滚刀和楔齿滚刀两种，常用于软岩。盾构上应用较广的是盘形滚刀。盘形滚刀按刀圈的数量分为单刃、双刃、多刃等三种形式（图 2-16）。

图 2-16　单刃、双刃、多刃滚刀

在风化的砂岩及泥岩等较软岩地层时，一般采用双刃滚刀，较硬岩采用单刃滚刀。盘形滚刀按刀圈材质分为耐磨层表面刀圈、标准钢刀圈、重型钢刀圈、镶齿硬质合金刀圈滚刀等，并分别适应于不同的地层。

① 耐磨层表面刀圈：适用于掘进硬度 40 MPa 的紧密地层，硬度 80 ~ 100 MPa 的断裂砾岩、砂岩、砂黏土等地层。

② 标准钢刀圈：适用于掘进硬度 50 ~ 100 MPa 的砾岩、大理石、灰岩地层。

③ 重型钢刀圈：适用于掘进硬度 120 ~ 250 MPa 的硬岩，硬度 80 ~ 150 MPa 的高磨损岩层，如花岗岩、闪长岩、斑岩、蛇纹石及玄武岩等地层。

④ 镶齿硬质合金刀圈：适用于掘进硬度高达 150 ~ 250 MPa 的花岗岩、玄武岩、斑岩及石英岩等地层。

（2）切刀。

切刀安装在刀盘开口槽的两侧，也称刮刀（图 2-17）。用来切削未固定的土壤，并把切削土刮入土舱中，刀具的形状和位置按便于切削地层和便于使渣土进入土舱来设计，在同一个轨迹上一般有多把切刀同时开挖。切刀的宽度使得每把刀的切削轨迹之间有一定的重叠。目前最有效的切刀为双层耐磨设计，配有双层碳钨合金刀齿以提高刀具的耐磨性，在第一排刀齿磨损后，第二排刀齿可以代替第一排刀齿继续发挥作用。同时，刀具的背部设有双排碳钨合金柱齿。切刀在刀盘上的安装采用背装式，可以从开挖舱内拆卸和更换。

（3）先行刀。

先行刀（图 2-18）一般安装在辐条中间的刀箱中。采用背装式，可从土舱进行更换。先行刀应超前于切刀布置，使得先行刀超前先切削地层，从而保护切刀并避免其先切削到砾石或块石地层。先行刀主要有 3 种形式：贝壳刀、齿刀、撕裂刀。日本盾构较常采用贝壳刀，德国海瑞克公司盾构较常采用齿刀，加拿大罗威特公司和法国 NFM 公司盾构较常采用撕裂刀。

图 2-17　切刀

（a）贝壳刀　　（b）撕裂刀　　（c）齿刀

图 2-18　先行刀

先行刀在切刀接触地层，特别是较硬的地层之前先松动地层，一般切削宽度较窄，从而使得先行刀在砾石地层中有更高的切削率。先行撕裂刀除先行将致密的土层松动外，同时还起击碎砂卵石的作用，先行刀还能起到延长切刀寿命的作用。

先行刀按刀盘双向转动设计，齿刀和撕裂刀可安装在一个特殊设计的刀箱中，允许根据刀盘的转动方向做适当的微动，这种微动的设计主要用来减少先行刀侧面的磨损。必要时，齿刀和撕裂刀的刀座可设计成与滚刀可互换的结构。

（4）周边刮刀。

周边刮刀也称铲刀，安装在刀盘的外圈，用于清除边缘部分的开挖渣土防止沉积、确保刀盘的开挖直径以及防止刀盘外缘的间接磨损。该刀的切削面上设有一排连续的碳钨合金齿和一个双排碳钨合金柱齿，用于增强刀具的耐磨性能，确保即使在掘进几千米之后刀盘仍然有一个正确的开挖直径。周边刮刀采用背装式，可从土舱内进行更换。对于周边刮刀而言，单排连续碳钨合金刀齿即是足够的，因为周边刮刀仅其端部切削地层，而切刀在整个宽度范围切削地层。

（5）仿形刀。

仿形刀安装在刀盘的外缘上，通过液压油缸启动，采用可编程控制，通过刀盘回转传感器来实现。驾驶员可以控制仿形刀开挖的深度（即超挖的深度），以及超挖的位置。例如：决定要使盾构左转弯，需对左侧进行扩挖，那么仿形刀只需在左侧伸出，扩挖左侧水平直径线上下 45°的范围便可以。

3. 刀盘驱动方式

刀盘的驱动方式有 3 种：一是变频电机驱动；二是液压驱动；三是定速电机驱动。鉴于定速电机驱动会导致刀盘转速不能调节，一般不采用。变频驱动与液压驱动对比分析见表 2-2。

表 2-2　刀盘变频电机驱动与液压驱动方式对比分析表

项　目	变频方式	液压方式	备　注
驱动部外形尺寸	大	小	一般①：②=（1.5～2）：1
后续设备	少	多	需要液压泵、油箱、冷却装置等
效率	95%	65%	液压传动效率低
起动电流	小	小	① 变频起动电流小； ② 无负荷起动电流小
起动力矩	大	小	起动力矩达到额定力矩的 120%
起动冲击	小	较小	① 利用变频软起动，冲击小； ② 控制液压泵排量，可缓慢起动，冲击较小
转速控制、微调	好	好	① 变频调速； ② 控制液压泵排量，可以控制转速和进行微调
噪声	小	大	液压系统噪声大
隧道内温度	低	高	液压系统传动效率低，功率损耗大，温度高
维护保养	容易	较困难	液压系统维护保养要求高，保养较复杂

液压驱动具有调速灵活，控制简单、液压马达体积小、安装方便等特点，但液压驱动效率低、发热量大。

变频驱动具有发热量小、效率高、控制精确等优点，在工业领域应用较广。虽然目前中小型盾构的刀盘驱动较常用液压驱动，大直径盾构较常采用变频驱动，但由于变频驱动效率高，从节能方向及发展趋势来看，变频电机驱动方式是今后的发展方向。

2.2.4　管片拼装机

管片拼装机

管片拼装机（图 2-19）由拼装机大梁、支撑架、旋转架和拼装头组成 2 个拼装机行走液压油缸，可以使支撑架、旋转架、拼装头在拼装机大梁上沿隧道轴线方向移动。安装在支撑架上的 2 个斜盘式轴向柱塞旋转电机，通过驱动滚珠轴承的内齿圈可以使旋转架和拼装头沿隧道圆周方向左右旋转各 200°。伸缩油缸可以使拼装头上升或下降。拼装头在油缸的作用下又可以实现在水平、竖直方向上的摆动，以及抓紧和放松管片的功能。这样在拼装管片时，就可以有 6 个方向的自由度，从而可以使管片准确就位。

图 2-19　某盾构管片拼装机结构示意

2.2.5　排土设备

1. 螺旋输送机

螺旋输送机由马达驱动，有前后 2 个闸门，前者关闭可以使土舱和螺旋输送机隔断；后者可以在停止掘进或维修时关闭，在整个盾构断电紧急情况下，此闸门也可由蓄能器贮存的能量自动关闭，以防止开挖舱中的水及渣土在压力作用下进入盾构。

螺旋输送机由筒体、驱动装置、螺旋轴、出渣闸门组成，是土压平衡盾构的排土装置，主要有以下 3 个功能。

（1）渣土在螺旋机内向外排出的过程中形成密封土塞，渣土压力从前至后依次递减。

（2）在保持土舱土压的同时，将盾构土舱内的土体向外连续排出。

（3）将土舱内的土压值自动与螺机转速值进行比较，随时调整向外排土的速度，实现连续的动态土压平衡过程，确保盾构连续正常向前掘进。

螺旋输送机既要出土效率高，又要在喷涌时起到土塞作用，所以螺旋器的结构有有心轴式和无心轴式 2 种形式；为达到土塞目的，在螺旋带上设一段空段或反向螺旋带。螺旋带的支撑采用单侧轴承悬臂支承法，前端依靠渣土的悬浮力支承和平衡。在螺旋器壳体内和螺旋带的前端均焊有耐磨合金条或耐磨合金粒，以保证其使用寿命。螺旋输送机还设置了前后端 2 个闸门，以控制其出土速度和建立、维持密封土舱内的土压平衡。为使前端闸门能够自由关闭，采用了螺旋带可前后伸缩，行程一般为 1 000 mm。螺旋机壳体上还设有 4 个注入孔，可注水、泡沫和膨润土以减少出土阻力。有的在排渣口设置渣土与泥水分离装置或容积式排放装置，尽量使泥水不泄漏污染隧道。

螺旋输送机由液压马达减速装置驱动，驱动装置与螺旋输送机采用球形铰接，以适应螺旋轴的自由摆动。为防止渣土的侵入，其输出端采用了与主轴承外密封相同的结构，并自动注脂。螺旋机转速范围可以在每分钟 0～22 转内无级调速，控制出土量很方便。调节螺旋输送机的出土速度是控制土舱压力的重要方法之一。

2. 皮带输送机

皮带输送机由电机驱动，用于将螺旋输送机输出的渣土传送到盾构后配套的渣车里。皮带输送机由皮带机支架、前随动轮、后主动轮、上下托轮、皮带、皮带张紧装置、皮带刮泥装置、和带减速器的驱动电机等组成。皮带输送机安装布置在后配套连接桥和拖车的上面。

皮带输送机运输渣土

后配套台车

2.2.6 后配套设备

盾构后配套设备主要由 4～6 节后配套台车组成（图 2-20），设备组成基本相同，主要为盾构操作所需的操作室、电气部件、液压部件、注浆设备、泡沫设备、膨润土设备、循环水设备及通风设备等。下面以 4 节台车为例，说明后配套设备的配置情况。

图 2-20　盾构后配套台车

1. 1 号台车及其上的设备

1 号台车上装有盾构的操作室及注浆设备。盾构操作室中有盾构操作控制台、控制电脑、盾构 PLC 自动控制系统、VMT 隧道掘进激光导向系统电脑及螺旋输送机后部出土口监视器。

2. 2 号台车及其上的设备

2 号台车上有包含液压油箱在内的液压泵站、膨润土箱、膨润土泵、盾尾密封油脂泵及润滑油脂泵。液压油箱及液压泵站为刀盘驱动、推进油缸、铰接油缸、管片拼装机、管片运输小车、螺旋输送机、注浆泵等液压设备提供压力油。泵站上装有液压油过滤及冷却回路，液压油冷却器是水冷式。盾尾密封油脂泵在盾构掘进时将盾尾密封油脂由 12 条管路压送到三排盾尾密封刷与管片之间形成的两个腔室中，以防止注射到管片背后的浆液进入盾体内。润滑油脂泵将油脂泵送到盾体中的小油脂桶中，盾构掘进时，4 kW 电机驱动的小油脂泵将油脂泵送到主驱动齿轮箱、螺旋输送机齿轮箱及刀盘回转接头中。这些油脂起到两个作用，一个作用是被注入上述三个组件中唇形密封件之间的空间起到润滑唇形密封件工作区域，同时可以帮助阻止脏物进入被密封区域内部；对于螺旋输送机齿轮箱还有另外一个作用，就是润滑齿轮箱的球面轴承。

3. 3 号台车及其上的设备

3 号台车上装有空压机、储气罐、1 组配电柜及 1 台二次风机。打气泵可提供 800 kPa 的压缩空气并将压缩空气贮存在贮气罐中，压缩空气可以用来驱动盾尾油脂泵、密封油脂泵和气动污水泵，给人闸、开挖室加压，用来操作膨润土、盾尾油脂的气动开关，用来与泡沫剂、水混合形成改良土壤的泡沫，启动气动工具等。二次风机由 11 kW 的电机驱动，将由中间井输送至第 4 节台车位置处的新鲜空气，继续向前泵送至盾体附近，以给盾构提供良好的通风。

4. 4 号台车及其上的设备

4 号台车上装有变压器、电缆卷筒、水管卷筒、风管盒。铺设在隧道中的 2 条内径为 100 mm 的水管作为盾构的进、回水管，将竖井地面的蓄水池与水管卷筒上的水管连接起来，与蓄水池连接的一台高压水泵驱动盾构用水在蓄水池和盾构之间循环。通常情况下，进入盾构水管卷筒水管的水压控制在 500 kPa 左右。正常掘进时，进入盾构水循环系统的水有以下的用途：对液压油、主驱动齿轮油、空压机、配电柜中的电器部件及刀盘驱动副变速箱具有冷却功能，为泡沫剂的合成提供用水，提供给盾构及隧道清洁用水。蓄水池中的水用冷却塔进行循环冷却。风管盒中装有折叠式的风管，风管与竖井地面上的风机连接，向隧道中的盾构里提供新鲜空气。新鲜空气通过风管被送至第 4 节台车的位置。

任务 2.3 泥水平衡盾构认知

【工作任务】

假如你所在的项目部正用 1 台泥水平衡盾构修建某地铁区间隧道。有刚刚到项目参加工作的学员到项目报到，假设项目部选派你向这些学员讲解泥水平衡盾构的构造和工作原理，你将如何准备解说？

【相关知识】

泥水平衡盾构是在机械式盾构前部设置一道封闭隔板，装备刀盘及输送泥浆的送排泥管和推进盾构的推进油缸（图 2-21）。把水、黏土及其添加剂混合制成的泥水，经输送管道压入泥水舱，待泥水充满整个泥水舱，并具有一定压力，形成泥水压力室。通过泥水的加压作用和压力保持机构，能够维持开挖工作面的稳定。盾构推进时，旋转刀盘切削下来的土砂经搅拌装置搅拌后形成高浓度泥水，用流体输送方式送到地面泥水分离系统，将渣土、水分离后重新送回泥水舱，这就是泥水加压平衡式盾构法的主要原理。

图 2-21　泥水平衡盾构

泥水平衡盾构有两种体系，即日本体系和德国体系。日本体系为直接控制型，德国体系为间接控制型。直接控制型泥水系统流程如下：送泥泵从地面泥浆池将新鲜泥浆送入盾构的泥水舱，与开挖泥土进行混合，形成稠泥浆，然后由排泥泵输送到地面泥水分离处理站，经分离后排除土渣，而稀泥浆流向泥浆池，再对泥浆密度和浓度进行调整后，重新送入盾构的泥水舱循环使用。泥水舱中泥浆压力，可通过调节送泥泵转速或调节控制阀的开度来进行。送泥泵安在地面，控制距离长而产生延迟效应不便于控制泥浆压力，因此常用调节控制阀的开度来进行泥浆压力调节。

德国采用间接控制型泥水平衡盾构，其泥水系统由泥浆和空气双重回路组成。在盾构的泥水舱内插装一道半隔板，在半隔板前充以压力泥浆，在半隔板后面盾构轴心线以上部分充以压缩空气，形成空气缓冲层，气压作用在半隔板后面与泥浆的接触面上，由于接触面上气、液具有相同压力，只要调节空气压力，就可以确定和保持在开挖面上相应的泥浆支护压力。

2.3.1　结构特点

1. 泥水平衡盾构的结构

泥水平衡盾构结构主要包括刀盘、前体、中体、盾尾、主轴承、人舱、安装机轨道梁、管片安装机和吊机、拖车结构以及在拖车上布置的设备（主要包括控制室、空压机、电气设备、水泵水箱、泥浆管延伸装置等），不同的盾构厂家，其布置方式不同，在地面上还配有泥水处理设备。泥水平衡盾构由以下 5 大系统构成：

（1）一边利用刀盘挖掘整个开挖面、一边推进的盾构掘进系统；

（2）可调整泥浆物性，并将其送至开挖面，保持开挖面稳定的泥水循环系统；

（3）综合管理排泥状态、泥水压力及泥水处理设备运转状况的综合管理系统；

（4）泥水分离处理系统；

（5）壁后同步注浆系统。

泥水平衡盾构利用循环悬浮液的体积对泥浆压力进行调节和控制，采用膨润土悬浮液（俗称泥浆）作为支护材料。开挖面的稳定是将泥浆送入泥水舱内，在开挖面上用泥浆形成不透水的泥膜，通过该泥膜的张力保持水压力，以平衡作用于开挖面的土压力和水压力。开挖的土砂以泥浆形式输送到地面，通过泥水处理设备进行分离，分离后的泥水进行质量调整，再输送到开挖面。

2. 泥水平衡盾构施工的特点

（1）在易发生流砂的地层中能稳定开挖面，可在正常大气压下施工作业。

（2）泥水传递速度快而且均匀，开挖面平衡土压力的控制精度高，对开挖面周边土体的干扰少，地面沉降量控制精度高。

（3）盾构出土，减少了运输车辆，进度快；刀盘、刀具磨损小，适合长距离施工。

（4）刀盘所受扭矩小，更适合大直径隧道施工。

（5）适用于软弱的淤泥质黏土层、松散的砂土层、砂砾层、卵石层和硬土的复合地层等地层，特别适用于地层含水量大、上方有水体的越江隧道和海底隧道。

2.3.2 开挖面稳定机理

1. 泥膜形成机理

泥水平衡盾构是通过在泥水舱中适当压力的泥浆，使其在开挖面形成泥膜，支撑隧道开挖面的土体，并由刀盘切削土体表层的泥膜，与泥水混合后，形成高密度的泥浆，然后由排泥泵及管道将泥浆输送到地面，进行分离处理。

在泥水平衡的理论中，泥膜的形成是至关重要的，当泥水压力大于地下水压力时，泥水按达西定律渗入土壤，形成与土壤间隙成一定比例的悬浮颗粒，被捕获并积聚于土壤与泥水的接触表面，泥膜就此形成。随着时间的推移，泥膜的厚度不断增加，渗透抵抗力逐渐增强。当泥膜抵抗力远大于正面土压时，产生泥水平衡效果。

2. 泥膜形成的基本要素

泥水平衡盾构施工时稳定开挖面的机理为：以泥水压力来抵抗开挖面的土压力和水压力以保持开挖面的稳定，同时控制开挖面变形和地基沉降；在开挖面形成不透水性泥膜，保持泥水压力有效作用于开挖面。从泥水平衡理论中可以看出，在泥水平衡盾构法施工中，尽快形成不透水的泥膜是一个相当关键的环节。

在开挖面随着加压后的泥水不断渗入土体，泥水中的砂土颗粒填入土体孔隙中，可形成不透水的泥膜。而且由于泥膜形成后减小了开挖面的压力损失，泥水压力可有效作用于开挖面，从而可防止开挖面的变形和崩塌，并确保开挖面的稳定。因此，在泥水平衡盾构施工中控制泥水压力和控制泥水质量是两个重要的要素。

为了保持开挖面稳定，必须可靠而迅速地形成泥膜，以使压力有效作用于开挖面。因此，泥水应具有以下特性：

（1）泥水的密度。

为保持开挖面的稳定，即把开挖面的变形控制到最低限度，泥水密度应比较高。从理论上讲，泥水密度的提高能使泥水屈服值升高，同时使泥膜的稳定性增强。实验证明，高密度的泥水可以产生高质量的泥膜，泥水密度最好能达到开挖土体的密度。但是，大密度的泥水会引起泥浆泵超负荷运转且泥水处理困难；而小密度的泥水虽可减轻泥浆泵的负荷，但因泥粒渗水量增加，泥膜形成慢，对开挖面稳定不利。因此，在选定泥水密度时，必须充分考虑土体的地层结构，在保证开挖面稳定的同时也要考虑设备能力。

（2）含砂量。

在强透水性土体中，泥膜形成速度与掺入泥水中砂粒的最大粒径以及含砂量（砂粒重/黏土颗粒重）有密切关系，这是因为砂粒具有填堵土体孔隙的作用。为了充分发挥这一作用，砂粒的粒径应比土体孔隙大，而且含量适中。

（3）泥水的黏性。

泥水必须具有适当的黏性，以起到以下效果：防止泥水中的黏土、砂粒在泥水舱底部沉积，保持开挖面稳定；提高黏性，增大阻力，防止溢泥；使开挖下来的弃土以流体输送，经泥水处理设备将泥水分离。

（4）泥水压力。

土体一经盾构开挖，其原有的应力即被释放，并将产生向应力释放面的变形。此时，为控制地基沉降，保持开挖面稳定，必须向开挖面施加一个相当于释放应力大小的力。泥水平衡盾构中由泥水压力用以抵消开挖面的释放应力。虽然渗透体积随泥水压力上升而上升，但它的增加量远小于压力的增加量，而增加泥水压力将提高作用于开挖面的有效支承压力。因此，开挖面在高质量泥水条件下，增加泥水压力会提高开挖面的稳定性。在决定泥水压力时，主要应考虑开挖面的水压力、土压力及预留压力。

3. 掘进速度与泥膜的关系

泥水平衡盾构处于正常掘进状态时，刀具并不直接切削土体，而是对刀盘正面已形成的泥膜进行切削。在切削后的一瞬间，又形成了下一层泥膜。盾构刀盘转速是一定值，而且盾构推进速度最大能力受到一定限制，因此掘进速度只与切入土体的深度有关，而和泥膜无关。但是，当泥水平衡盾构处于不正常掘进状态时，特别当泥水质量和泥水压力达不到设计要求时，泥膜需经过较长时间才能形成，这样就制约了掘进速度。高质量泥水形成泥膜的时间为 1 ~ 2 s。

2.3.3 地质适应范围

泥水平衡盾构最初是在冲积黏土和洪积砂土交错出现的特殊地层中使用，由于泥水对开挖面的作用明显，在软弱的淤泥质土层、松动的砂土层、砂砾层、卵石砂砾层、砂砾和坚硬土的互层等地层中均适用。

目前，泥水平衡盾构工法对地层的适用范围不断扩大，即使处于恶化的施工环境和存在地下水等的不良条件下，由于有相应的处理方法，几乎能适应所有的地层。

1. 黏性土层

黏土矿物经相互间电化学结合而形成的黏性土层，近似变质了的琼胶块状体，由泥水比重和加压带来的力容易形成稳定的开挖面，无论黏性土层的软弱状态如何，都适合于用泥水平衡盾构施工。泥水平衡盾构也适用于粉砂土地层施工。

2. 砂层

不含水的砂层由于漏浆，不能保持对开挖面的加压和稳定。通常，在含有某一数量的粉砂土、黏土的冲积层中，几乎都有一定的含水量，全部都是细砂的地层是少见的，干燥的松弛砂也很少有，因为砂层内摩擦角有许多是在28°左右，所以大部分可用泥水加压来保持开挖面的稳定。松弛的含水量多的砂层，在其他盾构法中很难保持土层稳定，可采用泥水平衡盾构，并提高其泥水密度、黏度和压力。

3. 砾石层

对于水分多、不含有作为黏合剂的粉砂土及黏土等的砾石层和有大直径的砾石层，可采用泥水平衡盾构施工并在泥水舱内安装砾石破碎装置。

4. 贝壳层

贝壳层大多含有水并存在于土体中，相对于砾石层更加坚硬，开挖面较难稳定，但使用大直径泥水平衡盾构能较好地适应这种地层。

泥水平衡盾构能适用于各类地质的土层，对开挖面难以稳定的土质特别有效，还能克服地面条件和其他地下条件的因素所造成的种种困难，如上部是河或海等有水体的地方、有道路和建筑物的地方，以及适合于要减少沉降的地方等。在这些场所采用泥水加压盾构，无论在工法上还是经济上都是有效的。

任务 2.4 多模盾构认知

【工作任务】

双模盾构、三模盾构和可变密度盾构在我国被采用的时间不长。假如你所在的项目部是一个国家重点工程，有外单位到施工现场视察学习。对于不了解双模盾构、三模盾构和可变密度盾构的参观者，项目部需要派遣解说员讲解说明。如果项目部需要选派你作为讲解员，你将如何准备解说？

【相关知识】

当某一段隧道穿越不同地层结构时，单独用土压平衡盾构或泥水平衡盾构不能胜任掘进作业。若根据相应土层情况要用两台或多台盾构，在隧道掘进长度较短时很不经济，或由于条件限制使布置多台盾构非常难。将不同形式盾构的功能部件同时布置在一台盾构上，即形成双模盾构或者多模盾构，掘进过程可根据地质情况进行功能或工作方式的切换和调整，或对不同形式盾构的功能部件进行类似模块化设计，掘进时根据土层情况进行部件调整和更换。一台盾构在不同的地层经转换后可以以不同的工作原理和方式运行，这类盾构称为复合盾构，也称混合盾构。

复合盾构可以根据土层地质和水文条件作调整，其本质上是对开挖面支撑方式及刀具、出渣运输系统和其他设备的调整。复合盾构的常见的组合模式有土压泥水双模、土压 TBM 双模、泥水 TBM 双模和土压泥水 TBM 三模等。其中，TBM 指全断面硬岩隧道掘进机。

2.4.1 土压泥水双模盾构

土压泥水双模盾构集成了土压平衡盾构、泥水平衡盾构的设计理念及功能，融合了泥水、土压两种模式。土压泥水双模盾构同时具备两套排渣系统和两种压力平衡方式。双模式掘进机用于土压平衡模式时，基本配置与常规土压平衡盾构完全相同。用于泥水平衡模式时，需要拆除后配套皮带机，保留螺旋输送机，并将其作为排浆管的一部分，通过调节进浆或排浆流量来维持泥水舱压力稳定。混合渣土后的泥浆从螺旋输送机内排出，其中携带的大粒径的卵石经过螺旋输送机口下方的破碎机破碎后再经排浆泵输出。

可根据地层变化在两种模式之间实现相互切换，能最大限度地控制工程风险，同时实现优质高效掘进。采用土压平衡模式可以实现稳定地层的高效掘进施工；采用泥水平衡模式可以更好地应对高水压渗透地层中的隧道掘进施工。

土压泥水双模式盾构的模式转换如图 2-22 所示，连续切换的施工方法如下：

（1）在土压平衡模式下，停止盾构掘进；关闭螺旋输送机出土闸门，正转螺旋输送机使其内部形成有效土塞后关闭螺旋输送机；启动泥水处理系统，向土舱内加注泥浆，利用土舱搅拌棒、刀盘对舱内土体进行搅拌；逆循环操作环流系统对土舱及管路进行清洗，待土舱和管路正常后，将环流系统切换至掘进模式，加大泥浆循环，切换至泥水平衡模式掘进。

（2）在泥水平衡模式下，停止盾构掘进；将泥浆循环系统切换至旁路循环，当土舱内压力稳定后，启动盾构刀盘，关闭排浆泵站和泥浆阀门；随着盾构向前掘进，刀盘切削下来的土渣在土舱内堆积，舱内泥浆通过螺旋输送机顶部预留的排浆口排出；当盾构掘进转矩明显增大时，控制掘进速度，使渣土堆积在土舱内直至螺旋输送机排浆孔出现堵塞，启动螺旋输送机，通过闸门开闭控制出渣，切换至土压平衡模式掘进。

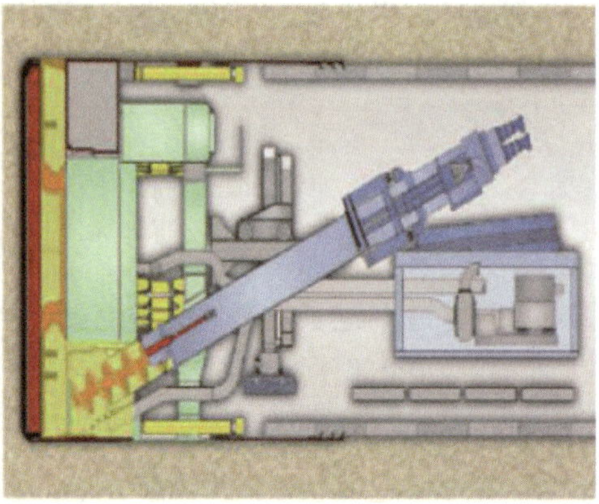

（a）土压平衡模式

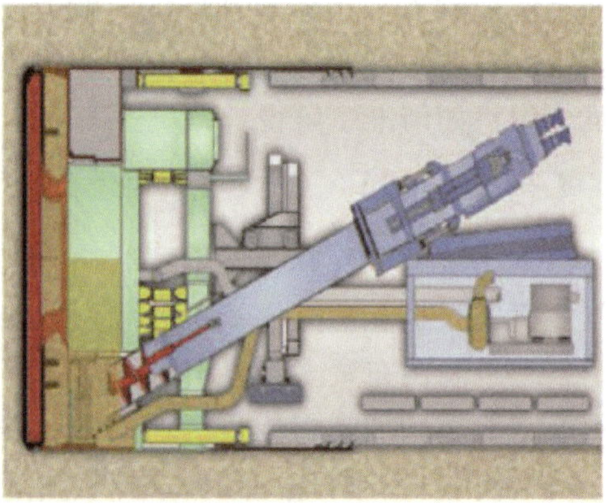

（b）泥水平衡模式

图 2-22　土压泥水双模式盾构的模式转示意

2.4.2　土压 TBM 双模盾构

土压 TBM 双模盾构是指一台盾构既具备土压平衡盾构功能，又具备 TBM 的功能，可根据施工地质条件和要求，进行功能转换，从而满足安全、快速施工的需求。例如在重庆地层以完整性良好的泥岩砂岩为主，地铁隧道可采用 TBM 模式施工[图 2-23（a）]，但有的区间隧道同时会穿越软土甚至回填土地段，需要采用盾构以土压平衡模式掘进[图 2-23(b)]。又如青岛地铁 2 号线有的区间隧道反复穿越基岩和软土，由于基岩稳定性良好，为提高隧道的支护耐久性和降低成本，可在基岩段采用 TBM 模式开挖复合衬砌支护，在软土段则需采用土压平衡模式开挖管片同步衬砌。

（a）TBM 模式

（b）土压平衡模式

图 2-23　双模式盾构的模式转示意

土压 TBM 双模式盾构的模式转换分两种：土压模式转换为 TBM 模式和 TBM 模式转换土压模式。两种转换是相互可逆的过程，但 TBM 模式转换土压模式流程较复杂。

TBM 模式转换为土压模式的转换流程如下：首先进行准备工作，包括后配套与 TBM 主机之间的拖拉油缸及各种管线断开，管线整理并固定等工作。将设备桥前端支撑在管片运输车上，利用牵引机车拖拉后配套台车整体后退 15 m 左右，获得模式转换操作空间。然后拆除皮带机后段和前段。后方皮带机为后面工作平台后方至后续设备车架之间的倾斜段的皮带机结构，拆除其的目的是清出机内皮带机的拆除通道和螺旋输送机的安装通道。接着拆除土舱内溜槽结构，分块割除溜渣板，通过螺旋机筒体运出。随后更换刀具、焊接刀盘搅拌棒并安装中心回转接头。最后安装螺旋输送机，复位后方皮带机，并恢复管路电路。从土压平衡模式向 TBM 模式转换基本按上述过程逆向进行。

大直径土压 TBM 双模盾构主机皮带机和螺旋机同时布置在同一台设备上，在洞内转换时，可将一套出渣系统后退缩回至盾体内部，另一套出渣系统伸出盾体外侧即可。

2.4.3 三模盾构

三模盾构是在土压泥水双模盾构技术的基础上，通过强化盾构结构、优化刀盘刀具及驱动系统，实现盾构刀盘具有 TBM 刀盘的破岩能力；设计双通道排渣系统，具备泥浆管路和螺旋输送机通道，优化出渣方式，实现盾构排渣系统匹配 TBM 的排渣能力，实现在保留土压泥水双模盾构各项优点的基础上兼具全断面硬岩地层快速掘进能力。

土压泥水单护盾三模盾构具有 3 种掘进模式，分别是土压掘进模式、泥水掘进模式和 TBM 掘进模式（图 2-24）。三模盾构的 3 种模式可针对不同地层实现一键转换，技术人员只要在主控室内就能操作，无需进舱拆装部件，大大避免了长时间的机械模式转换作业带来的风险。除了一键切换的优势，出渣顺畅和泥浆管路出渣也是三模盾构的优势，可以实现岩渣无级连续排出和工作区域无粉尘，并在一定程度上减少刀盘刀具磨损，有效地避免了地铁工程在隧道施工过程中敞开式掘进遇到突涌水无法封闭土舱带来的地表安全风险。

1. 土压掘进模式转换成泥水掘进模式

首先开挖舱降渣位，停止盾构各系统，关闭螺旋出土机闸门；然后启动环流系统旁通循环，向开挖舱灌浆；接着逆循环疏通排浆口；最后环流系统进浆舱内循环，充分洗舱，转为泥水模式掘进。

2. 泥水掘进模式转换成土压掘进模式

首先在模式转换地点，调试各系统，确保系统运行正常，喷口未堵，皮带机、螺机运行正常；然后关闭气垫舱联通闸阀，隔离气垫舱；泥水模式下进浆循环清洗开挖舱；随后在旁通模式下，缓慢推进在开挖舱内堆渣；最后伸出转动螺机，打开闸门，运行皮带机，转为土压模式掘进。

3. 泥水掘进模式转换成 TBM 掘进模式

在模式转换地点，利用环流旁通循环清洗气垫舱；然后打开气垫舱顶部呼吸管，联通开挖舱，监测压力波动情况，直至趋于稳定；接着隔离气垫舱，排气恢复常压；接着关闭气垫舱顶部呼吸管，泥水模式下开挖舱底部进浆冲刷，排浆管路排渣，切换至 TBM 掘进模式（开挖舱常压状态）。

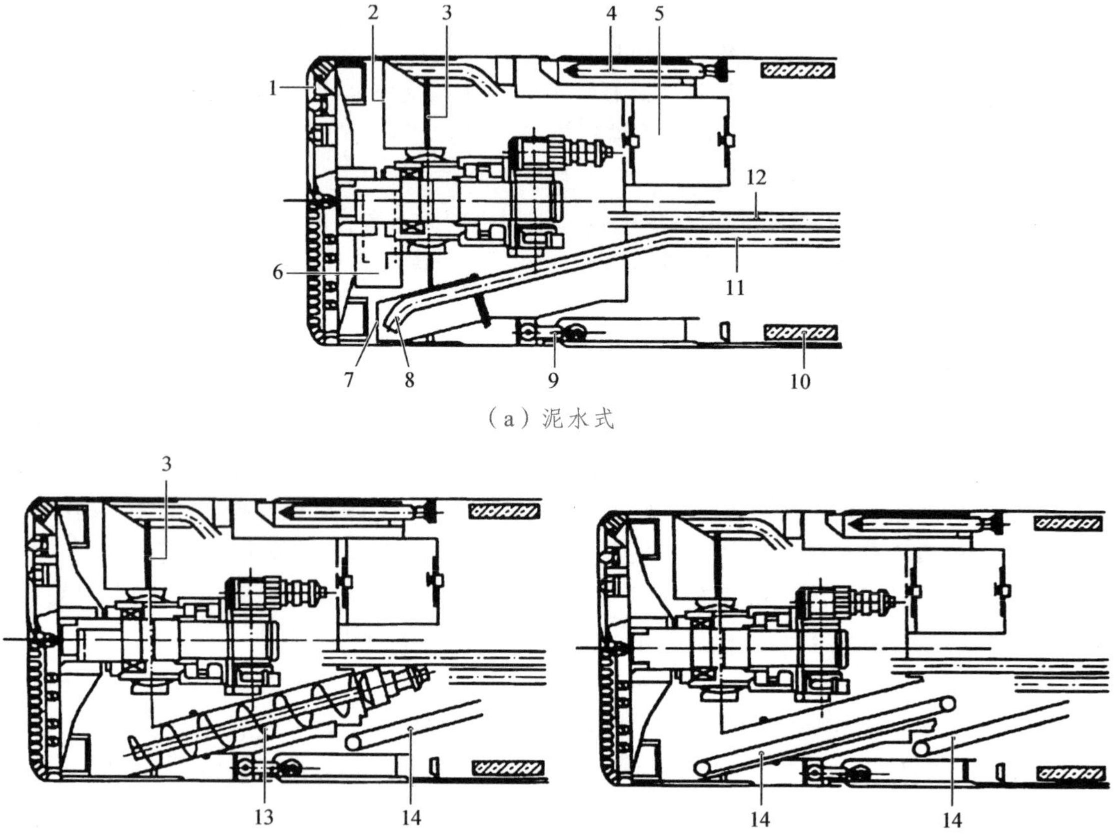

（a）泥水式

（b）土压平衡式

（c）敞开式

1—刀盘；2—沉潜墙；3—隔板；4—推进缸；5—人舱；6—破碎机；7—格栅；8—吸泥管；9—铰接缸；10—管片；11—排泥管；12—进泥管；13—螺旋输送机；14—皮带输送机。

图 2-24　三模式复合盾构示意

4. TBM 掘进模式转换成泥水掘进模式

首先在模式转换地点，进行气垫舱加气保压测试；然后利用环流系统送浆到开挖舱，灌浆至满；接着打开气垫舱联通管路刀闸；最后利用环流系统送浆到气垫舱、开挖舱，利用排浆管路排渣，切换成泥水掘进模式。

5. 土压掘进模式转换成 TBM 掘进模式

在模式转换地点降低开挖舱渣位，停止盾构各系统，关闭螺旋出土机闸门；然后利用环流系统旁通循环送浆到开挖舱，灌浆至满，利用逆循环疏通排浆口；接着利用环流系统进浆舱内循环洗舱；最后底部冲刷进浆，排浆管排渣，转为 TBM 模式掘进。

6. TBM 掘进模式转换成土压掘进模式

在模式转换地点，调试各系统，确保运行正常；接着在 TBM 模式下进浆循环清洗开挖舱；然后缓慢推进对开挖舱堆渣；最后伸出转动螺机，打开闸门，运行皮带机，转为土压模式掘进。

2.4.4 可变密度盾构

土压泥水双模式盾构的模式转换往往需要带压进舱作业，转换过程常常需要数周时间。为减少转换时间和难度，土压泥水双模式盾构发展为可变密度盾构。密度可变是指泵入开挖室的新鲜膨润土泥浆可以按照地层的不同情况来调整密度，通过调节膨润土与渣土混合物的密度来平衡和支撑开挖面，以应对地层在黏土、砂卵石和硬岩之间频繁变化。

可变密度盾构（图 2-25）可以同时配备土压平衡盾构和泥水平衡盾构的所有相关设备，如螺旋输送机、皮带输送机、泥浆泵、泥浆管路、气压调节装置和空压机等，这主要取决于盾构的空间是否足够以及在需要施工的隧道项目中是否需要使用到所有的模式。为适应土压泥水这两种模式及其转换，增加了泥浆调节箱和后置式碎石器。泥浆调节箱的作用是利用稀膨润土与排出的渣土混合以降低其密度，以满足泥浆管路泵送对泥浆密度的需要；而后置式碎石器用来破碎排出的渣土中的大粒径石块，以满足泥浆泵和管路对泥浆粒径的需要。

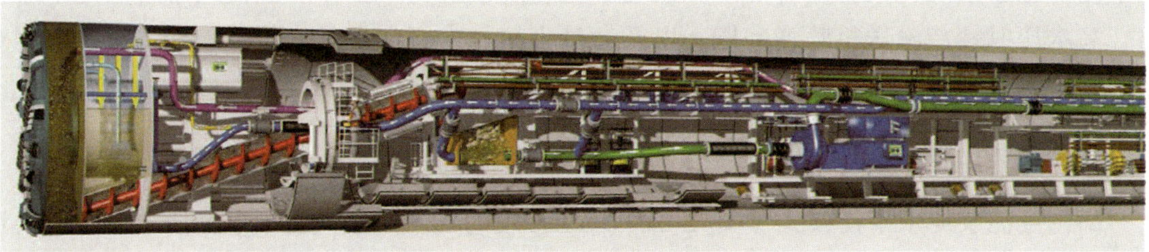

图 2-25　可变密度盾构示意

可变密度盾构既能以土压平衡模式，也能以泥水平衡模式推进。可变密度盾构有 4 种工作模式：土压平衡模式、加泥式土压平衡模式、常规泥水平衡模式和高密度泥浆泥水平衡模式。

1. 土压平衡模式

在常规土压平衡模式（图 2-26）下，可变密度盾构的工作原理和常规的土压平衡盾构没有区别，盾构可以在开挖舱敞开、半舱或土压平衡模式下掘进，渣土通过前螺旋输送机排送到皮带输送机上运出。后螺旋输送机、泥浆调节箱、后置式碎石器、泥浆泵及泥浆管路均不工作。此模式可有效解决在黏土地层或有大量大粒径破碎岩石出渣困难的问题，也不会因为平衡压力过大导致地面喷涌。

2. 加泥土压平衡模式

加泥土压平衡模式（图 2-27）是在常规土压平衡模式基础上，增加了通过泥浆管道向开挖舱注入高密度膨润土的功能，以改良渣土、封堵地下水并对掌子面提供支撑。该工作模式的出渣方式同常规土压平衡模式。该工作模式可在低水压地层有效解决卵石和破碎岩石地层出渣困难和地下水的流失造成沉降的问题。

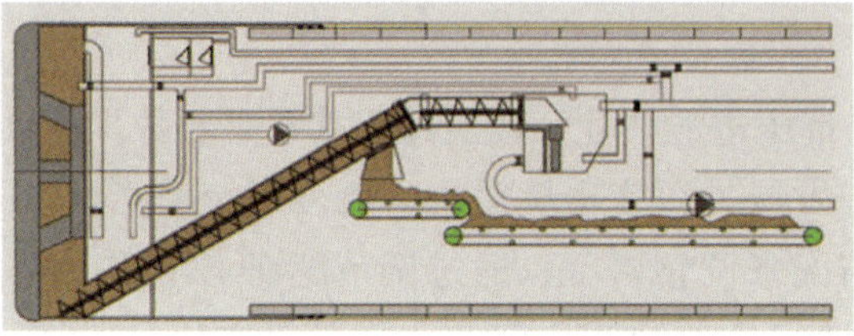

图 2-26 常规土压平衡模式示意

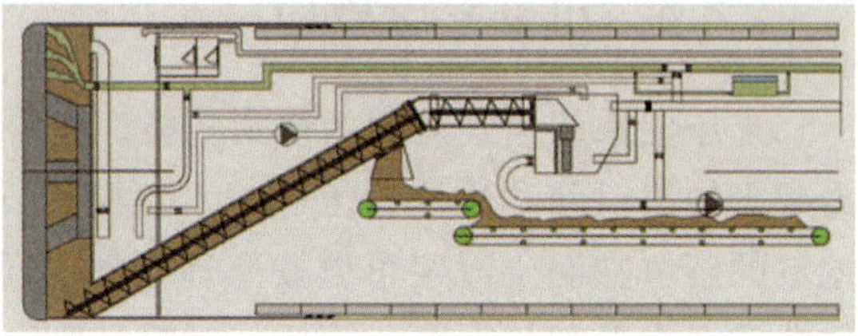

图 2-27 加泥土压平衡模式示意

3. 常规泥水平衡模式

可变密度盾构常规泥水平衡模式（图 2-28）在开挖面稳定机理上和常规的气垫调压式泥水平衡盾构没有什么区别，开挖舱里充满了膨润土与渣土混合的泥浆，调压舱通过压缩空气对平衡压力进行自动调节。但是出渣方式与常规的气垫调压式泥水平衡盾构是有明显区别的：可变密度盾构渣土依次通过前螺旋输送机、后螺旋输送机、后置式碎石器、泥浆调节箱、泥浆泵及泥浆管路排出。泥浆调节箱和皮带机均不工作。该模式可解决地下水丰富、高水压时螺旋输送机喷涌问题，以及大量小粒径岩石和少量大粒径破碎岩石出渣困难的问题。

4. 高密度泥浆泥水平衡模式

高密度泥浆泥水平衡模式（图 2-29）是在常规的气垫调压式泥水平衡盾构的基础上增加了往开挖舱里注入高密度泥浆的功能。高密度膨润土对溶洞和裂隙起到填充和堵塞的作用，从而有效解决泥浆地面突涌和遭遇溶洞群或地下空洞后开挖面失压造成的开挖面失稳和地表沉降。在螺旋输送机后部的泥浆调节箱可以降低泥浆的密度使其满足泥浆管路泵送的需要。

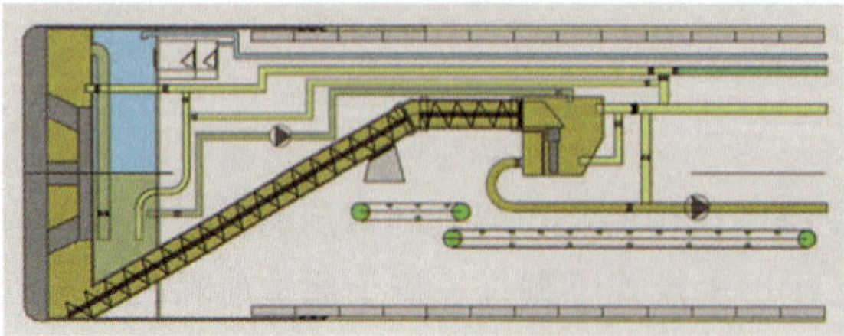

图 2-28 常规泥水平衡模式示意

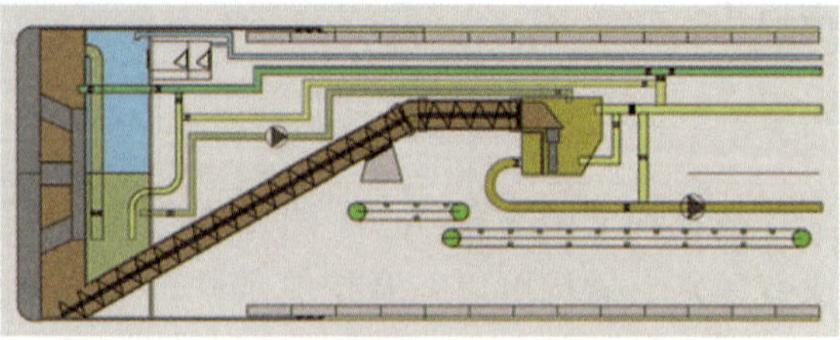

图 2-29 高密度泥水平衡模式示意

项目 3　盾构选型

项目描述

盾构不同于常规设备，其核心技术不仅仅是设备本身的机电工业设计，还在于设备如何适用于各类工程地质。盾构施工的成功率，主要取决于盾构的选型，决定于盾构是否适应现场的施工环境。因此盾构要根据工程地质、水文地质、地貌、地面建筑物及地下管线等具有特征来“量身定做”。在进行盾构选型之前，首先要对盾构法施工进行可行性研究，即一定要对现有的地质条件及施工条件作出是否采用盾构的正确判断。

知识目标

（1）了解盾构选型的概念；
（2）掌握盾构选型的原则及依据；
（3）掌握盾构选型的方法；
（4）掌握盾构配置的依据。

技能目标

（1）能够查阅、学习、归纳和总结盾构类型；
（2）能够正确归纳盾构选型的内容及重要意义；
（3）能够根据盾构选型的原则及依据提取选型的必要参数及信息；
（4）能够根据盾构选型的方法进行盾构选型及盾构配置；
（5）能够利用幻灯片表述盾构选型依据。

素质目标

（1）培养学生的分析归纳能力；
（2）培养学生严谨务实的工作态度；
（3）培养学生的语言组织能力；
（4）培养学生崇尚科学精神，树立科学思想，掌握基本科学方法科学素质；
（5）培养学生分析判断事物和解决实际问题的能力。

任务 3.1 盾构选型的原则、依据和方法

【工作任务】

你所在的公司新承接了某地铁区间盾构隧道施工标段的工程任务。为完成该盾构隧道项目，需要选择一台合适的盾构。假如你作为公司盾构技术骨干，计划如何进行盾构选型？

【相关知识】

盾构选型是指根据某一具体盾构隧道施工项目的工程地质、水文地质情况以及项目周边地面及地下环境条件[建（构）筑物、管线等]，综合考虑安全、工期、环保、经济等因素之后，选择合适的盾构型，并在此基础上最终确定盾构主机及后配套各关键零部件的选择、配置，以确保盾构掘进施工能够顺利进行的一项重要工作。目前最常用的盾构型主要为土压平衡盾构和泥水平衡盾构。所以盾构选型通常是指在土压平衡盾构和泥水平衡盾构间进行比选，并进行关键部件的配置。

3.1.1 盾构选型的原则

盾构选型是盾构法隧道施工安全、环保、优质、经济、快速建成的关键工作之一，盾构选型应从安全适应性（也称可靠性）、技术先进性、经济性等方面综合考虑，所选择的盾构形式要能尽量减少辅助施工法，并确保开挖面稳定和适应围岩条件，同时还要综合考虑以下因素：

（1）可以合理使用的辅助施工法如降水法、气压法、冻结法和注浆法等。

（2）满足工程隧道施工长度和线形的要求。

（3）后配套设备、始发设施等能与盾构的开挖能力配套。

（4）盾构的工作环境。

不同形式的盾构所适应的地质范围不同，盾构选型总的原则是安全性适应性第一位，以确保盾构法施工的安全可靠：在安全可靠的情况下再考虑技术的先进性，即技术先进性第二位；然后再考虑盾构的价格，即经济性第三位。盾构施工时，施工沿线的地质条件可能变化较大，在选型时一般选择适合于施工区大多数围岩的机型。

盾构选型时主要遵循下列原则：

（1）应对工程地质、水文地质有较强的适应性，首先要满足施工安全的要求。

（2）安全适应性、技术先进性、经济性相统一，在安全可靠的情况下，考虑技术先进性和经济合理性。

（3）满足隧道外径、长度、埋深、施工场地、周围环境等条件。

（4）满足安全、质量、工期、造价及环保要求。

（5）后配套设备的能力与主机配套，满足生产能力与主机掘进速度相匹配，同时具有施工安全、结构简单、布置合理和易于维护保养的特点。

（6）盾构制造商的知名度、业绩、信誉和技术服务。

根据以上原则，对盾构的形式及主要技术参数进行研究分析，以确保盾构法施工的安全、可靠，选择最佳的盾构施工方法和最适宜的盾构。盾构选型是盾构法施工的关键环节，直接影响盾构隧道的施工安全、施工质量、施工工艺及施工成本。为保证工程的顺利完成，对盾构的选型工作应非常慎重。

3.1.2 盾构选型的依据

根据不同的工程地质、水文地质条件和施工环境与工期的要求，合理地选择盾构类型，对保证施工质量，保护地面与地下建筑物安全和加快施工进度是至关重要的，选型时的主要依据如下：

（1）工程地质、水文地质条件，包括：颗粒分析及粒度分布，单轴抗压强度，含水率，砾石直径，液限及塑限，N 值，黏聚力 C，内摩擦角 ϕ，土粒密度，孔隙率及孔隙比，地层反力系数，压密特性，弹性波速度，孔隙水压，渗透系数，地下水位（最高值、最低值、平均值），地下水的流速、流向，河床变迁情况等。

（2）隧道长度、隧道平纵断面及横断面形状、尺寸等设计参数。

（3）周围环境条件，包括：地上及地下建（构）筑物分布，地下管线埋深及分布，沿线河流、湖泊、海洋的分布，沿线交通情况、施工场地条件，气候条件，水电供应情况等。

（4）隧道施工工程筹划及节点工期要求。

（5）宜用的辅助工法。

（6）技术经济比较。

3.1.3 盾构选型的主要步骤

（1）在对于工程地质、水文地质条件、周围环境、工期需求、经济性等充分研究上选定盾构的类型，对敞开式、闭胸式盾构进行比选。

（2）在确定选用闭胸式盾构后，根据地层的渗透系数、颗粒级配、地下水压、环保、辅助施工方法、施工环境、安全等因素对土压平衡盾构和泥水平衡盾构进行比选。

（3）根据详细的地质勘探资料、对盾构各主要功能部件进行选择和设计（如刀盘驱动形式、刀盘结构形式、开口率、刀具种类与配置、螺旋输送机的形式与尺寸、沉浸墙的结构设计与泥浆门的形式、破碎机的布置与形式、送泥管的直径等），并根据地质条件等确定盾构的主要技术参数。盾构的主要技术参数在选型时进行详细计算，主要包括刀盘直径，刀盘开口率，刀盘转速，刀盘扭矩，刀盘驱动功率，推力，掘进速度，螺旋输送机功率、直径、长度，送排泥管直径，送排泥泵功率、扬程等。

（4）根据地质条件选择与盾构掘进速度相匹配的后配套施工设备。盾构选型首先要看该盾构是否有利于开挖面的稳定，其次才考虑环境、工期、造价等限制因素，同时宜用的辅助工法也必须加以考虑。只有这样才能选择出一种较为合适的盾构。

3.1.4 盾构选型的主要方法

1. 根据地层的渗透系数进行选型

地层渗透系数对于盾构的选型是一个很重要的因素。通常，当地层的渗透系数小于 1×10^{-7} m/s 时，可以选用土压平衡盾构；当地层的渗透系数在 1×10^{-7} ~ 1×10^{-4} m/s 时，既可以选用土压平衡盾构也可以选用泥水式盾构；当地层的透水系数大于 1×10^{-4} m/s 时，宜选用泥水平衡盾构。根据地层渗透系数与盾构类型的关系，若地层以各种级配富水的砂层、砂砾层为主时，宜选用泥水平衡盾构；其他地层宜选用土压平衡盾构，如图 3-1 所示。

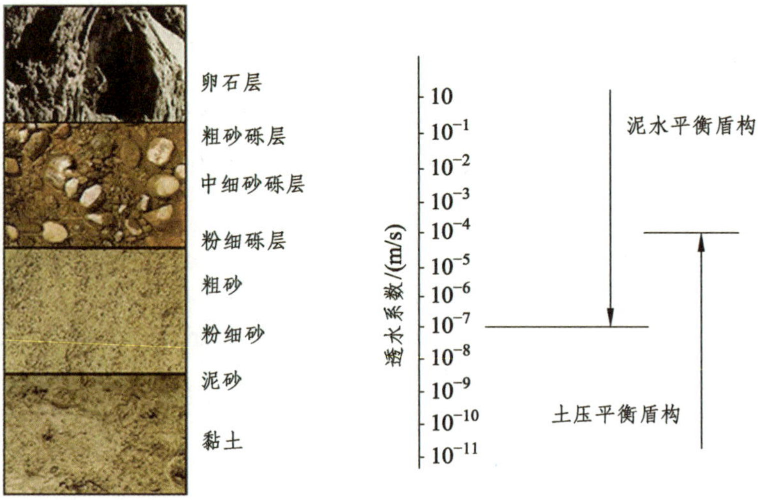

图 3-1 地层渗透性与盾构选型的关系

2. 根据地层的颗粒级配进行选型

土压平衡盾构主要适用于粉土、粉质黏土、淤泥质粉土、粉砂层等黏稠土壤的施工，在黏性土层中掘进时，由刀盘切削下来的土体进入土舱后由螺旋机输出，在螺旋机内形成压力梯降，保持土舱压力稳定，使开挖面土层处于稳定。一般来说，细颗粒含量多，渣土易形成不透水的流塑体，容易充满土舱的每个部位，在土舱中可以建立压力来平衡开挖面的土体。盾构类型与颗粒级配的关系详见图 3-2，图中黏土、淤泥质土区为土压平衡盾构适用的颗粒级配范围；砾石粗砂区为泥水平衡盾构适用的颗粒级配范围；粗砂、细砂区可使用泥水平衡盾构，也可经土质改良后使用土压平衡盾构。

3. 根据地下水压进行选型

当水压大于 0.3 MPa 时，适宜采用泥水平衡盾构。如果采用土压平衡盾构，螺旋输送机难以形成有效的土塞效应，在螺旋输送机排土闸门处易发生渣土喷涌现象，引起土舱中土压力下降，导致开挖面坍塌。

当水压大于 0.3 MPa 时，如因地质原因需采用土压平衡盾构，则需增大螺旋输送机的长度或采用二级螺旋输送机，或采用保压泵。

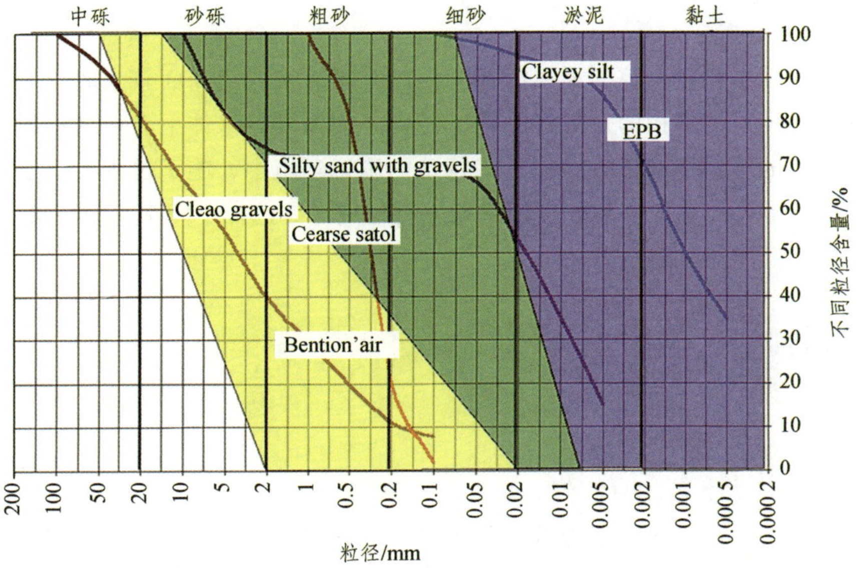

图 3-2 盾构类型与颗粒级配的关系

3.1.5 盾构选型时必须考虑的特殊因素

盾构选型时，在实际实施时，还需解决理论的合理性与实际的可能性之间的矛盾。必须考虑环保、地质和安全因素。

1. 环保因素

对泥水平衡盾构而言，虽然经过过筛、旋流、沉淀等程序，可以将弃土浆液中的一些粗颗粒分离出来，并通过汽车、船等工具运输弃渣，但泥浆中的悬浮或半悬浮状态的细土颗粒仍不能完全分离出来，而这些物质又不能随意地处理，就形成了使用泥水平衡盾构的一大困难。降低污染保护环境是选择泥水平衡盾构面临的十分重要的课题，需要解决的是，如何防止将这些泥浆弃置江河湖海等水体中造成范围更大、更严重的污染。

要将弃土泥浆彻底处理可以作为固体物料运输的程度也是可以做到的，国内外都有许多成功的事例，但做到这点并不容易，因为：

① 处理设备贵，增加了工程投资。

② 用来安装这些处理设备需要的场地较大。

③ 处理时间较长。

2. 工程地质因素

盾构施工段工程地质的复杂性主要反映在基础地质（主要是围岩岩性）和工程地质特性的多变方面。在一个盾构施工段或一个盾构合同标段中，某些部分的施工环境适合选用土压平衡盾构，当某些部分又很适合选用泥水平衡盾构。盾构选型时应综合考虑并对不同选择进行风险分析后择其优者。

3. 安全因素

从保持工作面的稳定、控制地面沉降的角度来看，当隧道断面较大时，使用泥水平衡盾构要比使用土压平衡盾构的效果好一些，特别是在河湖等水体下、在密集的建（构）筑物下及上软下硬的地层中施工时。在这些特殊的施工环境中，施工过程的安全性将是盾构选型时一项极其重要的选择，如北京铁路地下直径线最终选择了泥水平衡盾构。

任务 3.2 盾构选型

【工作任务】

假设你所在的公司承接了某地铁区间隧道施工标段的工程任务。项目位于某市三环附近，地铁隧道设计埋深 15 m，待掘进范围内地层主要为 5 m 人工填土层、5 m 冲积砂层和 5 m 洪积砂层。项目所在区域潜水水位较浅，稳定水位埋深为 1.50 ~ 6.80 m，属潜水（非承压水）类型，大气降水补给为主。地层综合渗透系数为 7×10^{-8} m/s。本区间地下管线包括国防电缆、通信光缆、电力管线、供水管等，地下管线情况复杂。若你作为公司盾构技术骨干，请你根据以上项目情况，用科学的盾构选型方法，完成该项目的盾构选型工作。

【相关知识】

盾构选型除了在土压平衡盾构和泥水盾构之间进行比选，还要参考国内外已有盾构工程实例及相关的盾构技术规范，对盾构各主要功能部件进行选择和设计，以确定盾构的刀盘直径，刀盘开口率，刀盘转速，刀盘扭矩，刀盘驱动功率，推力，掘进速度，螺旋输送机功率、直径、长度，送排泥管直径，送排泥泵功率、扬程等主要参数，并选择与盾构掘进速度相匹配的盾构后配套施工设备。

3.2.1 盾构形式的选择

在选择盾构形式时，最重要的是要以保持开挖面稳定为基点进行选择。为了选择合适的盾构形式，除对土质条件、地下水进行调查以外，还要对工地环境、竖井周围环境、安全性、经济性进行充分考虑。

1. 土压平衡盾构的适用范围

土压平衡盾构主要适用于粉土、粉质粉土、粉砂层等黏稠土壤的施工，在黏性土层中掘进时，由刀盘切削下来的土体进入黏土、淤泥土舱后由螺旋输送机输出，在螺旋输送机内形成压力梯降，保持土舱压力稳定使开挖面土层处于稳定。盾构向前推进的同时，螺旋输送机排土，使排土量等于开挖量，即可使开挖面的地层始终保持稳定。排土量通过调节螺旋输送机的转速和出土闸门的开度予以控制。

当含砂量超过某限度时，泥土的流塑性明显变差，土舱内土体因固结作用而被压密，导致渣土难以排送。需向土舱内注水、泡沫、泥浆等添加材料，以改善土体流塑性。在砂性土层施工时，由于砂性土流动性差，砂土摩擦力大、渗透系数高、地下水丰富等因素，土舱内压力不易稳定，须进行渣土改良。根据以上，土压平衡盾构主要分为两种：一种是适用于含水量和粒度组成比较适中，开挖面土砂可直接流入土舱及螺旋输送机内，从而维持开挖面稳定的土压式盾构；另一种是对应于砂粒含量较多而不具有流动性的土质，需通过水泡沫泥浆等添加材料使泥土压力可以很好地传递到开挖面的加泥式土压平衡盾构。

土压平衡盾构根据土压力的状况进行开挖和推进，通过检查土舱压力不但可以控制开挖面的稳定性，还可以减少对周围地基的影响。土压平衡盾构一般不需要实施辅助工法。

加泥式土压平衡盾构可以适用于冲积砂砾、砂、粉土、黏土等固结度比较低的软弱地层。洪积地层以及软硬不均地层；在土质方面的适用性最为广泛。但在高水压下（大于0.3 MPa），仅用螺旋输送机排土难以保持开挖面的稳定性，还需安装保压泵或进行切削土的改良。

2. 泥水平衡盾构的适用范围

泥水平衡盾构通过施加略高于开挖面水土压力的泥浆压力来维持开挖的稳定。除泥浆压力外，合理地选择泥浆的状态也可增加开挖面的稳定性。泥水平衡盾构比较适合于河底、江底、海底等高水压条件下的隧道施工。

泥水平衡盾构使用送排泥泵通过管道从地面直接向开挖面进行送排泥，开挖面完全封闭，具有高安全性和良好的施工环境，既不对围岩产生过大的压力也不会受到围岩压力的反压，对周围地基影响较小，一般不需辅助施工。特别是在开挖断面较大时，控制地表沉降方面优于土压平衡盾构。

泥水平衡盾构适用于冲积形成的砂砾、砂、粉砂、黏土层、弱固结的互层以及含水率高开挖面不稳定的地层；洪积形成的砂砾、砂、粉砂、黏土层以及含水率很高固结松散易于发生涌水破坏的地层。但对于难以维持开挖面稳定性的高透水地层、砾石地层，有时也要考虑采用辅助工法。

土压平衡盾构与泥水平衡盾构适应性对比分析见表 3-1。

表 3-1　土压平衡盾构和泥水平衡盾构对比分析

项目	土压平衡盾构	泥水平衡盾构
稳定开挖面	保持切削土舱压力支持开挖面稳定	有压泥水使开挖面地层保持稳定
地质条件适应性	在砂性土等透水性地层中要有特殊的措施	适应性较强
抵抗水压	靠土舱压力及泥土的不透水性能抵抗水压	靠泥水在开挖面的泥膜和泥水压抵抗水压

续表

项目	土压平衡盾构	泥水平衡盾构
地表沉降控制	保持土舱压力、控制推进速度、维持切削量与螺旋输送机出土量等控制	控制泥浆质量、压力及推进速度、保持进、排泥量的动态平衡
渣土处理	直接外运	进行泥水分离处理及外运
施工场地	占用施工场地狭小	要有较大的泥水处理场地
工程成本	减少了泥水处理设备，只需配置添加剂注入设备即可，设备及运行费低	增加了泥水制作、输送机泥水分离设备，设备及运转费高

3.2.2 刀盘结构形式的选择

刀盘结构形式有面板式、辐条式和复合式 3 种。泥水平衡盾构一般都采用面板式刀盘；土压平衡盾构则根据土质条件不同可采用面板式或辐条式。对于土压平衡盾构采用面板式刀盘时由于泥土流经刀盘面板的开口进入土舱，盾构掘进时土舱内的土压力与开挖面的土压力之间产生压力降且压力降的大小受面板开口的影响不易确定，从而使得开挖面的土压力不易控制。面板式刀盘的优点是通过刀盘的开口限制进入土舱的卵石粒径，其缺点是由于受刀盘面板的影响，开挖面土压不等于测量土压，土压管理困难。由于受面板开口率的影响，渣土进入土舱不顺畅，易黏结和易堵塞，且刀具负荷大使用寿命短。在黏土层施工时，如果采用面板式刀盘，则由于刀盘支承将土舱分隔成两个区域，当刀盘旋转切削土体时，中心区域以外部分的土体流动顺畅，易于搅拌；而中心区域内的土体流动较差。当切削土体黏性较大并长期积聚于中心区域时，中心区域土体逐渐增多并最终形成泥饼，完全丧失流动性，会造成出土不畅、阻力增大、开挖面压力控制不稳定，对控制地面沉降不利。

辐条式刀盘仅有几根辐条，砂土流动顺畅，有利于防止黏土附着，不易黏结和堵塞；由于没有面板的阻挡，渣土从开挖面进入土舱时没有土压力的衰减，开挖面土压等于测量土压，反而能对土压进行有效的管理，能有效地控制地面沉降；同时刀具负荷小，寿命长。辐条式刀盘仅有几根辐条，切削下来的土体直接进入土舱没有压力损失，同时在辐条后设有搅拌叶片，土、砂流动顺畅，土压平衡容易控制。因此幅条式刀盘对砂、土等单一软土地层的适应性比面板式刀盘强。幅条式刀盘也能安装滚刀，在风化岩及软硬不均地层或硬岩地层掘进时，也可采用辐条式刀盘。辐条式刀盘上的滚刀一般设计成与先行刀可互换，可根据地质的变化将滚刀换成先行刀。在辐条式刀盘的辐条之间安装可拆卸的面板，可使辐条式刀盘变成面板式刀盘。

复合式刀盘适用于开挖全断面硬岩，在盾构掘进时遇到软土地层时，更换刀具配置，刀盘变换为软土掘进模式。

3.2.3 刀具选择

盾构刀盘配置的刀具是开挖土层的关键部件，在掘进过程中损坏率高，是易损部件。

刀具使用寿命不仅与刀具制造质量有关，还与刀具选型和配置有关。因此，刀具的选型和配置直接影响到盾构工程施工的安全性、可靠性和经济性。盾构刀具合理选型和配置，往往能在施工中起到事半功倍的效果。

盾构刀盘合理配置有先行刀与切削刀，将更有效增加刀具使用寿命。盾构刀盘上先行刀和切削刀高低分层配置的工作原理：在刀具切削土层时，先行刀首先在土层被切削面上切出沟槽，然后由切削刀切下土质。由于土层被切削面存在先行刀切削的沟槽，切削刀切除土质的效率大大加强。

软土地层中土的强度不足，偏松散，局部有剥落的情况，其抗压强度普遍在 10 MPa 以内，因此较为适宜的是切（刮）削刀具。沙土粉土地层，以轻型刮刀、鱼尾刀为宜；遇中、粗、细砂层或是粉砂地层时，则需着重考虑刀具的耐磨性，可以采用切刀、先行刀等；遇淤泥质地层或黏土层，则以切刀、鱼尾刀为宜，其特点在于可以取得较好的刮渣效果，必要时可适当提高刀盘面板的开口率，此举目的在于避免刀盘结泥饼的情况。

硬岩地层，较为可行的是普通盘形滚刀，刀间距控制在 80 ~ 100 mm，刀圈厚度可依据现场岩石的硬度做灵活的调整。部分情况下可能存在极硬岩地层，此时则以重型滚刀为宜，施工中可在原基础上增加扭矩，保证其具有较强的破碎能力。

复合地层，所含的地质类型较多，集多类地质于一体，因此需采取多类刀具相适配的综合型方案。其中，主刀具可以采用撕裂刀与滚刀形式，在此基础上辅以刮刀、边刮刀，用于刮渣处理。通过多类刀具的共同应用，可以提高土体切削作业的精细化水平。

特殊地层，可以采用复合式盾构的方案，以施工现场的实际地层特性为依据，对刀具的数量、刀高等参数做灵活的调整；对于大直径卵石地层，可以利用滚刀破碎。

3.2.4 盾构主机选择

盾构主机的主要参数包括主驱动、推力、扭矩、铰接形式、密封形式等。这几个参数主要与设计线型、水文地质情况、周边建（构）筑物情况有着密切的联系，具体情况见表 3-2。

表 3-2　城市轨道交通盾构主要参数及主要决定因素

项目	主要影响因素	一般取值范围
掘进速度	施工工期	0 ~ 80 mm/min
推力和推进系统	地质情况	0 ~ 4 000 t
铰接形式	设计线型（曲线半径）	主动铰接/被动铰接
密封系统	地下水含量	根据实际情况设计密封

1. 主驱动选择

盾构主驱动主要包括驱动动力、减速机、齿轮副、主轴承、密封和润滑、主驱动箱等。驱动路径为驱动动力→减速机→小齿轮→主轴承→驱动盘→刀盘，具有传递扭矩大、结构复杂紧凑、控制精度高等特点。盾构的施工性质决定主驱动必须具有可靠性高、同步性好以及良好的操作性能，因此，需要对其关键零部件和结构进行设计分析。

液压马达驱动和变频电机驱动是现有主驱动的主要驱动动力。液压马达驱动体积小、效率低、后续设备多，较常用于中小型盾构；变频电机驱动体积大、效率高、后续设备少，较常用于大直径盾构。近年出现了永磁同步驱动、电液混合驱动等方式。从节能方向及发展趋势来看，变频电机驱动方式是刀盘驱动今后的发展方向。

减速机目前常选用行星齿轮减速机，根据减速机工况条件，对减速机进行强度校核、热平衡校核、径向载荷校核等。小齿轮通常为渐开线直齿圆柱齿轮，与主轴承大齿圈组成齿轮副，根据标准和手册进行几何尺寸计算、强度和寿命校核，确定主要参数，进行详细设计。

主轴承长期在重载、变载工况下工作，并同时承受轴向、径向及倾覆力矩，要求可靠性高、使用寿命长，目前较多采用三排组合圆柱滚子结构，其动套圈也作为与小齿轮啮合传动的大齿圈。

目前盾构厂商对主轴承的密封均采用骨架式唇形密封圈，常用的唇形密封圈有单唇形密封圈、带压紧环的唇形密封圈及多唇密封圈。3 种形式的启形密封圈从材料上存多为耐油耐水的高强度耐磨丁腈橡胶或聚亚氨酯，单唇密封圈在应用中靠外界压力或注入润滑油的压力使密封唇压紧于转轴上起到密封作用。压紧环密封圈在安装时可借助压紧环的预压力压紧于旋转轴上。多唇密封圈有更好的韧性，更能有效地适应变形。对旋转轴的磨损相对较小，但价格较高。

2. 推进系统选择

推进系统是盾构的关键系统，它主要承担着盾构的推进任务，同时能够实现盾构的转弯、曲线行进、姿态控制、纠偏及同步运动等功能。推进液压系统主要包括推进泵、控制阀组、推进缸和管路附件等。

盾构在前进过程中主要克服土压对刀盘作用力、周围土体对盾体的摩擦力、管片与尾盾之间的摩擦力、切口环贯入地层的贯入阻力、转向阻力和后配套牵引力等。

盾构推进时，推进力是作用在管片上，因此推进油缸的布置主要考虑管片的结构形式、分布方位、受力点布置、拼装管片方便性等因素。盾构推进油缸一般采用圆周均布，上下左右布置，可以保证管片受力平衡、封顶块方便安装。

3. 铰接形式选择

盾构盾体有主动铰接与被动铰接两种连接方式，主动和被动铰接构造方式如图 3-3、图 3-4 所示。主动铰接的推进千斤顶安装在盾尾法兰上，其推力作用在盾尾上，再通过铰接千斤顶将作用力传递到中盾前部，凭着铰接千斤顶的主动伸缩来调整盾体前、后部分弯折角度，达到使盾构转弯的目的。被动铰接的推进千斤顶安装在中盾法兰上，其推力直接作用在中盾上，由中盾通过铰接千斤顶拖动尾盾。两种铰接方式的特点分析对比见表 3-3。主动型铰接装置和被动型铰接装置各有其特点，在进行选择时，应从隧道的曲线半径、管片宽度，盾构制造商的经验，操作者的习惯等方面进行综合考虑。

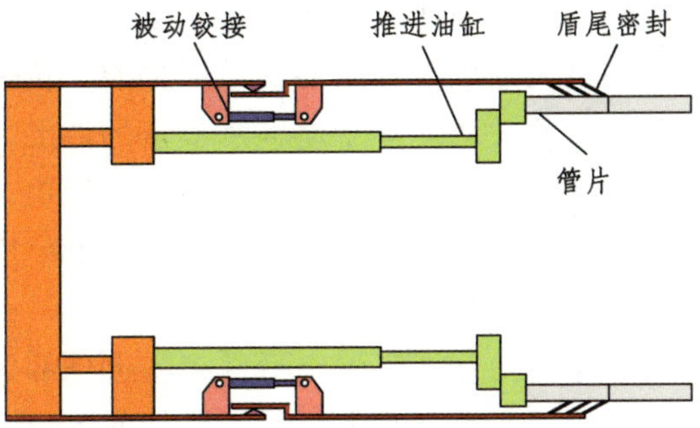

图 3-3　盾构主动铰接构造示意

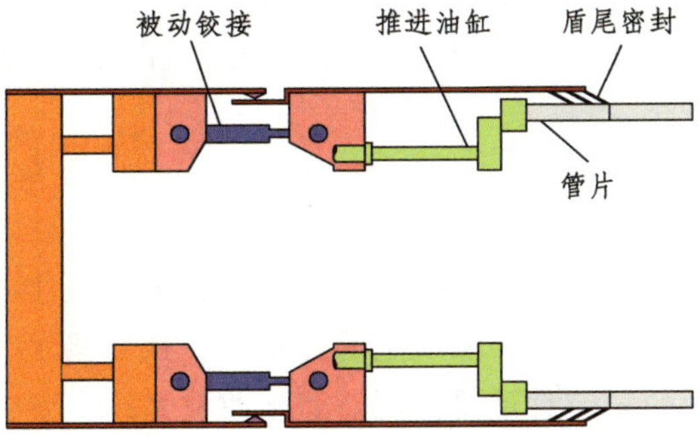

图 3-4　盾构被动铰接构造示意

表 3-3　两种铰接形式对比分析

项目	被动铰接	主动铰接
前进方式	利用推进油缸顶住前盾往前掘进，利用铰接油缸牵引盾尾	利用推进油缸顶住盾尾，利用铰接油缸顶住前盾（安装有刀盘）往前推进
弯曲角度	弯曲角度无法任意设定，≤3°	盾构的弯曲角度可以根据铰接油缸的行程设置任意进行弯曲，≤9°
方向控制	方向控制只能通过设置推进油缸的数量和最大推力来实现	盾构的方向控制除通过选择推进油缸数量，设定最大推力外，还可以通过设定铰接油缸的行程来实现
阻力	盾尾的阻力很大的时候，油缸会自然伸出	掘进推力过大的时候，先用铰接油缸让前盾往前推进，然后用推进油缸让盾尾往前推进，可以实现脱困
价格	价格较低	价格较高
设备维保	形式简单，不易损坏	形式复杂，维保困难，相对容易损坏

4. 排土系统选择

土压平衡盾构排土系统主要包括螺旋输送机和皮带传送机，针对性设计主要考虑两种设备的型号规格及相互匹配性。螺旋输送机参数设计主要包括螺杆直径、最大输送粒径、转速和排土量。螺旋机直径、最大输送粒径主要受地层影响。转速和排土量主要与掘进速度有关，也与建立土压有着很大的关系。对于地下水丰富的地层，还需特别对螺旋输送机出渣口进行密封设计。螺旋输送机主轴在工作中承受较大的扭矩，易发生磨损、断裂，必须保证螺旋机主轴的强度，并进行耐磨设计。皮带机的运输效率应根据螺旋输送机的排土效率确定，使之相匹配，满足盾构掘进速度要求。

泥水平衡盾构是通过泥水循环的方式将渣土运送到隧道外部，泥水输送渣土是泥水平衡盾构施工的重要特征，泥水输送系统亦是泥水平衡盾构的关键系统。泥水循环系统的配置和选型直接决定了泥水平衡盾构的施工效率。泥水循环系统的确定，首先根据盾构的切削量、掘进速度、地层的比重和泥浆性能确定泥浆流量，然后参照管内临界沉淀流速确定泥浆管路的直径，根据扬程压力、压力损失、进口压力和出口压力等因素选择泥浆泵并进行泥浆泵的布置。

5. 渣土改良系统选择

渣土改良是土压平衡盾构的重要功能，通过向土舱内渣土注入泡沫、膨润土或水等聚合物添加剂，增加渣土的流动性，降低渣土的透水性，达到堵水、减磨、降扭及保压的效果，对平衡、维持开挖面的稳定有重要作用。渣土改良系统主要包括泡沫、膨润土注入泵及配套管路，主要由开挖面的地质情况决定。

6. 注浆系统选择

注浆系统主要包括同步注浆系统和二次注浆系统，同步注浆主要用于填补管片和开挖地层之间的空隙，对控制开挖地层稳定和地表沉降有着重要作用。二次注浆主要用于填补同步注浆不密实的区域，并可用于进行堵漏。

同步注浆和二次注浆系统应充分考虑区间水文地质情况和沉降要求，保证注浆效果，注浆速度满足掘进速度要求，注浆压力适应地层情况。

7. 特殊设计

有时，针对特殊的设计线型或地质特点，必须采取特殊的针对性设计。如瓦斯区间，必须对盾构进行通风、防爆改造、瓦斯监控等进行设计。

3.2.5 施工辅助设备的选择

盾构及后配套拖车上设备以外的设备称为施工辅助设备。施工辅助设备因围岩条件、施工环境及施工方法的不同而不同。一般包括材料堆放场、渣土运输设备、材料运输设备、电力设备、照明设备、通信设备、通风设备、竖井升降设备、给排水设备、消防设备、砂浆拌和设备、地基加固设备、起重设备、始发（到达）与调头设备、泥水处理设备等。施工辅助设备应结合工程的特点和施工环境进行优化配备。

通风设备应符合以下要求：一次通风宜采用压入式通风，风管采用软管，管径根据隧道断面、长度、出渣方式确定。根据计算风量和风压，结合通风方式及通风设备的布置，宜采用轴流式通风机。长距离通风时，为满足风压的要求，宜采用相同型号的风机等距离间隔串联方式，普通隧道施工区域的风速不宜低于 0.3 m/s，瓦斯隧道施工区域风速不低于 0.5 m/s。

3.2.6 盾构选型实例

中微风化板岩是盾构法隧道施工的一种常见地层，这种地层相对稳定，地下水较少，岩层的硬度相对较高。下面以某盾构区间为例说明长距离硬岩掘进的盾构选型及针对性设计。

1. 盾构区间概况

某盾构区间左线全长 1 860.924 m，右线全长 1 850.6 m。线间距为 13.0 ~ 15.0 m，线路平面最小曲线半径为 550 m，最大纵坡为 28.00‰。隧道埋深为 12.00 ~ 22.0 m。管片设计参数如下：管片内径 5.4 m，管片厚度 300 mm，管片外径 6.0 m，管片宽度 1.5 m，分块数为 6 块。管片衬砌环为楔形通用环，楔形量为 45 mm，衬砌环由 1 个封顶块、2 个邻接块和 3 个标准块组成。

（1）区间地质情况。

本工程区间主要地层均为强风化板岩、中风化板岩、微风化板岩，另有少量杂填土、粉质黏土，区间范围内无地下水。本工程区间地质情况分布如图 3-5 所示。强风化板岩岩石天然抗压强度最大值 1.98 MPa，最小值 0.73 MPa，平均值 1.24 MPa。中风化板岩岩石天然抗压强度最大值 9.32 MPa，最小值 2.58 MPa，平均值 6.32 MPa。微风化板岩岩石天然抗压强度最大值 93.8 MPa，最小值 21.1 MPa，平均值 50.9 MPa。全断面微风化板岩的区间单线长度达 1 410 m，属于长距离全断面硬岩掘进。

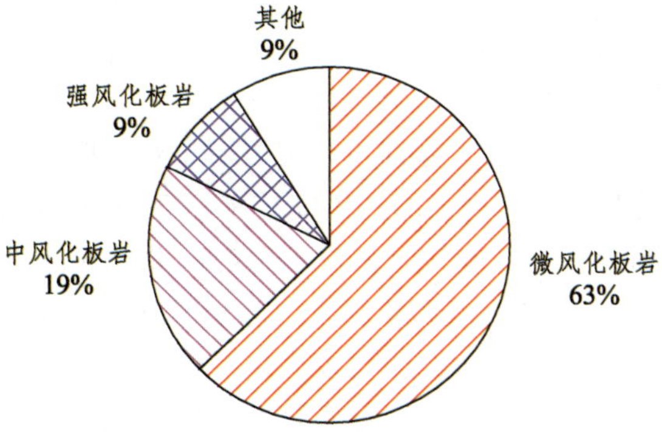

图 3-5　盾构区间地质情况分布

（2）区间建（构）筑物情况。

区间建（构）筑物情况见表 3-4。

表 3-4　区间沿线建（构）筑物情况

建筑物名称	基础形式	与隧道关系
某砖混结构小区楼房	桩基础	最小水平距离 2.4 m
某立交桥桩基	2.2 m 桩基础，桩长 21.02 m	最小水平距离 2.7 m
某大桥桩基	直径 2.2 m 桩基础，桩长 15 m	最小水平距离 8.4 m
雨水箱涵	钢筋混凝土结构，截面尺寸为 7.2 m×3.7 m，壁厚 0.6 m	调线后箱涵底部与隧道顶部间距为 1.84 m
过水箱涵	钢筋混凝土结构，截面尺寸为 5 m×2.5 m，壁厚 0.5 m	竖向净距为 0.965 m
人行过街地下通道	钢筋混凝土结构，截面尺寸为 6 m×3.7 m，壁厚 0.5 m	竖向净距为 9.0 m

2. 盾构选型

根据工程实际情况，计划采用复合式土压平衡盾构，并根据工程特点进行针对性设计。针对本工程长距离全断面硬岩的特点，盾构设备做以下针对性设计：

（1）刀盘设计。

考虑到开挖面稳定、土压保持、砂土的流进性、刀盘负荷和扭矩及检查换刀等因素并结合同类地层的施工经验，选择刀盘的开口率为 35%左右的辐板式刀盘。针对本工程地质情况，在选型过程中，刀盘的设计要适应软土、软岩、长距离全断面硬岩等地层。为了防止刀盘过度磨损，应在刀盘周边及外缘布置保护性刀具，并在刀盘表面及外缘周围设置耐磨层。

（2）刀具设计。

盾构在岩层掘进时，配置正面滚刀 23 把，滚刀安装高度 17 mm，比刮刀高度多出 35 mm，可对开挖面先行挤压破碎，然后由刮刀进行切削。滚刀在推力的作用下贯入岩石，同时在开挖面上呈同心圆滚动，岩石被挤压破碎。在小半径范围内破碎延伸到周围的岩石，最终在刀盘推力作用下在切槽两边的岩石成片状破碎。

边缘区设置了 8 把滚刀、16 把边缘刮刀。滚刀用于对该区围岩的破坏，边缘刮刀用来校准洞径的尺寸。在开挖时，刀盘边缘的线速度较高，磨损快，故而配置了 8 把滚刀、16 把边缘刮刀，且滚刀也因为刀盘在旋转时相对于中心区和正面区而言，其滚动范围大，因而刀间距也较小（＜100 mm），即刀具布置较密。这 8 把滚刀在软土地层掘进时也可从刀盘后面予以方便地更换为齿刀。刀盘在软土区、硬岩区、上软下硬区刀具的布置如图 3-6 所示。

正滚刀高度 175 mm，数量 23 把，中心滚刀为 8 把双联滚刀。滚刀的安装通过两个楔形块、拉紧块和长螺栓锁紧刀轴，能实现刀具的快速安装和拆卸。撕裂刀能与滚刀互换。

焊接撕裂刀高度 155 mm，数量 23 把。焊接撕裂刀轨迹与滚刀轨迹相同，主要分布于刀盘外周，辅助滚刀进行长距离切削。

针对岩层及地层分界面对刀具的冲击，采用 200 mm 宽度加强型边刮刀，同时在保证覆盖率前提下，刮刀间距较大，有利于减少刀梁结泥饼。刮刀和边刮刀背部均设有强保护块，防止渣块从背部对刀具的反向冲击。刀盘边刮刀为弧形结构，数量 16 把，高度 135 mm，刀头材料采用 KE13 钨钢硬质合金，具备良好的耐磨和抗冲击性能。

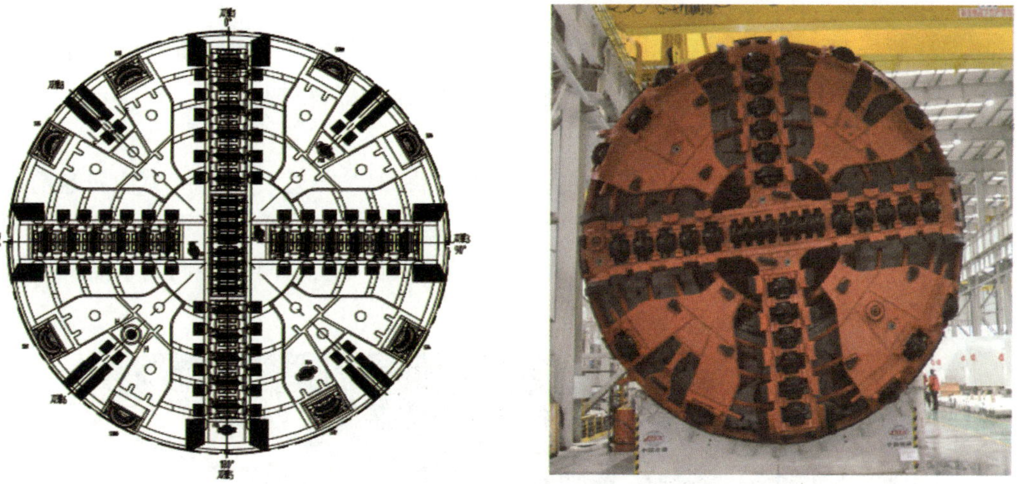

图 3-6 刀盘配置示意

（3）盾体设计。

盾尾厚度根据其尺寸及所受的地层压力而定，在满足管片后部注浆及盾构转弯半径的前提下，选取盾尾间隙为 35 mm，选取盾壳钢板厚度为 50 mm，盾尾加强钢环的厚度为 30 mm，则盾尾厚度=盾壳厚度+钢板厚度=80 mm；则盾构尾部的外径为 $D=6\,000+2\times(35+80)=6\,230$（mm）。

为了减小盾构在复合地层中推进时的阻力，将盾构设计成前部稍大，后部稍小；故盾构支撑环外径为 6 240 mm，盾构切口环外径为 6 250 mm，刀盘开挖直径为 6 280 mm。

中盾与尾盾的连接采用被动铰接设计，中盾和盾尾之间设计有两道密封，一道为橡胶密封，一道为紧急气囊密封。

（4）主驱动设计。

根据本盾构区间的水文地质情况，对主驱动设计见表 3-5。

表 3-5 主驱动主要设计参数

项目	形式及参数
驱动形式	电驱
驱动组数量	6 组
驱动总功率	660 kW
转速范围	0 ~ 2.4 r/min
额定扭矩	5 700 kN · m
脱困扭矩	6 300 N · m

（5）渣土运输系统。

螺旋机内径采用ϕ820 mm，螺旋输送机最高转速 19 r/min，在风化岩层零土压出渣时，高转速对出渣有很大帮助。

（6）注浆系统。

盾尾注浆管共有 4×2 根，正常情况下 4 用 4 备（注浆口设计在尾盾左上、右上、左下、右下位置）。注浆时根据超挖情况，调整泵出口管路连接位置进行作业。

（7）泡沫注入系统。

盾构配置 6 路单管单泵单喷口泡沫注入系统（图 3-7），通过旋转接头往刀盘前面 6 个喷口喷注，发泡方式由原来的管路中混合直接发泡变为在混合箱充分混合后由泡沫泵泵送发泡，增强发泡效果，降低泡沫消耗量。每路泡沫管道与喷口阻力不同时，各路泡沫仍能按其设定量喷注。

图 3-7　泡沫注入系统示意图

（8）膨润土注入系统。

膨润土注入系统由膨润土罐、膨润土输送泵、流量传感器、过滤器和刀盘及螺旋机注入点等组成。同时，在盾壳周圈设有膨润土注入口，在需要时可以注入膨润土以降低推进阻力。该系统具有手动和自动控制功能。

项目 4　盾构施工

项目描述

盾构隧道施工时，先在盾构隧道某段的一端建造一个竖井或基坑，以供盾构安装就位。盾构安装调试好后从竖井或基坑的墙壁预留孔处出发，在地层中沿着设计轴线向前推进，在盾构推进过程中不断从开挖面排出适量的土方。盾构每推进一环距离，就在盾尾支护下拼装一环衬砌。盾构不断重复开挖支护过程，直至到达隧道另一端的接收竖井或基坑，从而完成整个盾构隧道作业。

知识目标

（1）掌握盾构施工的基本过程；
（2）熟悉盾构始发、掘进、支护和到达施工技术；
（3）了解我国盾构隧道修建技术前沿。

技能目标

（1）能够利用搜索工具查阅盾构端头加固、始发、掘进以及管片生产与拼装相关文献；
（2）能够整理所查盾构施工关键工序文献，并用简洁语言进行概括；
（3）能够根据主题搜索盾构施工关键工序相应的图片作为内容支撑；
（4）能够通过现场参观学习记录、收集和整理盾构施工关键工序资料；
（5）能够利用幻灯片讲述盾构施工关键工序。

素质目标

（1）培养学生严谨务实的工作态度；
（2）培养学生的团队精神；
（3）培养学生分析问题的能力；
（4）培养学生的语言表达能力；
（5）培养学生吃苦耐劳的精神。

任务 4.1 盾构竖井施工

【工作任务】

几名盾构施工技术专业的大学生到某地铁区间盾构隧道参观学习，想了解一下盾构竖井的构造、作用和修建方法。假设你作为现场工程师，该如何向学生如何解说呢？

【相关知识】

采用盾构法施工时，一般需在盾构掘进的始端和终端设置工作井，即竖井。竖井在竣工后多被用作地铁车站、排水、通风等永久性结构。

洞口底至竖井底板顶面的最小高度应根据盾构的安装、拆除作业，洞口与隧道的接头处理作业等需要确定。井壁预留洞口大小，应略比盾构的外径大一些（盾构外径含外壳凸出部分），但考虑到井壁洞口的施工误差、隧道设计轴线与洞口轴线间的夹角、密封装置的需要，需留出足够的余量。

竖井一般都设在隧道轴线上，用明挖法施工。

4.1.1 盾构竖井的分类

盾构竖井按竖井的用途，分为盾构始发竖井、中间竖井和接收竖井 3 种。

1. 盾构始发竖井

盾构始发竖井即始发盾构的竖井，从地表把盾构的分解件及附属盾构设备搬入始发竖井，然后在井内组装和调试盾构，再开始按预定方向开始掘进，故需设置盾构反力装置和盾构始发洞口。始发竖井的另一个功能是运输存放盾构始发掘削中需要的各种器械及材料的基地。始发竖井及其周围的场地是一个停放出土设备、起吊设备、管片、各种机电设备、背后注浆设备、原材料等的场地。盾构始发竖井的平面净尺寸必须满足上述各项工作的要求。一般情况下在盾构两侧各留 1.5 m 作为盾构安装作业的空间。盾构的前后应留出洞口封门拆除、初期推进时出渣、管片运输和其他作业时所需的空间，竖井的长度应大于盾构主机长度 3.0 m。

2. 盾构接收竖井

盾构接收竖井用于接收在土层中已完成了某一阶段推进长度的盾构。盾构进入接收井后，或实施解体，或进行维修保养，或为继续推进做准备，或作折返施工。越江跨海的隧道始发竖井和接收井的间距较大，上海长江隧道的间距达 7.8 km，英法海峡隧道盾构采用海底对接，竖井间距为 34 km。接收竖井宽应大于盾构 1.5 m，竖井的长度应大于盾构主机长度 2.0 m。

3. 中间竖井

对长距离隧道来说因盾构检修、隧道通风、路线中途改变掘进方向等需要设置的竖井称为中间竖井。由于盾构要在中间竖井内实现到达、始发，所以到达方向的内空尺寸及始发方向的内空尺寸均应满足作业要求。此外，按照一些设施的特殊需要有时也要设置中间竖井，如下水道的合流点、电力线的接合点等，但是这些设施竖井的大小完全取决于设施安装的需要。

4.1.2 盾构竖井施工

1. 端头竖井施工

地铁隧道的盾构始发竖井和接收竖井，一般利用地铁车站两端端头井。地铁车站采用明挖法或盖挖法修建时，在车站端头处暂时不浇筑中层板和顶板及相应的梁柱混凝土，从而为盾构施工留出上下施工的通道即端头井如图 4-1 所示。

（a）盾构拼装前　　（b）盾构拼装后

图 4-1　盾构工作井

2. 独立工作竖井施工

地铁隧道的中间竖井、水工盾构隧道、公路铁路盾构隧道的始发井和接收井，由于没有地铁车站，无法利用车站端头井始发和接收盾构，需要修建独立的工作井。例如南水北调中线穿越黄河盾构隧道，首先在黄河北岸开挖两个直径 18 m，深 76 m 的竖井作为始发工作井（图 4-2），盾构从两口始发工作井自北向南开挖黄河隧洞，安全到达南岸竖井接收。

竖井开挖

独立工作井常采用围护开挖的施工方法。围护开挖，通常先施工围护结构（例如地下连续墙或者钻孔灌注桩），接着分层安装钢管支撑或者混凝土支撑分层开挖至设计标高，最后进行结构混凝土浇筑的施工工序。南水北调中线穿越黄河工程盾构工作井将竖井设计为圆形，这样无需水平横向支撑，可以给机械开挖带来方便。

图 4-2　南水北调中线穿越黄河工程盾构工作井

独立工作井也可采用明挖法施工。对于放坡开挖竖井，需要采用先开挖，后结构，最后回填的施工工序。例如川气东送管道黄石长江穿越隧道中，南岸始发井采用明挖法开挖，锚喷初期支护，现浇混凝土二次衬砌作业的方法。

当附近的地表沉降控制要求不很高，独立的竖井也可采用沉井施工方案。例如汕头华能电厂二期工程过海电缆隧道北端盾构工作井为圆形沉井结构，内径为 14 m，沉井制作高度为 37.5 m，沉井分三段接高及下沉，下沉深度为 37.2 m。

任务 4.2　端头加固技术

【工作任务】

中央电视台在 2020 年报道了中交海外在孟加拉国卡拉普里河底成功修建了盾构隧道，连接卡纳普里河东西两岸。盾构在富水粉细砂的地层中始发时对地层进行了加固。观众看后赞不绝口，民族自豪感上升。某观众想了解一下，盾构始发时为什么要进行端头加固？如何进行端头加固？加固多大范围？假如你作为一名盾构专业人员，如何解答？

【相关知识】

在盾构始发掘进过程中，盾构逐步从始发工作井洞门进入区间地层，掌子面的土压尚未完全建立起来，不能平衡掌子面的土压和水压，且洞门未封堵、起始段不能进行同步注浆，开挖工作面处于开放状态且持续时间较长，若盾构周围的土体自稳能力差、透水性强，始发时可能会导致地表下沉，危及附近的地下管线和建（构）筑物，甚至会发生涌水、涌泥或涌砂等危险情况，所以工作面稳定与否直接影响盾构始发施工安全。因此，在施工前应根据洞口附近隧道埋深、工程地质和水文地质条件、盾构类型、盾构外径、覆土厚度、地下管线及地面环境等条件确定是否需要对始发工作井端头加固，以及合理选择具体的加固方案。

4.2.1 端头加固设计

1. 端头加固的要求及方法

端头加固的要求会因工程地质条件和水文地质条件等因素有所不同，概括而言，加固后的土体应满足以下 4 方面的要求：

（1）加固土体需满足强度要求。

（2）加固土体需满足整体稳定性的要求，其中整体稳定性包括：加固土体的静态稳定，含施工期稳定和长期稳定性；加固土体在振动作用下的稳定，即破除洞门时振动对加固土体的扰动影响。

（3）加固土体需满足止水和渗透性的要求，特别对于富水砂土地层。

（4）加固土体需满足变形特征的要求，通常指盾构土舱内土压建立前。

2. 加固方法选择

常用的加固方法有高压旋喷桩、深层搅拌桩、降水法、冻结法、注浆法等（表 4-1），应用时可以采用一种工法或多种工法相结合的加固手段。

对于软土地区，常用的加固方式有水泥土深层搅拌桩+高压旋喷桩，素 SMW 工法桩（三轴搅拌桩）+高压旋喷桩，高压旋喷桩，等等。采用最多的是水泥土深层搅拌桩+高压旋喷桩（或注浆）的加固方式；当受地面环境限制时，也可采用冻结法进行加固。

表 4-1　端头加固常用方法表

名称	简述	特点	适用范围
高压旋喷桩	有单重管、二重管、三重管法，在地基加固、提高地基承载力、改善土质等方面起到很好的作用	① 可指定加固某一深度的土层； ② 渗透系数很小的细颗粒土层无法进行灌浆加固，而高压旋喷可以； ③ 在间距狭小处可施工； ④ 结合定喷法，可有效地形成垂直向、水平向或封闭式隔水墙； ⑤ 使用方便，移动灵活	适用于砂土、黏性土、淤泥土及人工填土等土质
深层搅拌桩	通过深层搅拌机器搅拌均匀，使水泥类悬浊液在原地层中与土体反复均匀混合，水泥固结后，形成水泥土加固体	① 固化桩与原地基构成复合地基，改善承载力和变形模量； ② 能自立支护挡土； ③ 桩体连接成壁后有隔水帷幕作用； ④ 施工中无振动，无噪声、无污染，对周边建（构）筑物和地下管线影响小； ⑤ 施工机具简单，操作方便，造价低	适用于黏性土、砂性土等地层

续表

名称	简述	特点	适用范围
降水法	人工降低地下水位是在施工范围内埋设一定数量的滤水管（井），用抽水设备抽其井内水，降低地下水位到有利工程施工，在过程中保持不间断抽水，使工作面土体始终保持干燥，从根本上防止流砂现象发生，同时动水压力减少或消除，土体竖直面更为稳定	① 盾构工作井施工中，防止井内涌泥或产生流砂； ② 盾构隧道施工中，稳定开挖面土体，防止盾尾漏泥漏水； ③ 井点降水尤其适用盾构的进出洞施工	适用土层为粉砂、砂质粉土、粉质黏土
冻结法	当用其他方法难以达到稳定开挖面土体时，采用冻结法可取得较好的效果，可使不稳定的含水地层能形成强度很高的冻土体，形成完整的防水屏蔽	① 可有效隔绝地下水，其抗渗透性能是其他任何方法不能相比的，对于含水量大于 10%的任何含水、松散，不稳定地层均可采用冻结法施工技术； ② 冻土帷幕的形状和强度可视施工现场条件，地质条件灵活布置和调整，冻土强度可达 5 ~ 10 MPa，能有效提高工效； ③ 冻结法是一种环保型工法，对周围环境无污染，无异物进入土壤，噪声小，冻结结束后，冻土墙融化，不影响建筑物周围地下结构	适用于地下水大、但流动性较小的地层；粉细砂层

在砂层中进行加固，主要采用地层加固+降水的加固方式，也可采用素 SMW 工法桩（三轴搅拌桩）+高压旋喷桩+深井降水、高压旋喷桩+深井降水等加固方式；当不能通过降水井进行抽水，且在开探孔时发现漏水漏砂现象时，可采用地层加固+冻结的加固方式。

在遇到全断面岩石地层时，其强度远远大于搅拌桩或旋喷桩 0.8 ~ 1.2 MPa 的加固强度，一般无需进行加固；当岩石地层多有裂隙发育，为了封堵裂隙水，可采用分层注浆加固方式，分层注浆孔可在紧靠围护结构位置布置一排，一般间距控制在 0.5 m 左右，通过控制注浆压力，来保证注浆封闭岩层裂隙的效果。对于特殊地层，在盾构进出洞时需采取更为特殊的加固方式。

3. 加固范围确定

合理的加固范围是确保盾构始发安全的一个关键因素，加固范围主要包括横向加固范围、纵向加固范围及竖向加固范围。

（1）稳定性计算的力学模型。

对于土体稳定的加固设计，可以建立比较理想的土体滑动破坏模型同时根据土体的不同性质，将其分为黏性土体和砂性土体，分别建立两种不同的力学模型。通过模型对稳定性进行深入分析，推导出土体失稳的破坏范围，从而根据结果确定科学合理的加固范围。

对于黏性土体，由于其自身的黏聚力，因此在设计时的力学模型计算中通常采用条分法。具体过程为：将滑动土体竖直分为若干条，并将这些土条看作是刚体，求出不同土条的滑动力矩和抗滑力矩。求解过程为先假设出土体的纵向破坏范围，再根据静力学平衡的基本原理求出滑动力矩和抗滑力矩，验算稳定性。

对于砂性土体，其土体内没有黏聚力。根据统计资料可知，其破坏过程多为突发性过程，滑裂面从顶到底形成直线型的滑裂面。通过土压力原理和离心实验可知，砂性土体的破坏面是竖直滑动面，据此建立相应的破坏力模型，计算得出加固范围。

（2）横向加固范围。

隧道掘进施工时，土体开挖后原有的应力平衡状态被破坏，对周围的土体也产生了一定的影响。在隧道的洞壁周围应力比较集中，如果此时最大的剪应力超过了抗剪强度时，周围的土体就会受到一定程度的破坏，并逐步向四周深入扩散，形成了一个塑性松动圈。塑性松动圈的存在导致周围的应力明显降低，最大应力集中处发生偏移，偏移到了塑性圈和弹性圈交界区域。因此，为了保证横向土体的稳定性，必须提前进行必要的加固工作，横向加固范围一般取盾构直径外围 3 m，即盾构左右两侧各 3 m。

（3）纵向加固范围。

如果施工土质属于无水土质，在进行加固时只需考虑强度和稳定性的要求。而对于有水土质，除了满足前述要求外，还必须考虑盾构的机体尺寸和止水要求。

洞门围护结构拆除后，盾构刀盘尚未进入始发端头地层时，进行加固的目的主要有以下 2 个：① 满足强度和稳定性的要求，防止端头土体在水土压力的作用下发生受拉、剪切破坏及导致整体出现失稳的现象；② 满足止水的要求，防止地层中的水渗入到施工区域和盾构工作井，从而引发水土流失引起地层受到破坏，从而导致地表出现塌陷或者沉降过大。

当盾构贯入始发端头地层时，首先要根据强度和稳定性计算出相应的纵向加固范围。同时将其与盾构的主机长度对比，会出现以下 2 种情况：

① 当计算所得纵向加固范围小于盾构主机长度时，根据几何准则要求和实际工程经验，可以根据经验公式进行计算

$$L=L_D+(3\sim4)b$$

式中 L——纵向加固范围；

L_D——盾构长度；

b——管片的环宽。

② 当计算所得纵向加固范围大于盾构主机的长度时，取计算所得的纵向加固长度与经验公式计算值中的较大值。

4.2.2 端头加固施工

1. 高压旋喷桩施工

（1）施工工艺流程。

高压旋喷桩可分为单管法、二重管法和三重管法，主要区别在于单管法主要喷射水泥

浆，二重管法主要喷射水泥浆和空气，三重管法主要喷射水泥浆、空气和水，施工流程基本一致。高压旋喷桩施工工艺流程如图 4-3 所示。

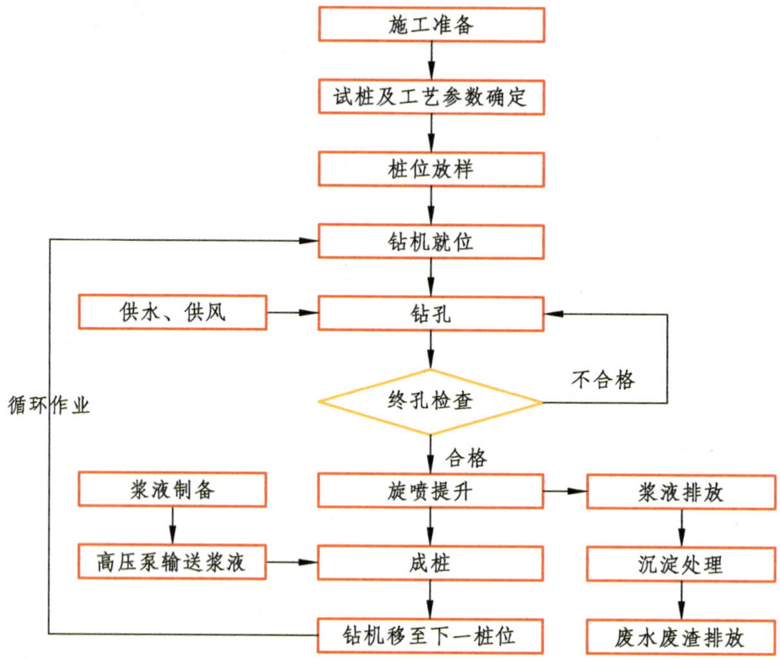

图 4-3　高压旋喷桩施工流程

（2）施工控制要点。

① 在正式施工前，应做 1～3 个点的高压旋喷注浆试验，验证施工效果是否满足设计要求，并根据实际情况和工程经验调整浆液、风和水的压力及流量、提升和旋转速度等施工工艺参数，调整到位后方可开展正式施工。

② 旋喷机就位安装时机座应做水平校正并保持平稳，钻杆头应与孔位对正，偏差应小于 5 cm。在钻进前应进行低压射水试验，检查喷嘴是否通畅、压力是否正常。

③ 钻进过程中，为防止泥沙堵塞喷嘴，应边射水边钻进，压力应控制在 0.5 MPa 左右，当一根钻杆用完后，先停止射水，待钻杆接长后再继续钻进直至达到设计高程，施工时应做好钻孔记录。

④ 水泥浆应在旋喷前半小时内配制，浆液拌制时应严格按照配合比进行，先加水再加水泥及外加剂，搅拌时间不少于 10 min，拌制好的浆液应持续低速搅拌，防止沉淀。施工过程中试验员应经常性抽样检验。

⑤ 喷射注浆前要检查高压设备和管路系统，设备压力和排量必须满足设计要求，管路系统的密封必须良好，各管道和喷嘴内不得有任何杂物。

⑥ 喷浆管插入到设计深度后，及时输送浆液、水和气，喷头在预定深度喷射时，只旋转不提升，停留 1～3 min 后再提升，确保下部固结体质量。

⑦ 在喷射过程中，应随时观测或测定注浆管转速、提升速度，水、浆、气压力及流量

等情况并做好记录，若发现问题，应及时调整设备或采取补救措施。同时应经常性检查孔内返浆情况，一般返浆量应小于注浆量的 20%，超过 20%或完全不返浆时，应及时分析原因，确定解决方法后再继续施工。

⑧ 在喷射提升注浆管时，拆卸注浆管速度要快，重新进行喷射的上下搭接长度应不小于 0.3 m，防止固结体脱节。

⑨ 喷射注浆施工结束后应及时清洗注浆设备和管道，在浆液罐中注入适量清水，开启高压泵，清洗全部管路中残存的水泥浆，直至冲洗干净。

2. 深层搅拌桩施工

（1）施工工艺流程。

搅拌桩按照加固材料的状态可分为浆体搅拌桩和粉体搅拌桩，按施工机械叶片搅拌方向不同又可分为单向水泥土搅拌桩和多向水泥土搅拌桩，施工步骤略有差异。深层搅拌桩施工工艺流程（喷浆型）如图 4-4 所示。

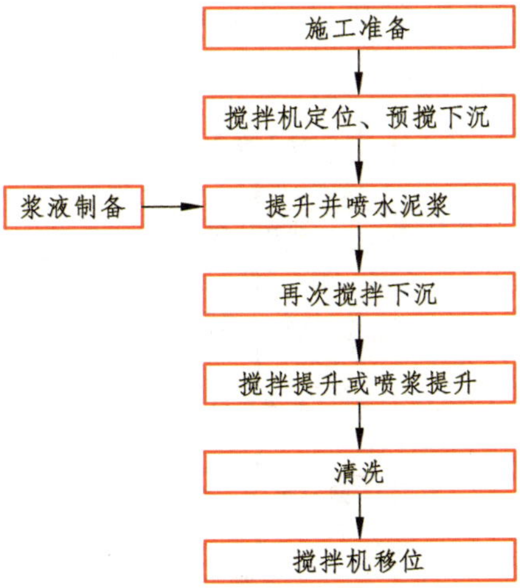

图 4-4　高压旋喷桩施工流程

（2）施工控制要点。

① 施工前应根据加固深度选择合适的深层搅拌机、起重机、水泥制浆系统、导向设备及提升速度量测设备、与深层搅拌机配套的起吊设备，搅拌机应具备浆体自动计量装置。

② 在大面施工前应进行不同水灰比和不同操作工艺的试桩，养护一定时间后进行开挖观察，进行抽芯取样、标准贯入试验检测，以确定施工配合比等各项参数和施工工艺。

③ 施工场地应找平，并铺设枕木，确保机身水平、搅拌轴垂直度满足要求。

④ 搅拌机启动后，待搅拌头转速正常后方可入土搅拌下沉，下沉速度宜控制在 0.35 ~ 0.75 m/min；搅拌机预搅下沉时，不宜冲水，当遇到较硬土层下沉太慢时，方可适量冲水，但应考虑冲水对成桩桩身强度的影响。

⑤ 当搅拌头下沉至距桩底 2 ~ 3 m 时应开始拌制水泥浆液，水灰比应控制在 0.43 ~ 0.55 左右，水泥浆制备必须有充分的搅拌时间，以保证水泥浆液搅拌的均匀性。浆液进入截料

坑时应加筛过滤，以免浆内结块损坏泵体，泵送浆液前所有管路应保持潮湿，浆液泵送必须连续进行，不得中断喷浆。

⑥ 当搅拌头下沉到设计深度后，应将搅拌头略为提升 20 cm 左右，根据标定的灰浆到达桩顶的时间确定提升速度，以不大于 0.3 ~ 0.5 m/min 的速度边搅拌边提升，与此同时开动灰浆泵将浆液从深层搅拌中心管不断压入土中，由搅拌叶片将水泥浆与土搅拌，边搅拌边喷浆直到提至地面，地面开挖部分可不喷浆，但停浆面应比设计标高高出 0.5 m，截料坑内应始终保持有水泥浆液。

⑦ 为确保加固土体的均匀性，应至少重复搅拌下沉和提升一次。

⑧ 每班加固完毕或停机时间较长时应及时清洗深层搅拌机、拌浆设备和管道。

3. 降水施工

（1）施工工艺流程。

根据地层情况、土体渗透性、降水深度、周边环境等不同，降水方法可选用轻型井点降水、喷射井点降水和管井降水等方法，因端头加固的范围较小，施工多采用管井降水法。管井降水施工工艺流程如图 4-5 所示。

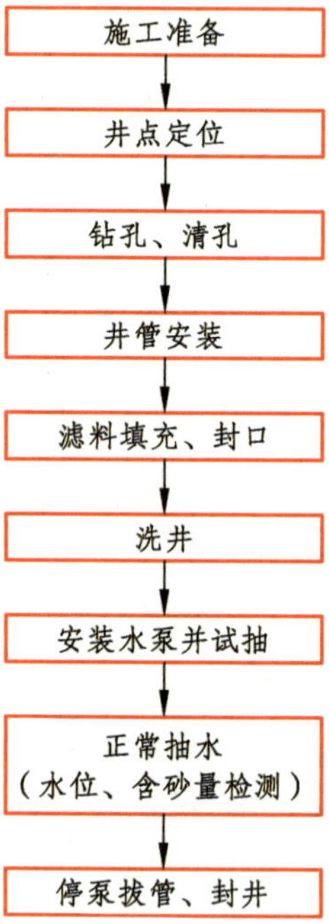

图 4-5　高压旋喷桩施工流程

（2）施工控制要点。

① 钻孔设备应根据地质情况和现场条件，选择使用冲击钻机或旋挖钻机等。当采用泥浆护壁钻孔法时，钻孔直径比滤水管井外径大 200 mm 以上，钻孔底部应比滤水井管深 200 mm 以上。钻机作业时应确保垂直度，钻进至设计低标高后，应进行清孔，直至泥浆指

标满足要求。

② 井管吊装前应包裹滤网，为降低含砂量也可包裹渗水土工布和钢丝网，井管连接时各节井管之间应同心并焊接严密，吊装时调整好井管中心位置与垂直度，井管下入后，用水平尺找正，井字架固定。为防止雨污水、泥砂或异物落入井中，井管要高出地面不小于 200 mm，并加盖或捆绑防水雨布临时保护。

③ 井管下入后应及时在井管与井壁间填充滤料，滤料应具有一定的磨圆度，粒径应大于滤网的孔径，一般采用 3 ~ 20 mm 的细砾石，杂质含量不大于 3%。填砾料时应用铁锹下料，滤料沿井管外四周均匀填入，宜保持连续，同时避免填料速度过快或不均造成滤管偏移及滤料在孔内架桥现象，洗井后若滤料下沉则应及时补充滤料，要求实际填料量不小于 95%理论计算量。接近井口 1 ~ 1.5 m 时，应采用黏土封严，以防地面水、雨水流入。

④ 洗井工作应在填充砾石后立即进行，以防井壁泥质硬化，造成洗井困难。洗井可选用活塞洗井、空压机洗井、封闭反压洗井、水泵洗井、冲洗器洗井等方法，洗井应确保质量，直至井内出清水，基本不含砂，出水量大，井底沉砂不大于 20 cm。

⑤ 潜水泵在安装前，需对水泵本身和控制系统做一次全面细致的检查，检验电动机的旋转方向，各部位螺栓是否拧紧，润滑油是否加足，电缆接头的封口有无松动，电缆线有无破坏折断等情况，然后在地面上转 3 ~ 5 min，经检验无误后，加设自动感应水位装置，放入井中使用，达到“有水则抽，无水则停”，防止抽水泵空转烧坏密封胶圈。

⑥ 井点管网全部安装完毕后进行试抽，抽水设备运转一切正常，整个抽水管路无漏水现象，即可进行正常抽水作业。试抽试验的稳定延续时间为 8 h，在抽水开始的第 5、10、15、20、25、30 min 各测一次水位，以后每隔 30 min 或 60 min 测一次。

⑦ 试抽正常后进行正式降水，水位没达到设计深度以前，每天观测三次水位，水位达到设计深度后，每天观测一次水位。观测时记录水位、流量、含砂量，抽水过程中还应经常对抽水机械的电动机、传动轴、电流及电压等进行检查。为防止因降水带出地层细颗粒物质造成地面沉降，抽出的水中含砂量必须满足要求。

竖向油浆加固

4. 注浆施工

（1）施工工艺流程。

注浆按原理分可分为渗透注浆法、劈裂注浆法和挤密注浆法等，按加固施工方式可以分为竖向、水平或斜向注浆加固等。袖阀管注浆能较好地控制注浆范围（可分层分段注浆）和注浆压力，可进行重复注浆，且发生冒浆与串浆的可能性很小，因此在地铁施工中常常被采用。袖阀管注浆施工工艺流程如图 4-6 所示。

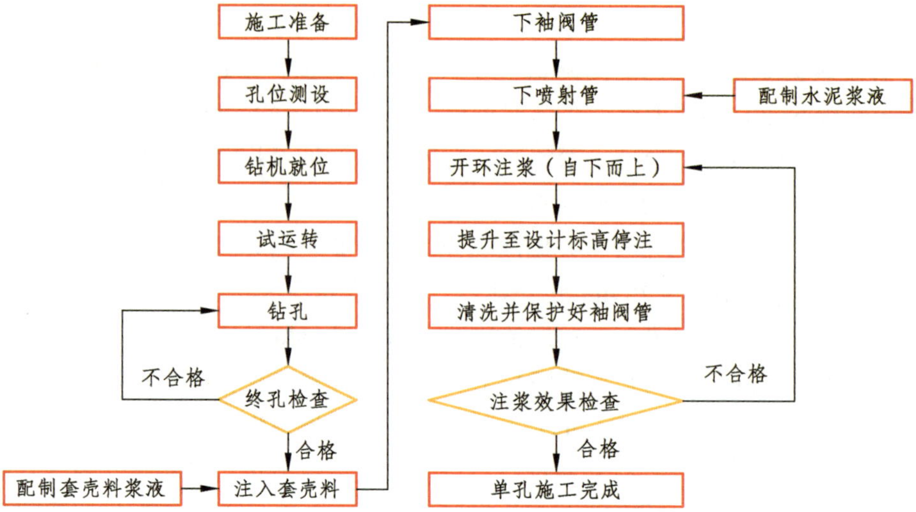

图 4-6　袖阀管注浆施工流程

（2）袖阀管注浆施工控制要点。

① 钻孔可选用工程地质钻机或锚杆机，钻头选用合金钻头或金刚石钻头，在易塌孔地层钻机时应采用套管跟进方式或泥浆护壁方式，在钻孔过程中应做好记录，以供注浆作业参考。孔位偏差应小于 5 cm，孔深偏差应小于 10 cm，垂直度偏差应小于 1%。

② 成孔合格后应尽快向孔内注入套壳料，用于填充封闭袖阀管与钻孔之间的环形空间，防止注浆时浆液到处流窜。套壳浆液可采用水泥、膨润土（或黏土）和水的混合浆，或采用水泥、粉煤灰、膨润土（或黏土）和水的混合浆，套壳 3 d 龄期抗压强度应以既有利于防止浆液串冒又有利于开环为原则，可在现场试验配制确定配制比例。施工时可将钻杆放置于孔底，通过泥浆泵将套壳料压入，直至孔内泥浆完全被套壳料置换完全为止。

③ 灌注套壳料后立即将底部封闭的袖阀管插至孔底，下管前应确保袖阀管管节之间连接可靠，底部加上底盖，避免套壳料进入袖阀管内。下管时尽量使袖阀管垂直并位于孔中央，袖阀管上口露出地面约 30 cm，安设时向管中注满清水，水的重力作用使袖阀管不会浮起，在袖阀管上部盖上盖，防止杂物进入，影响注浆作业质量。袖阀管可采用成品袖阀管，或采用在聚氯乙烯（PVC）管上钻孔后设置橡胶套（袖阀）的方式，内部应光滑。

④ 待套壳强度达到规定后，开始第一次开环注浆，采用带有双向止浆的专用注浆管，止浆塞宜采用台阶式止浆橡胶塞以防止止浆塞翻转。注浆从下而上分段进行，注浆前先压送清水，并逐步提高压力，直到冲开橡胶袖阀及所对应位置的套壳，待压力回落后，再泵送水泥浆液，水灰比一般控制在 1∶0.8～1∶1.2。以注浆枪长度为注浆步距长度（一般为 0.5～1 m），根据不同地层采取不同的注浆压力和注浆时间、注浆量，有效减少地层不均匀性对注浆效果的影响。每段注浆完成后，向上或向下移动一个步距的芯管长度，施工时可采用提升设备移动，或人工采用 2 个管钳对称夹住芯管，同时均匀用力将芯管移动。每完成 2 m 注浆，可拆掉一节注浆芯管。

⑤ 施工中应做好施工记录，详细记录钻孔深度、每次注浆压力、注浆量、注浆时间和

总注浆量等参数，并及时整理资料，分析对比相邻注浆孔和相邻一排注浆孔的注浆流量、注浆压力和注浆量等参数，根据参数变化情况评估注浆效果。对注浆过程中出现的问题及时进行分析处理。

⑥ 注浆完成后应将水管插至袖阀管底，清洗袖阀管内的残留浆液，以备重复注浆。清洗后需盖好袖阀管上盖，防止杂物进入。

4.2.3 加固效果检测

端头加固施工完成后，应该采取措施对端头加固效果进行检测：

（1）为进一步准确判断始发、到达端头的岩土地质及地下水情况，以及验证端头井加固强度的情况，加固完成 28 d 后，需专业检测单位在隧道中心线及隧道外两侧土体加固范围内对加固土体进行钻芯取样，每个盾构加固端取样 7 点，每点取样 3 组，钻孔直径 100 mm，深度不小于加固深度，检测其抗压强度和抗渗性。

（2）盾构始发、到达前，对端头加固质量进行水平超前探孔检查，探明基岩与软土交界面是否有水的存在，若超前探孔有水，则采取洞门区域降水以及高压注浆的措施进行止水，探孔的深度、直径和间距根据设计图纸要求确定，并检测 28 d 无侧限抗压强度及渗透系数，如取样检测不合格，且探孔止水效果不良则考虑注浆措施进一步进行土体补强加固。

任务 4.3 盾构组装与调试

【工作任务】

某盾构直径 6 250 mm，盾体长度 7.98 m，整机长度约 85 m。盾构从生产厂家运输到项目施工现场，假设你作为盾构技术员，请编写组装和调试方案。

【相关知识】

盾构组装调试是将拆散的盾构各部件按照结构要求组织装配成一个整体，并使之达到可以正常使用的施工过程。盾构组装调试的作业内容一般包括：准备组装场地，铺设后配套行走钢轨，吊机等组装设备进场，后配套拖车下井组装，安装始发台，盾构主机下井组装，安装反力架及洞门密封，主机定位及与后配套连接，电气、液压管路连接，空载调试，安装负环管片，负载调试等内容。

4.3.1 始发基座及井下轨道安装

盾构组装前，在组装井内精确放置始发基座并定位固定，然后铺设轨道。盾构始发基座（也称始发架）的形式如图 4-7 所示。盾构始发基座一般采用钢结构，预制成品。盾构基座设置于工作井的底板上，用作安装及搁置盾构，更重要的是通过设在基座上的导轨，使盾构在始发前就有正确的导向。因此导轨要根据隧道设计轴线及施工要求定出平面、高程、坡度来进行测量定位。

始发基座的水平位置按设计轴线准确进行放样。将基座与工作井底板预埋钢板焊接牢固，防止基座在盾构向前推进时产生位移。盾构基座安装时应使盾构就位后的高程比隧道设计轴线高程高约 30 mm，以利于调整盾构初始掘进的姿态。盾构在吊入始发井组装前，须对盾构始发基座安装进行准确测量，确保盾构始发时的正确姿态。

图 4-7 盾构始发基座始发架

始发基座的主机支架安装完成后，在始发工作井内铺设轨枕和轨道，采用两条行走线共四股轨道（图 4-8），两条线中心重合，一条供电瓶车使用，一条供盾构后配套台车使用，轨距应与使用车辆相匹配。轨枕可采用型钢，轨道一般采用 43 kg/m 钢轨，其材质应符合现行国家标准《铁路用热轧钢轨》（GB 2585—2021）相关规定。轨道敷设后将 1 台电瓶车和 1 台管片运输车吊装下井。

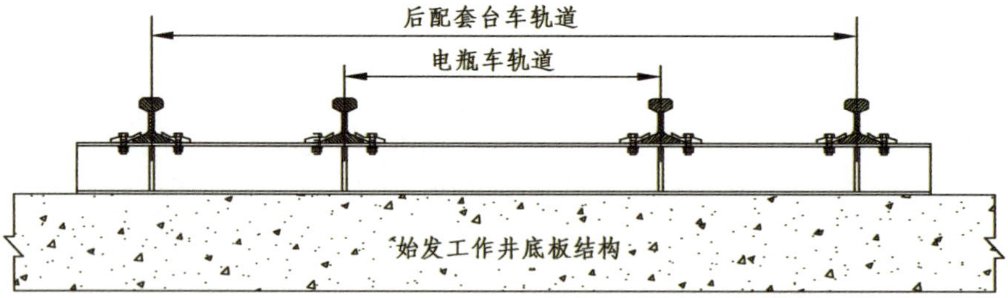

图 4-8 井下轨道铺设示意

4.3.2 盾构组装

土压平衡盾构吊装组装施工顺序如图 4-9 所示。

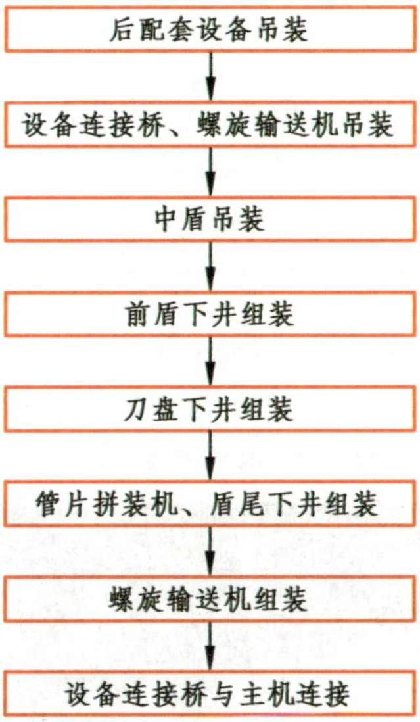

图 4-9　土压平衡盾构吊装组装施工顺序

盾构吊放与组装

后配套吊放与组装

1. 后配套设备吊装

后配套台车进场后，先安装风管、皮带机和皮带架等不影响吊装的部件，再将后配套台车吊起一定高度，稳定后安装轮对，然后将台车吊入井内，放在行走轨道上，由电瓶车拖拉到始发工作井后方。总体按照 6#→5#→4#→3#→2#→1#的顺序，循环作业完成后配套台车的吊装作业。吊装作业时，凡是不影响到运输和下井工作的零部件，应连同相应台车一起运输、下井，但要注意做好固定工作；凡是对下井有影响的台车零部件应拆下，在相应台车下井后，随即下井并马上按要求组装。台车下井后应对车轮采取临时固定措施，防止溜车。盾构后配套台车吊装如图 4-10 所示。

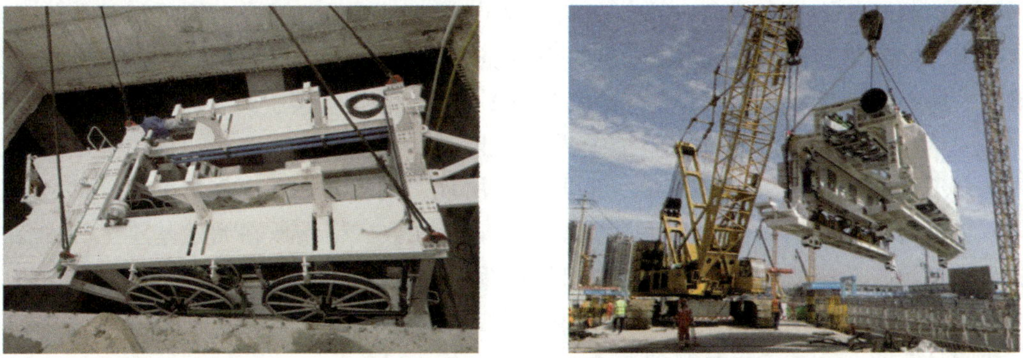

图 4-10　盾构台车吊装

2. 设备连接桥、螺旋输送机吊装

设备连接桥和螺旋输送机的长度一般大于始发工作井的长度，吊装时应同时使用履带吊的主钩和副钩，保证连接桥倾斜着下井。连接桥下井后，暂不松钩，并将连接桥后端与1#台车相连接，连接桥前端用钢架支撑在管片运输车上并焊接固定，松钩后由电瓶车拖入向后方，到位后再把连接桥前端支撑固定在始发工作井底板上，割除与管片运输车的连接。

在螺旋输送机下井前，将管片运输车推动吊装井下方，放上枕木，准备接收螺旋输送机。螺旋输送机采用倾斜姿态下井，下井后放在管片运输车的枕木上并固定牢固，然后用电瓶车或者手拉葫芦拖向后方临时存放在设备连接桥下方。螺旋输送机起吊如图 4-11 所示。

图 4-11　螺旋输送机吊装

盾构刀盘转动

3. 中盾吊装

中盾吊装时应利用履带吊的主钩进行吊装作业，利用副钩配合主钩进行翻身作业。施工时采用计算确定的钢丝绳和卸扣分别连接中盾上的 4 个吊装吊耳和 2 个翻身吊耳，同时利用主、副钩起吊将中盾抬起，在离地面约 0.2 m 后，主钩缓慢提升，副钩缓慢下降，反复进行起大钩、松小钩动作直至将整个中盾竖立起来，解开小钩上的卸扣，中盾翻身完毕。盾体垂直于地面后试吊 15 ~ 20 min，同时观察吊耳、钢丝绳、地面等情况无异常后缓慢将中盾吊装下井，当中盾的水平和垂直姿态满足始发参数后缓慢放在始发基座上，确保中盾的中心应与始发基座的中心对准，避免出现后续调整的返工过程。在盾体两侧上焊接牛腿，在始发基座上安装活动牛腿，用备好的 100 t 分离式液压千斤顶向后推到要求的位置，为前盾下井留足空间。盾构中盾吊装如图 4-12 所示。

图 4-12　中盾吊装

4. 前盾下井组装

前盾吊装方法与中盾基本相同，前盾下井时要保证刀盘驱动等部件已经安装到位，法兰盘面已经清洗干净。前盾吊装到位后，用 100 t 分离式液压千斤顶将前盾推到与中盾安装连接位置，安装好密封，进行螺栓连接，并按规定进行检测扭紧力矩。在组装前盾过程中由于刀盘主轴承密封油渗出较多，施工时可在前盾下方设置棉絮，方便清理油渍。盾构前盾吊装如图 4-13 所示。

图 4-13　前盾吊装

5. 刀盘下井组装

刀盘在地面安装好刀具和回转接头后，先采用副钩配合主钩完成翻身，然后由主钩将刀盘竖直吊稳下井，将其慢慢靠向前盾，回转接头穿过主轴承，在土舱里焊接两个耳环，用两个 2 t 手拉葫芦拉住刀盘，把前盾和刀盘的螺栓孔位及定位销按机械装备图要求尺寸完全对准后，再穿入拉伸预紧螺栓，按拉伸力由低到高分两次预紧螺栓，组装螺栓必须按装配图的规定检测扭紧力矩，预紧完毕后，再用液压扭矩扳手复紧一遍，完成后方可卸钩。吊装过程中可用两根溜绳连接在刀盘 3 点和 9 点位置，避免吊装时造成碰撞及方便安装时定位使用。盾构刀盘吊装如图 4-14 所示。

图 4-14 刀盘吊装

6. 管片拼装机、盾尾下井组装

在地面将管片拼装机及其导轨组装好，并用工字钢将拼装机的两根行走导轨临时连接，避免吊装时出现变形。采用履带吊的主副钩分别起吊拼装机两端头，使导轨处于水平位置，缓缓吊到井下，找准机械装配位置，然后安装连接螺栓。吊装时应特别注意检查拼装机上栏杆是否牢靠，避免掉落造成事故。盾构管片拼装机吊装如图 4-15 所示。

图 4-15 管片拼装机吊装

尾盾吊装时先采用副钩配合主钩完成翻身，吊机通过旋转和起落臂杆将尾盾吊运到拼装机上方时暂停，然后通过副钩提升、主钩下降调整尾盾的角度，使其避开管片拼装机的影响，穿过拼装机后放在始发基座上，利用千斤顶将尾盾后移，与中盾保持约 1 m 的距离，待螺旋输送机组装完成后再前移与中盾完成连接。盾构尾盾吊装如图 4-16 所示。

7. 螺旋输送机组装

刀盘安装完成后，将井下轨道延伸到尾盾内部，再用电瓶车将螺旋输送机从拖车内部缓慢移动到尾盾内部一定位置，用主钩将输送机前端吊起，缓慢地往盾尾内部移动，将螺旋机前端放置在拼装机 V 型梁上暂时受力并卸下主钩，再从中盾与盾尾预留间隙重新将主钩放下并挂好卸扣，另一端用副钩起吊，按组装角度穿过拼装机的内圆往中盾内喂入，直到螺旋输送机的法兰和前盾法兰螺栓孔位及定位销完全对准，再穿入拉伸预紧螺栓，按拉伸力由低到高分两次预紧螺栓，连接螺栓必须按装配图的规定检测扭紧力矩，预紧完毕后，再用液压扭矩扳手复紧一遍。

图 4-16　尾盾吊装

8. 设备连接桥与主机连接

在尾盾与中盾连接完成后，开始安装始发反力架立柱、上横梁等剩余部件。最后利用千斤顶将盾构主机整体向后移动，靠近反力架，方便负环管片的拼装，移动到位后再将设备连接桥与管片拼装机上的拖行油缸连接，采用炔氧焰割除盾构主机外壳上的吊耳，并打磨平整。至此盾构组装施工基本完成。

4.3.3　盾构调试

盾构是集机械、电气、液压、控制为一体的大型复杂设备，包含了多个不同功能系统，若在掘进过程中发生问题，处理十分困难且极易导致地层坍塌等危险发生。因此，在盾构组装完成后，必须首先对各个系统进行空载调试，使其满足设计功能要求，然后再进行整机联动调试，使盾构处于正常状态，以确保盾构始发掘进的顺利进行。

1. 空载调试

盾构经过组装并对所有管线检查完毕后，可进行各系统的空载调试，主要调试内容为：电气系统、液压系统、润滑系统、冷却系统、配电系统、注浆系统及各种仪表的校正等，调试工作一般应由机械、电气和液压工程技术人员共同完成。

（1）调试前的准备。

① 供油：主油箱加油，主油箱设在后配套台车上，油品按照盾构说明书要求进行添加。

② 管线连接检查：对所有管路、连接件螺丝紧固情况作最后彻底检查。

③ 油脂供应设定：刀盘密封内外圈的供脂频率均设定相同参数。

④ 通电、旋转方向确认：刀盘驱动马达旋转方向与设计工作要求相一致。

⑤ 盾构各压力设定：根据设计要求，分别设定推进千斤顶压力、超挖刀千斤顶压力、螺旋机出口闸门千斤顶压力、螺旋机驱动液压泵压力、铰接千斤顶压力、同步注浆千斤顶等各项压力值。

（2）电气部分的调试。

① 高压系统的测试。盾构高压供电系统是保证设备正常工作的首要条件。测试的内容包括高压电缆、接头、高压开关柜及变压器的绝缘及功能调试。在高压部分工作确认正常以后便可进行下一步的调试工作。

② 低压供电系统的调试。包括照明系统（含紧急照明）、动力系统、弱电供电系统。

（3）液压部分的运行调试。

① 检查油箱油位传感器和液位显示透明胶管，观察液压油位是否充足。

② 检查所有油泵进油口均处于开启状态。

③ 检查所有控制阀门处于正常状态。

④ 检查液压泵驱动电机转向是否正确。

⑤ 逐个检查液压泵运转是否正常。

⑥ 检查各个液压阀组开关动作是否灵敏正常。

⑦ 检查液压管路接口是否有油液泄漏情况。

⑧ 检查冷却系统是否正常工作。

（4）各系统的调试。

① 盾构电气系统的测试主要包括：PLC 控制软件、人机界面和导向系统软件的调试；各类传感器的测试和校准；各类电磁阀、流量计的检测、校准；盾构控制系统内部电气联锁关系的测试；盾构数据采集系统的连接和测试。

② 刀盘驱动部分的调试包括：刀盘驱动的功能调试、齿轮油系统的检查、刀盘密封油脂输送泵的检测、刀盘密封油脂泵性能的测试、刀盘电机及行星减速齿轮的检查、超挖刀的调试。

③ 推进系统的调试包括：各个动力系统泵阀组的调试、液压油冷却及过滤系统的测试、推进调速系统的调试、推进千斤机功能的调试。

④ 管片拼装机功能的调试及管片存放机的调试主要包括管片拼装机各种功能和伸缩、回转和前后移动等各种动作的测试和调试。

⑤ 螺旋输送机功能的测试主要包括螺旋输送机转速、油压、伸缩动作、正反转和出土闸门启闭等的测试。

⑥ 膨润土注入系统的调试主要包括膨润土注入系统注入压力、流量、膨润土泵电机转向、调速功能和各个阀门的启闭等调试和测试。

⑦ 盾构铰接功能的测试主要包括盾构各铰接油缸动作和铰接功能的测试。

⑧ 皮带输送机的测试主要包括皮带输送机速度、转向、就位情况和松紧度等的测试。

⑨ 泡沫系统的测试主要包括泡沫系统水泵、气路、泡沫发生器的功能、泡沫压力、流量以及各泡沫注入点阀门启闭，泡沫发生剂发泡性能和注入管路工作情况等的测试。

⑩ 浆液注入系统的测试主要包括浆液罐电机、控制面板、浆液压力传感器和注浆泵压力、流量等测试。

2. 整机联动调试

整机联动调试的主要目的是检查各种管线及密封的负载能力，使盾构的各个工作系统和辅助系统达到满足正常生产要求的工作状态。通常在试掘进过程中进行整机联动调试，调试过程中需采取严格的技术与管理措施保证过程质量和施工安全。

对于新采购的盾构，所有调试完成后，盾构生产厂家、施工单位等相关方将根据机器实际运转状况和掘进状况对照约定的验收考核内容和指标，共同评估是否达到合同约定的技术要求，并完成盾构验收工作。

任务 4.4 盾构始发

【工作任务】

某盾构直径 6 250 mm，盾体长度 7.98 m，整机长度约 85 m。盾构从某地铁车站始发，假设车站有足够地下空间可以放置盾构。该如何进行盾构始发呢？

【相关知识】

因始发工作井结构尺寸等现场条件不同，盾构始发可采用整体始发和分体始发两种形式。整体始发即把主机和后配套设备全部一次性吊装下井组装调试并始发。分体始发是始发井和站台不能满足盾构主机及全部后配套台车一次性组装时，先组装主机，其余的后配套台车临时组装在地面上，待具备条件时再下井组装成为整体。图 4-17 是深圳地铁一个分体始发的例子。目前地铁隧道盾构施工一般采用整体始发。

图 4-17　深圳地铁 14 号线肿瘤医院站右线区间盾构“祥龙一号”分体始发

4.4.1 始发洞门围护结构拆除

洞门凿除施工前需采用钻芯取样的方法检测土体加固强度是否满足设计加固要求，并打设水平探孔，确保无水流出。盾构从始发工作井进入地层前，首先要经过始发工作井的围护结构，围护结构配筋可采用玻璃纤维筋和热轧钢筋两种。当围护结构采用热轧钢筋时，在盾构通过时不易被刀具切断和顺利排出，钢筋甚至会缠绕刀盘；当围护结构采用地下连续墙时，盾构破除混凝土的量较大，影响施工效率。因此需要在始发掘进前 10 d 左右开始进行洞门围护结构的凿除施工。

洞门凿除可选用人工用风镐破除，对于地层条件好，时间较紧的情况可选用机械破除。洞门凿除一般分 3 个阶段进行，首先将背土侧的内层钢筋保护层混凝土凿除，并用气割切掉钢筋，然后继续凿至连续墙迎土侧的外侧钢筋暴露为止，最后在盾构即将始发前再割除剩余钢筋并凿除剩余混凝土，混凝土凿除一般分块按图 4-18 所示顺序进行，钢筋切割一般遵循先下部、后两侧、再上部的顺序，气割作业时应注意对洞门预埋钢环的保护。在凿除完最后一层混凝土之后，要及时检查始发洞口的净空尺寸，确保没有钢筋、混凝土侵入设计轮廓范围之内。

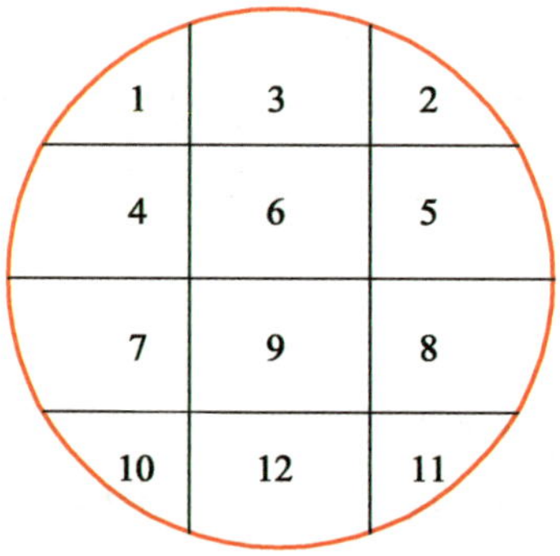

图 4-18　洞门分块凿除顺序示意

4.4.2 洞门密封装置安装

为防止首次注浆封闭洞门时浆液从管片外侧与洞门圈之间的空隙泄漏，始发前需在洞门圈结构上安装洞门密封装置。洞门密封装置有压板式和折叶式两种，折叶式密封装置应用更加普遍（图 4-19），它主要由锚固钢筋、固定环板、环形橡胶止水帘布、扇形压板、垫片和螺栓等组成，为方便洞门密封装置安装和防止始发过程刀盘转动损坏环形橡胶止水帘布，使洞门封堵时间得到提前，可在固定环板与其他部件之间增设洞门延伸钢环，同时在洞门延伸钢环上预留盾尾油脂注入孔，在刀盘抵达掌子面后通过预留孔注入盾尾油脂，填充盾壳与延伸环之间间隙，降低盾构始发可能发生的涌水涌砂风险。

洞门密封装置一般分两次进行施工，首先在始发工作井洞门圈结构施工时进行预埋件及固定环板安装，埋设过程中预埋件必须与结构钢筋连接在一起，并确保固定环板的位置准确，固定环板的螺栓孔应采取措施防止混凝土浇筑时被污染。当洞门凿除完成、洞门渣土清理干净后，再完成洞门密封装置剩余部分构件的安装。洞门密封装置现场实施如图 4-20 所示。

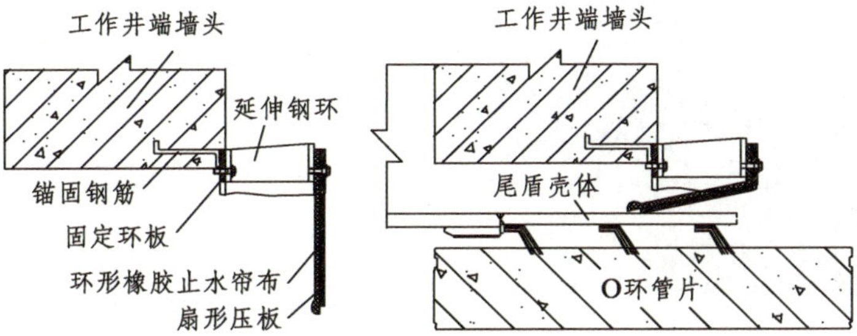

（a）密封装置安装完成　（b）盾尾通过密封装置　（c）盾尾脱出密封装置

图 4-19　洞门密封装置工作示意

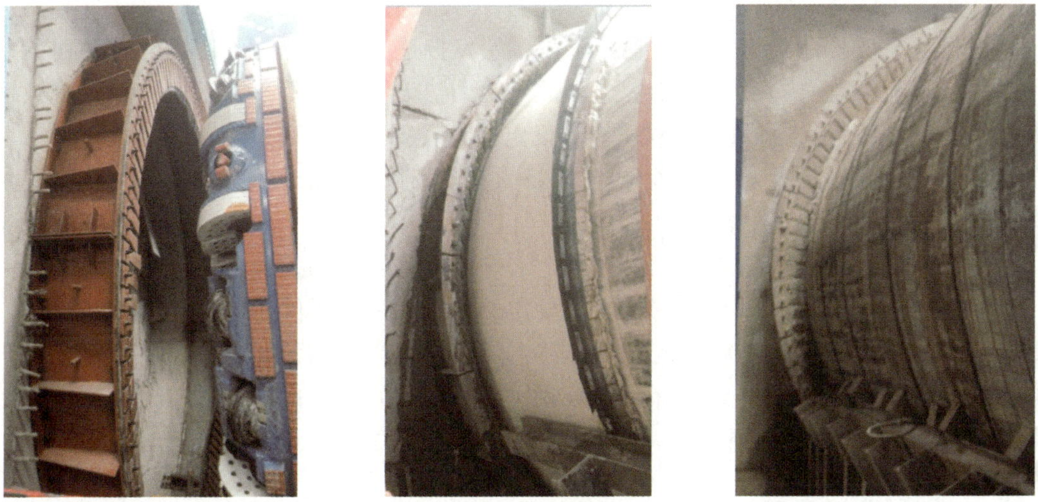

（a）密封装置安装完成　（b）盾尾通过密封装置　（c）盾尾脱出密封装置

图 4-20　洞门密封装置

4.4.3　始发基座安装

在洞门范围内的围护结构破除后，盾构始发基座端部距离洞口围岩会产生一定的空隙，为保证盾构在始发时不至于因前端悬空而产生“叩头”现象，需要在始发洞门内安设始发基座（图 4-21）。安设始发基座时应在基座前端预留足够的空间，以保证盾构在始发时不影响刀盘旋转，同时应保证底部环形橡胶帘布被压倒范围内的基座表面平顺无硬棱，以免损伤环形橡胶帘布，影响密封效果。

始发基座可采用钢轨基座和混凝土基座两种形式，左右对称设置。钢轨基座施工速度快、刚度好，但高程控制难度大，尤其是当高程偏高的情况下会造成盾构和基座顶死，施工时高程控制是关键。混凝土基座需要等待强度增加，造成掌子面暴露时间长，但因混凝土强度较低，一般不会有顶死现象发生。

图 4-21　始发基座安装

4.4.4　始发掘进施工

始发掘进是盾构法隧道施工的重要阶段，始发掘进又可细分为加固段掘进和初始掘进两个阶段，其主要任务有：收集盾掘进参数（推力、刀盘扭矩等）及地层变形量测数据，判断土压（泥水压）、注浆量、注浆压力等设定值是否妥当，并通过测量盾构与衬砌的位置，及早把握盾构掘进方向控制特性，为正常掘进控制提供依据。

盾构始发就位

始发掘进段的长度决定因素主要有两个：一是衬砌管片与周围地层的摩擦阻力，二是后配套台车的长度。分体始发结束后要拆除负环管片、临时支撑和反力架，将后配套台车移入隧道内，以便后续正常掘进；整体始发结束后也要先拆除负环管片，并增加始发工作井内的水平运输列车编组，此后的盾构掘进反力只能由衬砌管片与周围地层的摩擦力承担。

1. 加固段掘进施工

加固段掘进从负环管片拼装开始，直至盾构主机进入地层、洞门封堵完成为止。在负环管片拼装前，需要在盾尾密封刷内部和表面均匀填充密封油脂，油脂采用手抹油脂，每道盾尾刷均应填充饱满（图 4-22）。

图 4-22　盾尾油脂填充饱满

加固段掘进过程中，盾构主机逐步从始发基座上向前推进贯入加固土体，刀盘转动产生的扭矩容易使盾构主机在始发基座上发生滚转，滚转运动的发生将会影响盾构掘进作业，因此在始发前需要在盾构主机左右两侧各焊接 3 ~ 4 个防滚转装置（图 4-23），通过始发基座限制盾构主机的环向运动，但不得限制纵向运动。这些装置在通过洞门前需逐一割除，以便盾构主机顺利进洞。

图 4-23　盾构防滚转装置

（1）负环管片拼装。

负环管片拼装

负环管片拼装按照断面形式不同可分为整环、半环、整环与半环结合 3 种方式。当始发工作井需要作为出渣和管片等物资的运输通道时，会采取半环或整环与半环结合的拼装方式，但须在上部架设临时支撑以传递盾构上部推力；其他情况通常选择整环拼装方式，整环管片便于始发推进时千斤顶均匀作用在负环管片前端面上，保证盾构、反力架等保持平稳，更加有利于初始姿态的控制。按照管片拼装点位不同可分为通缝拼装和错缝拼装两种方式，错缝拼装方式传力更加可靠，使用较为普遍。负环管片拼装方式如图 4-24 所示。

（a）整环拼装　　（b）半环拼装

图 4-24　盾构防滚转装置

负环管片一般采用混凝土管片或钢管片，均可多次周转使用。在安装负环管片之前，应在尾盾盾壳内安设厚度不小于盾尾间隙的方木或型钢，保证拼装时的负环管片中心轴线与盾构中心轴线重合，同时确保负环管片脱出盾尾时不会破坏尾盾刷。

第一环负环管片在尾盾内拼装时，为方便单块管片的定位，在管片拼装机将单块管片抓举到预定拼装点位后，可在尾盾内焊接 L 形钢板挂住管片，现场检查焊缝质量满足要求后方可放松管片拼装机，直到整环拼装完成，管片拼装作业范围内严禁人员通过和停留。

第一环负环管片拼装成圆后，间隔选取约一半推进千斤顶完成整环管片后移并顶紧始发反力架，千斤顶总推力宜控制在 100 t 以内，推力的施加和油缸的伸长应循序渐进，确保各组千斤顶受力均匀、行程一致，每组推进油缸的行程差应小于 20 mm。第一环负环到位后即可逐环拼装剩余负环，每环负环管片在脱出盾尾的过程中，应在管片与始发基座之间填塞木楔，保证脱出盾尾的负环管片中心轴线与盾构中心轴线重合、传力可靠，并在洞门密封附近的管片下方增加木楔防止负环管片下落影响洞门密封止水效果。在负环管片与反力架之间的空隙应用早强砂浆或钢板填满，每环负环管片拼装成型后应采用钢丝绳捆扎保持真圆度，如图 4-25 所示。

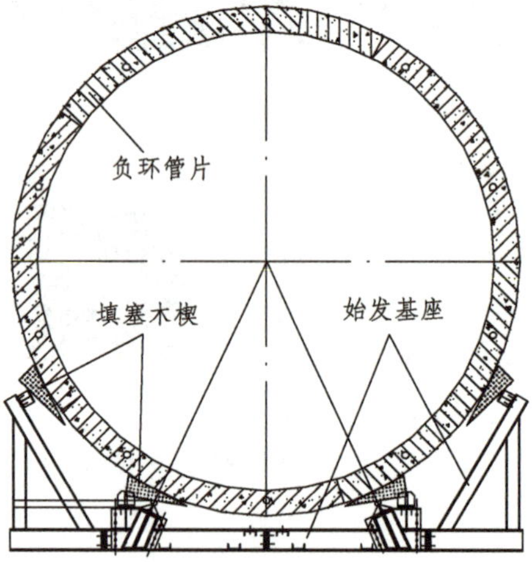

图 4-25　负环管片拼装施工

（2）加固段掘进控制要点（以土压平衡盾构为例）。

① 盾构开始掘进加固土体时，适当添加泡沫等润滑剂至土舱，螺旋机暂不启动出土，观察土压变化情况，直到切削土体填充土舱使土压力达到一定数值以平衡盾构正面土压。由于加固区盾构掌子面的土质较硬，为控制好推进轴线、保护刀盘，在加固掘进时，土压力设定值应略低于理论值，推进速度不宜过快，盾构坡度略大于设计坡度。待盾构推出加固区后，为防止由于盾构掌子面土质变化而造成突然磕头，必须提前 2 环将土压力的设定值调整至略高于理论值，并控制盾构的出土量，根据地层变形量信息反馈，及时对土压力设定值、推进速度等施工参数作及时调整，进入盾构始发段掘进。

② 盾构始发掘进时的总推力应控制在始发反力架的承载能力以内，同时应确保在此推力下刀具切入所产生的扭矩小于始发基座能够提供的反扭矩。掘进参数一般选择总推力小于 8 000 ~ 10 000 kN，刀盘扭矩小于 3 000 kN · m，掘进速度小于 30 mm/min。

③ 在盾构推进、建立土压过程中，应仔细观察始发反力架、始发基座、洞门密封的变形及渣土状态等情况，发现异常，应适当降低土压力或泥水压力、减少推力、控制推进速度。

④ 盾构到达加固土体的中间部位时，可逐渐提高土舱压力（泥水压力），在加固段掘进结束后基本达到正常掘进设定值。

⑤ 当盾尾完全进入洞门密封后（一般在正 2 ~ 3 环拼装完成后），应调整洞门密封，及时通过同步注浆系统对洞门进行注浆封堵洞门，防止洞门密封处出现漏泥水和所注浆液外漏现象的发生。浆液应确保顺利注入，并有一定的早期强度，可采用双液浆。注浆时压力不宜过大，避免压力过大击穿洞门橡胶密封帘布和盾尾密封，可根据计算的注浆量分多次进行注浆（一般分 3 次），待下部初凝后，进行中部注浆，中部初凝后，进行上部注浆。注浆过程中要密切关注洞门情况，提前准备好木楔、棉纱等物料，一旦发现有漏浆现象，应立即停止注浆并进行封堵处理。

⑥ 当盾构推进至 15 环左右时，应对 1 ~ 10 环管片进场二次注浆，二次注浆应遵循多次、均匀、少量原则，确保充分扩散填充、均匀加固，不流失或漏出洞门，达到有效封堵洞门的目的。

2. 初始掘进施工（以土压平衡盾构为例）

加固区掘进完成后，盾构正式进入普通地层施工，需要施工技术人员通过试验掘进尽快掌握、摸索、了解、验证盾构适应性能及施工规律，为后期做好盾构施工控制奠定基础。盾构施工控制主要内容见表 4-2。

表 4-2　盾构施工控制内容（以土压平衡盾构为例）

控制要素	控制内容	
开挖控制	开挖面稳定	土压（水土压）、塑流化改良
	排土量	排土量、渣土温度
	盾构掘进参数	总推力、推进速度、刀盘扭矩和转速、千斤顶压力、螺旋出土机扭矩和转速等
线形控制	盾构姿态、位置	倾角、方向、滚转角
		铰接角度、超挖量、蛇行量
注浆控制	注浆状况	注浆量、注浆压力
	注浆材料	稠度、泌水、胶凝时间、强度、配合比
衬砌结构	管片拼装	错台量、椭圆度、螺栓紧固扭矩
	防水	漏水、密封条压缩量、裂缝
	隧道中心位置	偏差量、直角度
地层变形控制	地层变形	前期沉降、开挖面前沉降（隆起）、通过时沉降（隆起）、尾部空隙沉降（隆起）、后续沉降，近接建（构）筑物变形与变位

盾构施工控制的内容主要包括开挖控制、线形控制、注浆控制、衬砌结构和地层变形控制等 5 方面，这些要素之间相互影响且相关关系复杂，并且会因工程地质和水文地质条件、埋深、线路平面与坡度、地表环境、盾构等不同而发生改变，因此试验掘进的主要任务就是根据监控量测手段反馈的施工控制信息，通过不断调整优化制定出与当前地层相适

应的施工参数，使盾构施工控制的各项内容和指标满足规范要求，确保盾构施工的质量、安全和进度，试验掘进的重点工作如下：

（1）施工前根据盾构隧道工程地质和水文地质条件、埋深、线路平面与坡度、地表环境、施工监测结果、盾构姿态以及以往工程经验，初步设定盾构刀盘转速、掘进速度和土舱压力等掘进参数，以掘进指令的形式下达盾构司机。

（2）从盾构掘进两环以上的状态测量资料分析出盾构掘进趋势，通过地表变形量测数据判定预设的土舱压力的准确程度，从而调整掘进参数，制定出当班的盾构掘进指令，盾构掘进指令应包括每环掘进时的盾构姿态纠偏值、注浆压力与每环的注浆量、管片类型、最大掘进速度和油缸行程差、最大扭矩、螺旋输送机的最大转速等。

（3）在掘进过程中应经常性测量和复核隧道轴线、管片状态及盾构姿态，根据监测和记录盾构运转情况、掘进参数变化和排出渣土状况，及时分析反馈，调整掘进参数和控制盾构姿态。

（4）试验掘进施工完成后，应进行全面总结分析，将不同地层的盾构掘进参数和施工规律量化确定，用于指导后续正常掘进施工。

3. 负环管片拆除

当始发掘进长度达到设定值后，盾构的掘进推力可以完全由正环管片与周围地层之间的摩擦力承担，盾构的后配套台车完全进入洞门，此时可依次将始发反力架、负环管片及始发基座拆除。因盾构在负环管片拆除期间需停机较长时间，停机的具体位置应选择在地质条件较好的部位，不宜选择在建（构）筑物或水域等特殊地段。洞门密封装置可在拆除负环后或者完全洞通后进行拆除，拆除后应立即进行洞门环梁施工。

负环管片的拆除总体分两次进行，先拆除不影响电瓶车轨道的上部管片，然后拆除该区域的电瓶车轨道，再拆除下部管片。纵向应从后向前逐环拆除，每一环内的管片拆除应从上到下、左右对称依次进行，一般采用汽车吊、手拉葫芦、特制的管片吊装工具等起重设备辅助作业，拆卸过程应注意保护管片，便于周转使用。负环管片拆除后，井下水平运输可由原来的 1 列电瓶车增加到 2 列，降低工序等待时间，从而提高施工速度。现场负环管片拆除施工如图 4-26 所示。

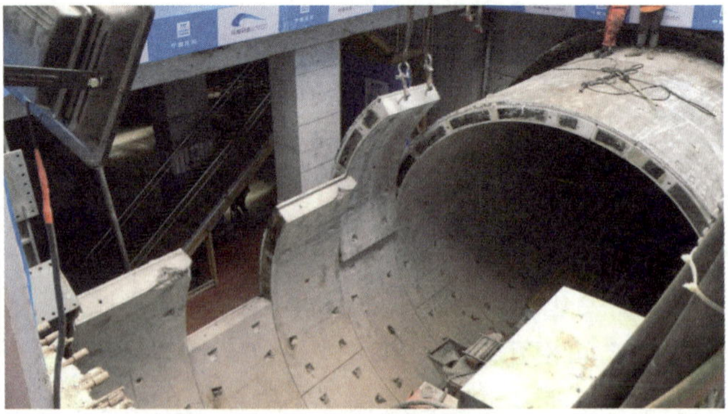

图 4-26　负环管片拆除施工

任务 4.5 盾构掘进技术

【工作任务】

某地铁盾构隧道穿越地层主要为粉质黏土和黏土层，地层稳定性好，地下水位于隧道之下 15 m，隧道计划采用土压平衡盾构掘进。假设你作为盾构施工技术主管，请拟定盾构掘进方案。

【相关知识】

盾构掘进是盾构法隧道施工的主要过程，即盾构在地层中不断向前推进，通过盾构外壳和拼装成型的衬砌环支承四周围岩以防发生坍塌，同时在开挖面前方用刀盘进行土（岩）体开挖，采用出土机械或管道将渣土运出洞外，依靠支撑在盾构尾部拼装成型的衬砌环上的千斤顶加压顶进，并同步向脱出盾尾的衬砌环背后进行注浆以填充空隙，当向前推进长度略大于单环管片幅宽后（推进油缸伸出总量一般控制在环宽+30 cm），停止掘进并完成相应位置的衬砌环拼装施工，然后继续向前推进，依次循环作业，逐环完成盾构隧道施工。

4.5.1 掘进模式

根据特定的盾构施工环境，土压平衡盾构可以采用不同的掘进模式，包括开放式、半开放式和完全土压平衡式 3 种掘进模式。

（1）开放模式。

严格意义上的开放式掘进，是典型的硬岩掘进机（TBM）采用的掘进方式。土舱传感器显示的压力为零。这种模式主要适用于围岩自立性好的硬岩地层。

（2）半开放模式。

半开放模式通常又称为半闭胸式或欠土压平衡模式。在这种模式下施工时，土舱内的渣土并不“饱满”，压力传感器显示的水土压力小于工作面的主动土压力。也就是说，土舱内的渣土处于一种非平衡状态，是在欠土压状态下施工的。开挖面的岩土基本上能在较短时间内保持自立，或者盾构掘进速度大于围岩变形失稳速度，因此不至于发生软岩或软土自然塌落而出现过量超挖现象，从而避免地表发生过大沉降。在这种模式下施工，刀盘的破岩（土）效率比较高，盾构总的掘进速度比较快。这种模式适用的地层一般是强风化地层、自立状况较好的某些硬塑残积地层等。

（3）完全土压平衡模式。

完全土压平衡模式通常又称为闭胸模式，就是盾构土舱内的土压力与工作面的水土压力保持平衡，相对于前两种模式是真正意义上的土压平衡掘进模式。在实际操作时，通常将土舱压力设置得略大于开挖面的主动水土压力，这样更有利于防止由于某种原因过量开挖造成的过大地表沉降。这种模式适用的地层包括第四系土层、部分残积土层、全风化泥岩层等地层。

4.5.2 参数设定和优化

地铁施工中盾构掘进一般采用土压平衡模式，可有效地保证土体的稳定、地表建筑物和施工安全。盾构掘进参数可根据隧道开挖直径、地质水文情况、隧道埋深等情况进行确定，并在施工中不断优化调整。以成都地区 ϕ6 250 mm 土压平衡盾构为例，其掘进参数可参考表 4-3 所示。

表 4-3 盾构正常掘进参数表

地质	掘进模式	推力/kN	扭矩/（kN·m）	刀盘转速/（r/min）	土舱压力/kPa	螺旋输送机转速/（r/min）
全砂卵石或复合地层	土压平衡	9 000 ~ 14 000	3 000 ~ 4 500	1 ~ 2	100 ~ 200	4 ~ 10
全基岩	欠土压平衡	8 000 ~ 13 000	2 500 ~ 4 000	1 ~ 2	60 ~ 140	6 ~ 14

1. 盾构总推力

盾构向前行进是依靠安装在支承环周围的千斤顶顶推力，各千斤顶推力之和就是盾构的总推力。盾构总推力包括盾构的施工过程中遇到的阻力，盾构的总推力必须大于各种推进阻力的总和，否则盾构无法向前推进。

盾构的设计推力 F_d 可按下式确定：

$$F_d = F_1 + F_2 + F_3 + F_4 + F_5 + F_6$$

式中 F_d——盾构的总推力（kN）；

F_1——盾构外壳与周围地层的摩阻力（kN）；

F_2——盾构正面刀盘面板推进阻力（kN）；

F_3——管片与盾尾间的摩阻力（kN）；

F_4——切口环贯入地层的贯入阻力（kN）；

F_5——变向阻力（kN）；

F_6——后接台车的牵引阻力（kN）。

盾构总推力也可按经验公式求得：

$$F_d = P_j \times \pi \times D^2/4$$

式中 P_j——开挖面单位截面积的经验推力，取值范围为 700 ~ 1 300 kPa；

D——盾构刀盘直径。

2. 土舱压力

土舱压力是控制开挖面平衡的关键参数。刀盘切削下来的渣土充满土舱，与此同时，螺旋输送机排土。掘进过程中始终维持切削土量与排土量相等来确保切削面的稳定及防止地下水的涌入。

土舱压力 P_0 主要取决于刀盘开挖面前的水土压力，一般取刀盘中心处的水土压力为准，可按经验公式计算：

$$P_1=k_0\times\gamma\times h$$

式中 P_1——开挖面土压力（包括地下水）（kN/m^2）；

k_0——土的静止侧压力系数；

γ——土的平均容重（kN/m^3）；

h——刀盘中心点处的埋深。

但由于土压平衡盾构刀盘采用轮辐形式，开口率一般仅有 33%左右，因此，土舱压力是远远小于开挖面上的水土压力，因此，土舱压力 P_0 通常取 $0.8P_1$。盾构在掘进过程中可参照以上方法计算土舱压力的设定值，初次可按 $1.03\sim1.1P_0$ 设定。

3. 刀盘扭矩

刀盘的设计扭矩与地层条件与盾构种类、构造、直径等因素有关。设计扭矩可由下式确定：

$$T=T_1+T_2+T_3+T_4+T_5+T_6+T_7$$

式中 T——刀盘的设计扭矩（kN·m）；

T_1——盘形滚刀切削土体所需的扭矩（kN·m）；

T_2——由于刀盘自重所产生的抵抗旋转的扭矩（kN·m）；

T_3——刀盘正面推力所产生的抵抗旋转的扭矩（kN·m）；

T_4——刀盘密封装置抵抗旋转的扭矩（kN·m）；

T_5——刀盘所受的摩擦扭矩（kN·m）；

T_6——刀盘开口处切削渣土所需的扭矩（kN·m）；

T_7——土舱内的搅动力矩（kN·m）。

正常掘进时，扭矩应低于盾构额定最大扭矩。当工作扭矩达到最大扭矩时，刀盘将停止转动，如反复启动未果，即可启动专门开关（此时可达脱困扭矩），使刀盘重新启动。

4. 掘进速度

盾构掘进速度=刀盘转速×掘进度（又称贯入度，即刀盘每转的进尺）。在选定刀盘转速后，盾构操作手唯一能直接控制的就是调整掘进速度电位器的值。由于岩层情况不同，掘进所需的扭矩和推力不同，实际达到的掘进速度也不尽相同。盾构操作手根据扭矩、推力的情况及刀盘振动、出土情况选择掘进速度电位器选择值的大小来调节掘进速度。

掘进速度、刀盘转速、贯入度和掘进速度电位器选择值，这几个参数都是相互促进又相互制约的。当要提高掘进速度时就必须提高刀盘转速和贯入度以及选择较大的掘进速度电位器值。但随着掘进速度的增加，贯入度不断加大，伴随而来的是刀盘扭矩的增加。如刀盘扭矩过大会加大整个传动系统的负荷，最终导致超荷而停止掘进。所以当刀盘扭矩随着掘进速度升高而升高时，就必须控制好掘进速度、刀盘转速、贯入度和掘进速度电位器选择值之间的关系，从而达到一个合理值使掘进处于正常状态。

因此，掘进速度主要根据地层土质、刀盘转速、扭矩等因素综合确定，不同的地质条件，应选择不同的掘进速度。正常掘进速度应控制在 35 ~ 60 mm/min。因为土压平衡盾构是依赖排土来控制的，所以土舱的入土量必须与出土量匹配。又由于掘进速度和排土量的变化，土舱压力也会在地层压力值附近波动，施工中应控制调整掘进速度和排土量的配合，使压力波动控制在最小幅度。

正常推进阶段采用试掘进施工掌握的最佳参数。通过加强施工监测，不断地完善施工工艺，控制地面沉降。土压平衡盾构掘进参数的优化程序如图 4-27 所示。

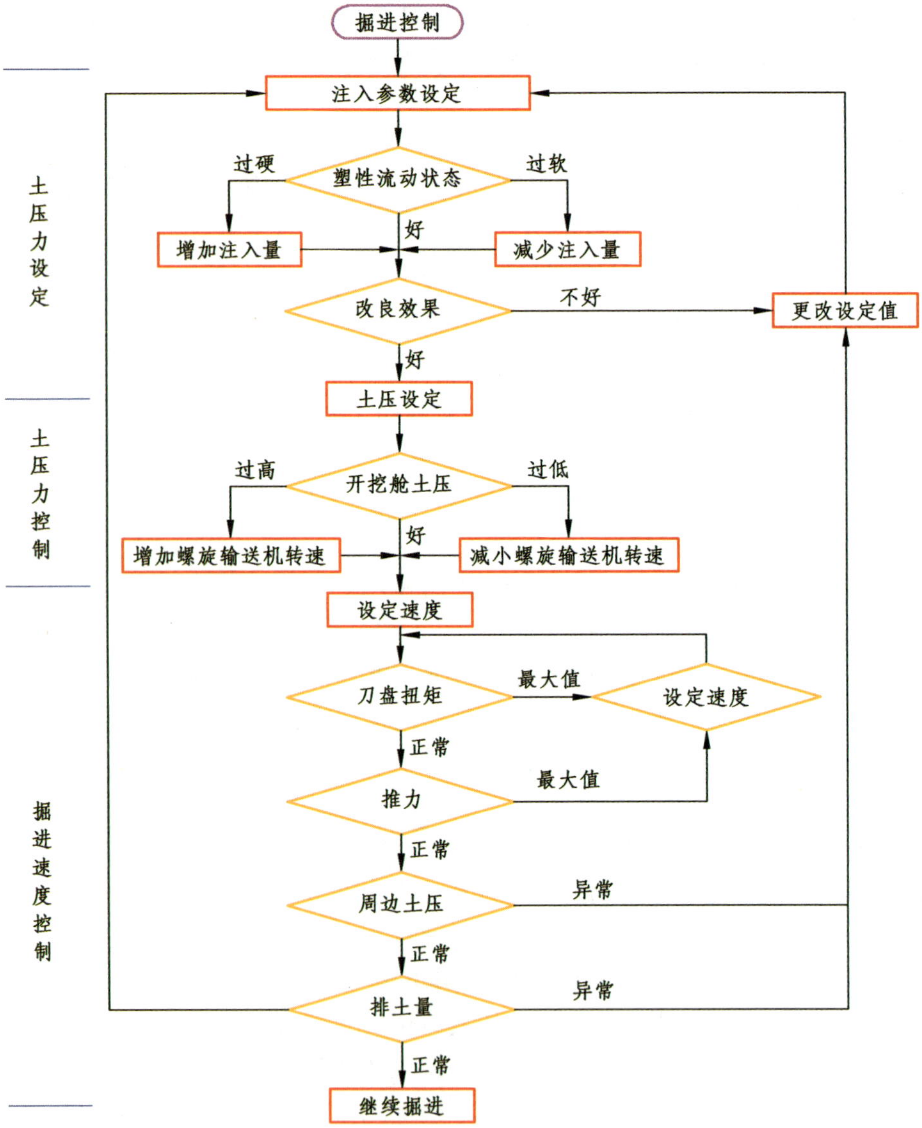

图 4-27　盾构掘进参数控制程序

主要的参数调整优化措施如下：

（1）针对不同的地质条件，采用不同的刀具。如砂卵石地层主要采用刮土进舱的齿刀；复合地层采用滚、齿刀结合；全基岩地层采用滚刀，以适应地层及减少切削过程中对地层的扰动。

（2）适当提高掘进土舱压力（土舱压力设定为理论值的 1.0～1.2 倍）以防止涌砂突水，并在掘进中不断调整优化。

（3）土舱压力通过采取设定掘进速度、调整排土量或设定排土量、调整掘进速度两种方法建立，并应维持切削土量与排土量的平衡，以使土舱内的压力稳定平衡。

（4）盾构的掘进速度主要通过调整盾构推进力、转速（扭矩）来控制，排土量则主要通过调整螺旋输送机的转速来调节。在实际掘进施工中，应根据地质条件、排出的渣土状态，以及盾构的各项工作状态参数等动态地调整优化。

（5）掘进时应采取渣土改良措施增加渣土的流动性和止水性，密切观察螺旋输送器的土塞和出土情况以调整添加剂的掺量。

（6）推进速度控制在 20～50 mm/min，并根据监测结果和排土情况调整。螺旋机转速根据设定土压力与推进速度匹配。

4.5.3 盾构掘进施工

盾构在完成掘进 100 m 后，对始发设施进行必要的调整，调整工作包括：拆除负环管片、始发基座和反力架，在始发端头铺设双线轨道，安装通风设施及其他各种管线的延伸和连接等。

（1）盾构推进由操作司机在盾构中央控制室内进行。开始施工时，打开出土闸门，依次开启皮带输送机、螺旋输送机和刀盘，推进千斤顶，调整好千斤顶的油压，此时刀盘切削土体，盾构前进。盾构根据设定的正面土压力自动控制出土速度或掘进速度。盾构的行程、上下左右 4 个区域千斤顶压力、螺旋输送机转速、盾构扭转、俯仰等参数将在显示屏上显示，盾构司机应及时作好参数记录，并参照仪表显示及其他人工测量和施工经验调整盾构姿态和各项施工参数，使盾构始终按设计的轴线推进。

（2）盾构应根据当班指令设定的参数推进，推进出土与注浆同步进行。在盾构施工中要根据不同土质和覆土厚度、地面建筑物，配合监测信息分析，及时调整平衡压力值的设定；同时根据推进速度、出土量和地层变形的监测数据，及时调整注浆量，从而将轴线和地层变形控制在允许的范围内，地表最大变形量在-30～+10 mm。

（3）出土量管理是盾构掘进的根本，以渣土体积控制为主、重量复核为辅。盾构推进过程中，每天及时检查对应的地面是否存在异常；在出土量超标时，须加大检查频率，专人监控。严格保证土舱内满土状态及渣土和易性是土量管理的重要方面。

（4）盾构掘进过程中，推进坡度要保持相对的平衡。严格控制好推进里程，将施工测量结果及时地与计算的三维坐标相校核，及时调整。对初始出现的小偏差应及时纠正，应尽量避免盾构走蛇形，控制每次纠偏量，盾构一次纠偏量不宜过大，以减少对地层的扰动，并为管片拼装创造良好的条件。

（5）掘进时需向刀盘、土舱或螺旋输送机内注入添加剂以使开挖土体具有良好的流塑状态、低的透水性和低的内摩擦角。

（6）为防止盾构掘进时地下水及同步注浆浆液从盾尾窜入隧道，须在盾尾钢丝刷位置压注盾尾油脂，确保施工中盾尾与管片的间隙内充满盾尾油脂，以达到盾构的密封功能。施工中须不定时地进行集中润滑油脂的压注，保持盾构各部分的正常运转。

（7）掘进中的沉降控制措施：

① 沿线的地面沉降观测点建立以后，在掘进开始以前应取得初始数据，并将所有的监测点清晰地标在 1∶500 的线路平面图上。

② 盾构试掘进时，将设置较密的沉降监测点，以获得盾构掘进参数与地面沉降的关系。

③ 掘进过程中，盾构机头前 20 m 至后 30 m 范围内，每天早晚至少测量一次，范围之外每周测一次，直至稳定为止。

④ 盾构掘进适当选用千斤顶和推力，根据地面沉降观测成果确定土舱压力，随时调整掘进方向，尽量减少蛇形和超挖。

⑤ 掘进过程中及时进行回填注浆，保持适当的注浆压力和注浆量，及时进行二次注浆。

（8）施工人员应逐项、逐环、逐日做好施工记录，记录内容应包括：盾构掘进姿态、掘进时间、管片拼装点位、时间，同步注浆，出渣时长、重量、渣温，隧道渗漏水情况等信息。

（9）常见问题及处理方法：

① 根据保护刀具、降低刀具磨损的要求，必须将刀盘扭矩控制在某一容许范围内，主要控制方法有：减小推力，同时也会降低掘进速度；向开挖面、土舱内加入改良剂。

② 若螺旋输送机被卡住（即扭矩超限），无法正常出渣，可反复伸、缩螺杆并同时正、反转，如低速正转同时伸、缩螺杆，若超限则反转同时伸、缩螺杆，如此反复，基本上都可以脱困。

③ 若启动刀盘时刀盘被卡住，则将部分推进千斤顶收缩，使土压力、刀具贯入度减小即可以转动刀盘。

④ 若铰接千斤顶拉力较大，说明刀盘的扩孔能力较差，则应检查刀盘的边缘刀是否磨损过量而应该更换。

4.5.4　渣土改良

1. 渣土改良目的

渣土管理是土压平衡掘进模式的关键管理要素。对于细粒成分（黏土、淤泥）少的地层而言，刀盘切削下来的泥土的塑流性很难满足排土机构直接排放的条件，且抗渗性也差。为此，必须向这种切削泥土中注入添加材料，对渣土进行改良，以便改变其塑流性、抗渗性，使其达到排土机构可以排放的条件。

渣土改良是保证盾构施工安全、顺利、快速的一项不可缺少的最重要技术手段，具有如下目的。

（1）使渣土具有流塑性和较低的透水性，形成较好的土压平衡效果而稳定开挖面，控制地表沉降。

（2）减少渣土的渗透系数，使之具有较好的止水性，以控制地下水流失及防止或减轻螺旋输送机排土时的喷涌现象。

（3）改善渣土的流塑性，使切削下来的渣土顺利快速进入土舱，并利于螺旋输机顺利排土。

（4）改善渣土的流动性和减少其内摩擦角，有效降低刀盘扭矩、降低对刀具和螺旋输送机的磨损、降低掘进切削时的摩擦发热，提高掘进效率。

2. 渣土改良材料

通常使用的添加材料有膨润土、黏土、陶土等天然矿物类材料、高吸水性树脂类材料、水溶性高分子类材料、表面活性类泡沫材料。

（1）盾构施工中常用渣土改良剂的分类。

一般使用的材料大致可以分为以下 4 类。这些材料有时各自单独使用，有时组合使用，各种材料的特性可归纳如下：

① 矿物类：为了使开挖土体具有流动性和不透水性，需要加入一些细颗粒，盾构施工中的经验值是开挖土中的微细颗粒必须达到 35%左右。若开挖土体中的微细颗粒不足，此时最常用的是把膨润土、蒙脱石等作为改良材料制成泥浆进行补给。可是，这种土体改良剂需要采用制泥设备和贮泥槽等大规模的设备。另外有时渣土由于呈泥状而需要将其作为工业废弃物进行处理。

② 高吸水性树脂类：因为高吸水性树脂可以吸收比自重重几百倍的地下水成为胶凝状态，所以对防止高水压地层的喷涌有很好的效果。可是在盐分浓度高的海水或大量含有铁、铜等金属离子的地层，在强酸、强碱性地基和化学加固区间等地层会发生一定的化学反应，其吸水能力会大大降低。

③ 水溶性高分子类：与树脂一样，是高分子化合物构成的材料，并具有使开挖土体的黏性增大的效果，泵压送性好。在过去的盾构施工中很多情况下都使用了 CMC。但有时由于渣土会成为泥糊状需要作为工业废弃物来处理。

④ 界面活性材料类：是目前比较先进的改良方法。主要是注入由特殊泡沫剂和压缩空气制作的泡沫，不但能提高开挖土的流动性和不透水性，而且有防止开挖土黏附的效果。另外，渣土的后处理也较为容易。

常用的几种改良材料的特点比较见表 4-4。当然，除了采用改良材料改良土舱内土体解决喷涌、结饼和闭塞外，同时也要注意采用合理的掘进管理，比如开挖面压力的管理、排土器转速及闸门开口度的大小等掘进参数的合理选取，避免或减少上述问题的发生。

表 4-4　盾构施工中常用渣土改良剂对比

种类	代表材料	优点	缺点	适用土质
矿物类	膨润土 蒙脱石	不透水性 流动性	需制泥设备 废物处理	各种土质
水溶性高分子	CMC	增大黏性	废物处理	无黏性土
高吸水性树脂	环氧树脂	胶凝状态 防止喷涌	酸碱地基 化学加固区	高水位 含水量高
界面活性材料	泡沫剂	不透水性 流动性 防止黏附	无	各种土质

（2）适合使用膨润土改良的地层。

① 细粒含量少的土体。

根据国内外众多的施工经验，在土压平衡盾构施工中，为了使开挖下来的渣土具有一定的流动性和止水性，保证盾构的正常推进，盾构土舱内的土体必须保证一定含量的微细颗粒，有相关资料显示这种微细颗粒的含量应该在 35%以上。因此，膨润土泥浆适用于细料含量少的中粗砂土、砂砾土、卵石漂石地层等，主要原因就在于膨润土泥浆能够补充砂砾土中相对缺乏的微细粒含量，提高和易性、级配性，从而可以提高其止水性。

② 透水性高的土体。

膨润土泥浆这种改良材料适用于高透水性的土体，这主要是因为在透水性较低的地层中，膨润土泥浆相对难以渗入土体并填充孔隙，渗入的距离短因此难以和土体广范围结合从而包裹土体颗粒。土体的低透水性最终导致土颗粒周围的低渗透性的膨润土泥膜非常难以形成。

膨润土泥浆配合比为水∶膨润土∶外加剂=10∶1∶0.2 进行配置，具体配比可根据发酵时间、温度等因素进行适当调整。膨润土为优质的钠基膨润土，外加剂为碱、CMC 及超流化剂 DAV 等，膨润土泥浆坍落度控制在 20 cm 以内。

（3）适合使用泡沫改良的地层。

① 泡沫更适合于颗粒级配相对良好的土体。对于颗粒级配良好的土体，其粒径分布范围较广，而泡沫本身的尺寸也不均一，这样更容易落到土粒间的孔隙中，与土颗粒接触更紧密。相关文献指出，泡沫在单纯的两相（水+气）中消散的速度要远远高于它在三相（土+水+气）中消散的速度。这是因为在土体中，泡沫和土颗粒的充分接触可以使液膜的流动受阻，减少液膜脱水泡沫破灭的可能性。在级配相对良好的土体中，因为泡沫会与土体颗粒结合得更完整和致密，能更充分地置换土体中的孔隙水进而填充原来的孔隙，所以容易形成更多封闭的泡沫。正是由于大量封闭泡沫的存在，才使得土体的渗透系数降低，止水性增强。

② 泡沫更适合平均粒径较大的土体。土体的颗粒越细，越接近于黏性，矿物的亲水性越强，它们的吸力就越大。显然，颗粒细小的粉黏性土会对泡沫表面液膜内所含的自由水

分产生吸附，导致液膜脱水后泡沫就会破灭，降低混合土体的止水性能。

③ 泡沫更适合含水量较高的土体。相对干燥的土体，含水量较高的土体具有较大的优势，它与自由水接触时会将自由水吸引到干土中来。显然，含水量很低的粉砂或黏土也会对泡沫表面液膜所含的自由水分产生吸附，吸附力导致液膜表面压力不均使得液膜表层的水流动，从而造成液膜的稀释，也会导致泡沫的破灭，致使混合土体的渗透系数增大。

泡沫剂添加率 20% ~ 35%。泡沫的组成为 90% ~ 95%压缩空气和 5% ~ 10%泡沫溶液；泡沫溶液的组成为泡沫添加剂 2% ~ 3%、水 97% ~ 98%。

（4）适用聚合物改良的地层

一般情况下，聚合物适用于渗透性较强且含水率较高的土层，在该地层中盾构施工时，通过聚合物吸收土中大部分的自由水，提高土体自身的黏性和抗渗透性能，避免出现流沙、喷涌、堵塞等现象的发生。另外，对于土颗粒较大且强度较高的土层中，通过添加聚合物可以有效降低土颗粒对盾构刀盘、刀具的磨损。

3. 渣样分析

盾构法施工中，对掘进所排出的渣土样本进行地质水文分析，对指导盾构施工尤为重要。通过渣样的地质成分、岩土分界、状态、含水量、塑性指标、硬度、风化程度等的直观分析及简单测试，能及时准确地判断盾构所处的地质水文环境，并结合各项参数的变化，就能比较合理地计算出当前盾构施工的推进参数，采取与之相应的施工措施，确保盾构安全、快捷通过各类复杂的地层。岩土渣样分析方法：在盾构隧道施工图设计阶段，已对该区段范围内沿线路方向每间隔 50 m 左右进行地质钻探。因此，对隧道内掘进排出渣样进行分析时，应结合该区段范围的地质纵断面图及相应钻孔地质资料进行综合分析，以确定盾构当前位置的工程地质和水文地质情况，并预测盾构掘进前方的地质情况。同时，分析盾构在该段地层掘进时掘进参数变化情况，确定下一步应采取的施工措施。隧道渣样分析与流程见图 4-28。

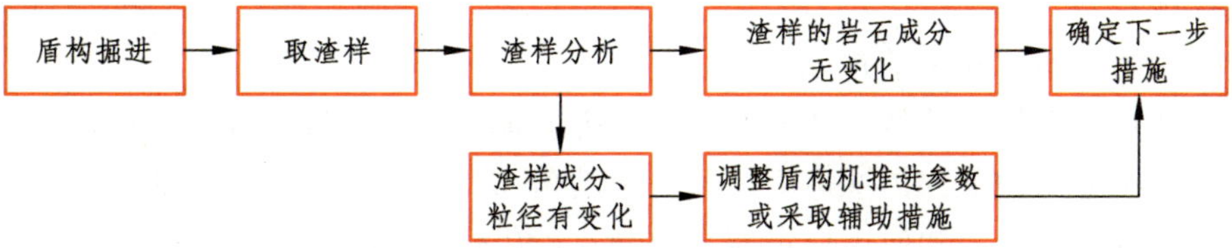

图 4-28　隧道渣样分析与流程

在盾构掘进过程中，应随时对排出的渣土取样进行现场分析，分析的内容包括：

（1）渣样岩土特征：岩石成分、颜色、状态、硬度、风化程度、粒径。

（2）含水性分析：含水量、渗透性，必要时应做排水试验，估算围岩的渗水量。

（3）参数分析：土舱压力、推力、扭矩、推进速度、注浆量及压力。

每天在渣土皮带传输机上进行采集渣样，对比各渣样的颗粒分布，及时掌握各渣样的变化。对渣样含水情况、盾构掘进参数综合分析，并结合地质勘探资料，基本上可确定当前盾构所处的工程地质和水文地质情况以及开挖面的稳定情况，及时调整参数或采取其他辅助措施，实现盾构掘进以地质为本，信息化指导施工，保证盾构的安全、快速掘进。

4.5.5 姿态控制

1. 盾构姿态控制目的

地层土质、千斤顶推力分布、盾构自身的制作误差、管片在盾尾的相对位置测量、隧道曲线和直度变化以及操作等因素的影响，均会造成盾构掘进与隧道设计轴线发生偏差、偏移和俯仰。当偏差超过规范允许值时就会造成管片出现裂纹、被压碎、隧道侵限、盾构自动停机等不利于盾构施工的因素。而在纠偏时会增大对地层的扰动，从而导致地表沉降加大，因此在盾构施工时必须采取有效措施控制盾构掘进姿态。

2. 姿态控制参数

（1）姿态测量系统。

采用自动导向测量系统和人工测量相结合的方法对盾构掘进方向进行控制。自动导向测量系统配置了导向、自动定位、掘进程序软件和显示器等，能够全天候在盾构主控室动态显示盾构当前位置与隧道设计轴线的偏差和变化趋势。据此调整控制盾构掘进方向，使其始终保持在允许偏差范围内。

随着盾构的掘进导向系统的后视基准点和测站需要前移，必须通过人工测量来进行精确定位，保证掘进方向的准确可靠。

（2）盾构左右两腰千斤顶行程差。

两腰千斤顶行程差主要根据线路特点和盾构在水平方向偏离设计轴线的程度来确定的，两腰千斤顶行程差的大小确定了盾构方向改变的急缓程度。两腰千斤顶行程差值宜在一环掘进前 10 cm 内逐渐达到，两腰千斤顶行程差的达到和保持依靠合理使用左边和右边的推进千斤顶。

（3）盾构俯仰角 α 和滚动角 β。

盾构俯仰角 α 根据线路特点和盾构在竖直方向偏离设计轴线的程度来确定的。α 的保持靠合理使用盾构上部和下部的推进千斤顶。滚动角 β 和刀盘转动方向及扭矩大小有关，可以通过改变刀盘转动方向和使用稳定器来控制，β 值不应超过$\pm 0.50^\circ$。

3. 盾构姿态控制

采用分区调整盾构推进油缸推力来控制盾构掘进方向。根据线路条件所做的分段轴线拟合控制计划、导向系统反映的盾构姿态信息，结合隧道地层情况，通过分区操作盾构的推进油缸来控制掘进方向。

（1）盾构纵坡控制。

盾构在一环推进中采用同一坡度来控制高程，对地层扰动最小，但施工难度较大，不过能较好地控制地面沉降。在确定坡度时要先观察盾尾上下的间隙情况，可以采用合理的注浆位置，改变盾尾同步注浆各位置的注浆量来改善姿态；也可以在设计坡度允许范围内，采用抬坡或者压坡的掘进参数。

在上坡段掘进时，适当加大盾构下部油缸的推力；在下坡段掘进时，则适当加大上部油缸的推力。

在施工过程中由于操作人员以及技术人员的操作和指令失误，会发生在一环掘进中出现多次纵坡调整，使盾构产生蛇形掘进轴线。此种情况对地层扰动很大，后期变形时间长，应避免此种情况的发生。

（2）盾构平面轴线控制。

用盾构左右千斤顶的行程差来控制盾构平面位置的运动轨迹。行程差是指掘进本环与前一环原有行程差的变化量，而不是累计量。即

$$\varDelta = \varDelta_2 - \varDelta_1$$

式中　$\varDelta_2$——本环累计行程差；

$\varDelta_1$——前环累计行程差。

与纵坡控制一样，如果纠偏频率过大，会增加对地层的扰动危害地面安全。

在左转弯曲线段掘进时，则适当加大右侧油缸推力；在右转弯曲线掘进时，则适当加大左侧油缸的推力；在直线平坡段掘进时，则应尽量使所有油缸的推力保持一致。在砂卵石粒径相对均匀的地层中，保持所有油缸推力与速度一致。在砂卵石粒径不均匀地层中掘进时，则应根据地层断面不均匀情况而决定各部位油缸的推力和行程，总之应遵循硬的一侧油缸推力和速度适当加大，软的一侧缸推力和速度适当减小的原则进行。

4. 盾构姿态纠偏

盾构轴线的纠偏，其高程采用盾构上下两组对称千斤顶的行程差来控制；平面采用盾构左右两腰对称千斤顶行程差来控制。纠偏时应注意以下事项：

（1）采取分区操作推进油缸来调整盾构姿态，纠正偏差，将盾构的方向控制和调整在规范范围内。但每环掘进时对盾构竖直和水平方向姿态的调整量不得超过 6 mm，以避免管片受力不均匀而产生错台。

（2）当滚动超标时，采用盾构反转的方法进行纠偏。在切换刀盘转动方向时，保留适当的时间间隔，切换速度不能过快，以防损坏管片。

（3）根据开挖面地层情况及时调整掘进参数，调整掘进方向时应设置好预警值，以控制最大偏移值。

（4）盾构蛇行修正及纠偏时应缓慢进行，如修正过急，蛇行程度增加。在直线段掘进的情况下，选取盾构当前里程点的中心和前方直缓点作直线，并以此直线作为基准线对盾构姿态进行管理。在曲线掘进的情况下，使盾构当前所在位置点与远方点的连线与设计该点切线相比较。

（5）推进油缸油压的调整不宜过快、过大，否则可能造成管片端面局部破坏或开裂。

（6）盾构始发和到达之前须进行人工控制测量定位，减小累计误差。

4.5.6 同步注浆

1. 同步注浆目的

当管片在盾尾处安装完成后盾构向前掘进，管片与土层之间形成建筑间隙时，快速采用浆液材料填充此环形间隙，此工艺即为同步注浆工艺，如图 4-29 所示。同步注浆的主要作用在于：

（1）防止和减少地层沉陷，保证环境安全。

（2）确保管片环获得早期稳定，改善管片环的受力条件，防止管片局部破损。

（3）有利于盾构掘进方向的控制。

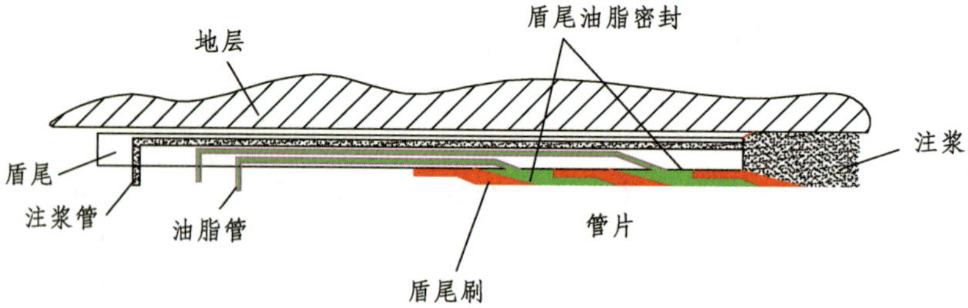

图 4-29 同步注浆示意

2. 注浆方式

采用盾尾同步注浆方式及时注入浆液填充环形建筑空间。即在盾构掘进时，通过安装在盾尾内的 4 条内置式注浆管向管片与地层间的环形建筑空间注入填充浆液。每条管上设有压力表和阀门，该管通过管道与盾构 1#拖车上配置的 4 台砂浆泵分别相连，砂浆泵可手动控制，也可自动控制。由于盾构管片所受的水土压力不同（顶部的管片略低于底部的管片），所以在同步注浆时可通过手动控制来调节各注浆管的注浆压力。

3. 浆液材料的种类及其性质

同步注浆浆液应当具备如下性能：

（1）具有良好的长期稳定性及流动性，适当的初凝时间。

（2）具有良好的填充性能。

（3）具有一定的早期强度。

（4）在地下水环境中，不易产生稀释现象。

（5）固结后体积收缩小，渗水率小。

（6）浆液无公害。

目前，国内常用的同步注浆材料一般分为两大类：

一类是惰性浆液，是由粉煤灰、砂、石灰膏、水和外加剂等拌和而成，不含水泥等凝胶材料，早期和后期强度较低。具有凝结时间长、不易堵管、填充效果好、施工效率高、性价比高等优点，应用广泛。但防水效果差，对控制地面沉降和约束管片不利。

另一类活性浆液，也叫可硬性浆液，是由粉煤灰、砂、水泥、水和外加剂等拌和而成，具有一定的早期强度和后期强度。可硬性浆液凝固后能增强隧道的防水性，对控制地面沉降和约束管片有利。但是凝结时间短，易堵管，成本高，施工效率低。

4. 注浆参数

（1）注浆量。

盾构掘进的理论空隙量

$$V=\pi L(R^2-r^2)$$

式中 L——管片幅宽；

R——盾构外半径；

r——管片外半径。

理论上讲，浆液只需 100%填充总空隙即可。但是实际的注浆量应比理论注浆量大，实际的注浆量与理论注浆量的比值，其中为注入率，注入率同以下因素有关：

① 浆体的失水收缩固结，有效注入量小于实际注入量。

② 部分浆液会劈裂到周围地层中。

③ 曲线掘进、纠偏或盾构抬头或磕头时，实际开挖断面呈椭圆形。

④ 操作不慎，盾构走蛇形。

⑤ 盾构掘进时，壳体外周带土，使开挖断面大于盾构外径。

⑥ 施工过程中浆液损耗。

（2）浆液配比。

一般同步注浆浆液可采用硬性浆液，例如中风化泥岩、砂岩地层浆液配比可参考表 4-5。

表 4-5 浆液配合比 单位：kg/m³

水泥	细砂	粉煤灰	膨润土	水	外加剂
120 ~ 260	600 ~ 850	240 ~ 320	40 ~ 60	400 ~ 470	根据需要添加

（3）注浆压力。

盾构施工同步注浆的注浆压力控制在 200 ~ 250 kPa。为了保证注浆的连续性，每环掘进前期的注浆压力宜稍低一点，后期注浆压力再提高到设计压力值。

四条注浆管须同时畅通注射，1、4 号传感器保证在 150 kPa 以上，并且该段注浆状态以注浆压力控制为主。如果 1、4 号传感器压力不能正常工作时，必须停机注浆，直到压力达到 150 kPa 以上，任何一条注浆管被堵住须立即停止掘进，及时疏通注浆管道。

（4）注浆速度。

同步注浆的速度 q（L/min）应与盾构掘进速度相匹配，应保证同步注浆均匀。

5. 同步注浆设备

盾构推进时，通过安装在盾尾内的内置式注浆管向管片与地层间的环形建筑空间注入足量的填充浆液。每条注浆管上安装高压力表和阀门，该管通过软管与盾构 1#拖车上配置的注浆泵分别相连，注浆泵可手动控制，也可自动控制。

砂浆搅拌站：采用两台 500L 的强制式搅拌机和临时储浆罐，搅拌能力 12 m^3/h。

同步注浆系统：配备液压注浆泵 2 台，注浆能力 2×12 m^3/h，8 个盾尾注入管口（其中 4 个备用）及其配套管路。

运输系统：砂浆罐车（6 m^3），带有自搅拌功能和砂浆输送泵，随编组列车一起运输。

6. 同步注浆施工工艺

（1）浆液的拌制：水泥、粉煤灰不可有结块现象，砂采用细度模数 0.6～1.2 的细砂，不可有大粒径的异物；原材料计量误差要控制在规范要求范围内；各成分材料按合理顺序投放（水、水泥、砂依次进行）；搅拌要均匀，搅拌时间在 2～3 min，不得有结块；浆液须进行稠度、含水量、流动性、和易性、保水性及抗液化指标测试，测试合格后方可使用。

（2）浆液的运输与储存：浆液拌好后采用输送管道输送到自制的储料罐内，通过管片平板车将储料罐运至作业面，随后将浆液泵入盾构拖车上的储料罐中并立即进行搅拌。储料罐带有卧式搅拌轴，以防止运输时间过长浆液长时间静止而发生初凝；若浆液发生沉淀、离析，则进行二次搅拌；浆液储存设备要经常清洗。

（3）同步注浆施工步骤：接好注浆管路、压力传感器；将拌制好的浆液由运输车输入盾构的储浆罐中，并启动搅拌器搅拌砂浆；注浆跟推进同步进行，且注浆速度应与推进速度相适应，无特殊情况须 4 个泵同时注浆；注浆饱满程度由注浆压力和注浆量双重控制；在安装管片或出渣过程中，要预留部分砂浆，间断泵入以保持管路畅通。

7. 同步注浆质量保证措施

（1）在开工前制定详细的注浆作业指导书，并进行详细的浆液配比试验，选定合适的注浆材料及浆液配比。

（2）制订详细的注浆施工工艺流程和注浆质量控制程序，严格按要求实施注浆、检查、记录、分析，及时做出 P（注浆压力）—Q（注浆量）—t（时间）曲线，结合衬砌、地表及周围建筑物变形量测结果分析注浆速度与掘进速度的关系，评价注浆效果，反馈指导下次注浆。

（3）成立专业注浆作业组，由具有经验的注浆工程师负责现场注浆技术和管理工作。

（4）根据洞内管片衬砌变形和地面及周围建筑物变形监测结果，及时进行信息反馈，修正注浆参数设计和施工方法。严格做到“推进即注浆，不注浆则不推进”。

（5）做好注浆设备的维修保养，注浆材料供应，定时对注浆管路及设备进行清洗，保证注浆作业顺利连续不中断进行。

任务 4.6 开舱作业及刀具更换技术

【工作任务】

某地铁隧道采用盾构法施工，隧道埋深 15 m，穿越的地层以砂卵石为主。掘进过程中出现推力大、掘进速度慢等现象，初步判断刀具磨损严重。此时盾构在城市主干道下方，交通流量大，无法进行地层加固。假设你作为盾构施工技术主管，请拟定刀具更换方案。

【相关知识】

随着盾构在地层中不断向前推进，盾构的刀具会发生磨损或损坏等状况，为提升掘进效率，在长区间掘进过程中，每当掘进一定距离后，需要人员进入土舱对磨耗超限或者损坏的刀具进行更换，更换的频率主要取决于刀具类型及工程地质情况等。

换刀施工主要有常压换刀和气压换刀两种。常压换刀是在不加气压的情况下，利用土体的自稳能力或提前注浆加固土体确保掌子面稳定，作业人员在常压下进入土舱进行刀具更换作业。气压换刀是利用盾构自带的空压机和压气设备，对土舱内加气压，用空气置换土舱内的渣土，用气压平衡水土压力，建立土舱内气压和掌子面水土压力平衡，作业人员进入土舱内带压作业，进行刀具更换。换刀方法的选择主要取决于掌子面稳定情况、地层透气情况及地下水流失对地面的影响程度等。

盾构开舱刀具检查　　　　盾构开舱泥饼清理

4.6.1　常压换刀施工

土压平衡盾构常压换刀施工流程如图 4-30 所示。

换刀施工要点包括：

（1）在施工前应编制专项施工方案，根据地质条件和地面建（构）筑物情况，选择合适的换刀地点，对地质情况达不到常压换刀条件的应提前进行注浆加固，加固方式可采用深层搅拌加固、袖阀管注浆加固、高压旋喷加固等方式。

（2）盾构到达停机位置后，应在不掘进的情况下出土 2 ~ 3 m^3，观察土舱压力传感器的变化，判断掌子面的自稳性，如果自稳性好，可进一步出渣判断，确认掌子面的自稳性后进行常压换刀。

（3）正式开舱前，应先打开人闸和土舱之间的平衡球阀，并用气体检测仪检测土舱内排出的空气。待气体检测仪未报警、土舱内外气压平衡，且最上面的 3 个土压传感器压力值为零时，再拆下土舱门螺丝，最后打开压板。在松开舱门压板螺丝的过程中，要密切关注土舱内压力的变化，发现异常时立刻拧紧螺丝，防止异常情况发生。

（4）舱门打开后，首先由进舱人员用手电筒观测土舱顶部是否有即将掉落的泥土块，并进行有害气体检测及活体试验，气体条件满足表 4-6 中的要求后由土建工程师对刀盘前方土体稳定性及地下水情况进行确认，并得出是否具备进行刀盘、刀具检查的条件，符合条件后，方可进行刀具检查。

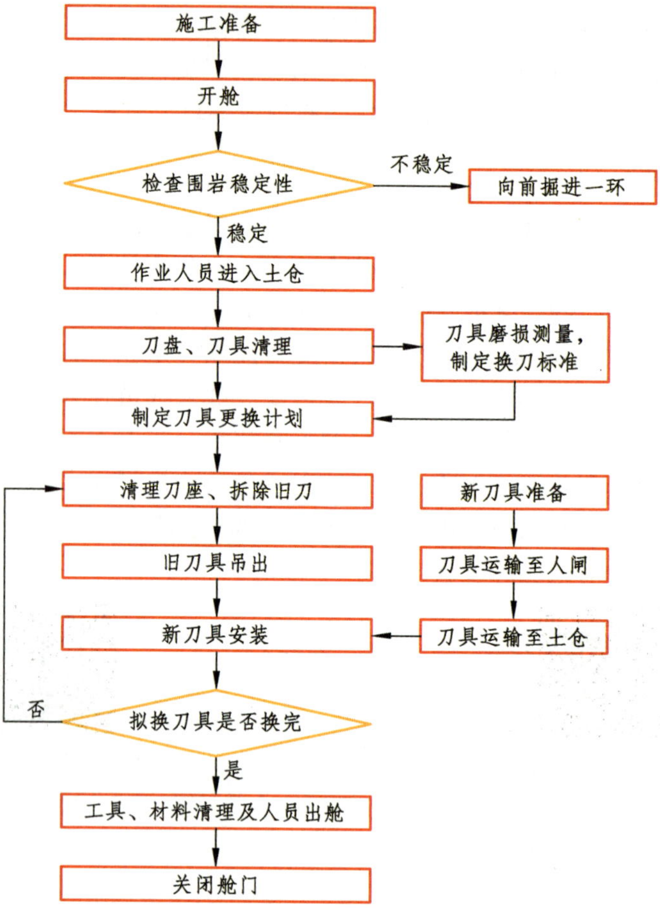

图 4-30　常压换刀施工流程

表 4-6　土舱内气体条件要求

气体	含量（按体积计）
一氧化碳	≤0.002 4%
二氧化碳	≤0.5%
甲烷	≤1%
硫化氢	≤0.000 66%
氧气	19%～22%

机械工程师在刀具检查时，盾构司机应先锁住刀盘和操作室，再到人闸内换刀控制面

板上操作，当核实土舱内无人及其他物料时，方可转动刀盘，转速为 0 ~ 0.5 r/min。刀具检查的主要内容有：滚刀的磨损量和偏磨量，漏油情况，滚刀刀圈的脱落、裂纹、松动、移位等，刀具螺栓的松动和螺栓保护帽的缺损情况；刮刀合金齿和耐磨层的缺损、磨损以及刀座的变形情况；刀盘有无裂纹、刀盘牛腿磨损及焊缝开裂情况等，并做好详细记录，对照前期制订的换刀标准，确定需要更换的刀具，将新刀具运输到换刀位置，运输过程中确保刀具不被碰撞，同时严禁刀具碰撞设备。

检查完成后，应根据刀盘检查结果和换刀标准，确定刀具更换的具体数量和位置，以及刀盘修复方案，报主管领导审核后实施。

（5）换刀应遵循“拆一把刀装一把”的原则，以便掌子面地层发生变化时可以及时恢复掘进。正式换刀作业前，需在土舱壁上焊接型钢并搭设作业平台，并在土舱顶焊接刀具吊运用吊环。换刀时应记住刀具编号，并与相应的刀座号对应，旧刀具的拆除和新刀具的安装均应根据刀具和刀盘的结构构造来进行操作，重量较重的滚刀及中心刀拆装过程中应借助专用夹具和手拉葫芦进行操作，旧刀拆除时应将拆下的螺栓及附件放入随身携带的工具袋内，以防止遗失；新刀具安装时应将刀座、螺栓及附件等清理干净，避免刀具固定不牢靠，刀具的固定螺栓应拧紧至设计规定的扭矩。因新刀具高度比旧刀高，若安装空间不足，则应采用风镐在掌子面凿出足够的空间。

换刀人员进入土舱作业时应注意土舱内的通风和排水，每班必须用气体检测仪检测土舱内空气，并做好检测记录；土舱内作业人员应随时检查掌子面的稳定性和渗水情况。在土舱内焊接和气割时必须戴好防毒护罩；换刀过程中应确保密封舱无人及其他机具时方可转动刀盘；土舱口及通道不应有障碍，以便有危险时人员快速撤离现场。

（6）刀具更换完成后，换刀人员和机械工程师必须对刀具和螺母进行全面详细检查，确保每把刀的更换质量，然后清点换刀工具，确保无工具和杂物遗留在土舱内，清点完毕后关闭舱门，上紧舱门螺丝。

（7）恢复掘进前，先将刀盘空转 2 min，再由小到大逐渐增加推力掘进，恢复掘进后的 30 cm 内，贯入度宜控制在 5 mm 内，避免推进速度过快造成对刀具的损坏。

（8）每次换刀完毕后，应对换刀施工相关记录进行统计和分析，总结刀具、刀盘磨损的规律，以便对以后的掘进控制和换刀施工提供参考依据，同时建立每把滚刀的使用维修台账，做好滚刀在全寿命周期中的新购、使用、维修、保养、报废等全过程记录，以便后期对不同厂家和类型的滚刀进行经济性分析。

4.6.2 带压换刀施工

土压平衡盾构气压换刀施工流程如图 4-31 所示。

气压换刀注意事项包括：

（1）盾构设备应满足气压进舱作业的功能要求，并确保人闸系统、气压调节及自动保压系统、应急备用电源、应急保压气源设备和医疗舱等运转正常，保压系统应配备备用发电机。

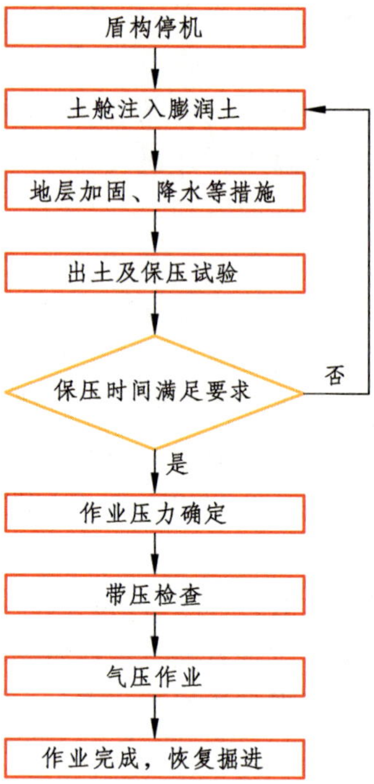

图 4-31　常压换刀施工流程

（2）气压作业开舱前，应确认地层条件满足气体保压的要求，不得在无法保证气体压力的条件下实施气压作业。为提高刀盘前方地层的气密性及控制地下水，通常需要提前根据实际情况，选择使用泥膜护壁、盾壳后部止水、地层加固、降水等辅助方法。

（3）地层加固、降水等准备工作完成后，进行刀盘前和土舱内的渣土输出，在出渣过程中，边出渣边补充气压，并随时注意土舱压力变化，土舱压力不小于停机前掘进时的土舱压力，出渣至土舱渣土面低于人闸口部以下（不能全部出空，以免发生螺旋输送机漏气现象）。在出土和进行保压试验过程中注意以下事项：

① 出土要分阶段进行，打开自动保压系统设定工作压力设计值，将土舱中的渣土输出约 1/3，观察土舱压力值的变化，同时安排人员观察漏气是否严重，若土舱压力无法保持，则必须采取处理措施，若土舱压力保持 2 h 没有变化，则继续出土至 2/3，观察土舱压力值的变化，若土舱压力保持 2 h 没有变化或不发生大的波动（一般按压力变化值小于 5 kPa 来控制），则表明保压试验合格。

② 进行土舱渗水量测定，测定的渗水量若大于 0.5 m^3/h，则不能安全地实施带压进舱作业，必须采取安全稳妥的排水措施。

③ 进行人闸密封性试验，人闸是人员、工具和材料出入土舱的转换通道，人闸通常处于无压模式，带压作业时处于加压模式，而密封性试验是通过加压、减压试验来检查人闸门、土舱门、舱壁上各种管路是否漏气。根据工程经验，从 0 升压至设计值不超过 10 min 即为合格；降压操作过程中通常会出现土舱密闭门漏气现象，造成气压降不到 0，若降压后气压能小于 30 kPa 则可视为安全，若气压降不到 30 kPa 以下，则需要带压进行土舱门密封

的处理。

（4）气压作业的工作压力应先根据准备开舱作业位置的地质和水文条件，计算出土舱的理论工作压力作为压力设计值，并进行现场保压试验，如能保证开挖面稳定，则可确定为工作压力，若不满足要求则适当调整。

（5）气压作业应配置气压作业主管、操舱员、进舱作业人员和医护人员，气压作业人员工作要求应符合表4-7的规定。所有进舱人员应提前进行体检和培训，考核合格后方可入舱。

表4-7　气压作业人员工作要求

气压作业人员	工作要求	配置人数
气压作业主管	负责总体管理现场气压作业	1
操舱员	对人闸进行气密性试验；能准确按医护人员制定的减压方案对进舱作业人员进行加、减压，熟悉人闸及舱内设施的性能	1～2
进舱作业人员	应完成专门高压工作训练；执行气压作业主管的指令；建立工作日志；保证其中1人为专职观察员	≥2 （一般3人一组）
医护人员	负责医学适合性评估，一旦带压进舱人员出现紧急状况，能进行全方位的医疗救助	1

（6）达到进舱条件后，首先由专业技术人员带压进舱，对掌子面的地质情况和稳定性进行检查、确认，同时对刀盘、刀具磨损情况进行检查，确定换刀方案和带压换刀前的各项准备工作。

（7）气压换刀与常压换刀施工的区别主要在于人员、工具和材料等通过人闸的气压转换出入土舱的过程，具体过程如图4-32～图4-34所示，盾构的人舱一般分为准备舱和主舱两部分，均能实现加压和减压的转换过程，准备舱主要用于土舱和主舱在进行气压作业的同时将工具和材料等临时存放并运入土舱，缩短施工时间。

（8）操舱员进行加压和减压操作时，应严格按照设备安全操作规程进行，并要通过电话与人闸内的人员始终保持联系，随时了解他们的身体状况。人闸内的加压速度宜控制在每10 min加压0.05～0.1 MPa。在加压过程中，当发现进舱人员身体不适时，应立即通知操舱员停止加压，若身体仍然不适，则应减压出舱。

（9）在确认人闸内压力达到工作压力后，进舱人员应再次确认人闸与土舱的密闭门的安全性，方能进入土舱，作业期间密闭门必须保持开启。舱内照明设施的电压应不得高于24 V。

（10）进舱人员的工作时间和减压时间应符合相关规范要求，施工前应根据确定的工作压力制定减压程序。减压过程中应确保舱内通风量，认真履行减压程序，并做好时间记录，坚决杜绝减少减压时间或跳期减压。

在减压期间舱内人员必须穿上干燥衣服，避免因冷感冒或者发抖，避免浅、轻呼吸，禁止非自然姿势；定期站立，移动胳膊、腿等关节；如果有人出现压缩空气病症，或其他病症，必须立即停止减压，维持当前压力状况，直到病症消失。如果几分钟后病症没有消失，就要将舱内压力加至原来的位置，同时操舱员必须立即通知值班医生进行处理。

（11）在加压和减压过程中，人闸内的人员可通过调节加热系统控制舱内温度，保持适宜状态。

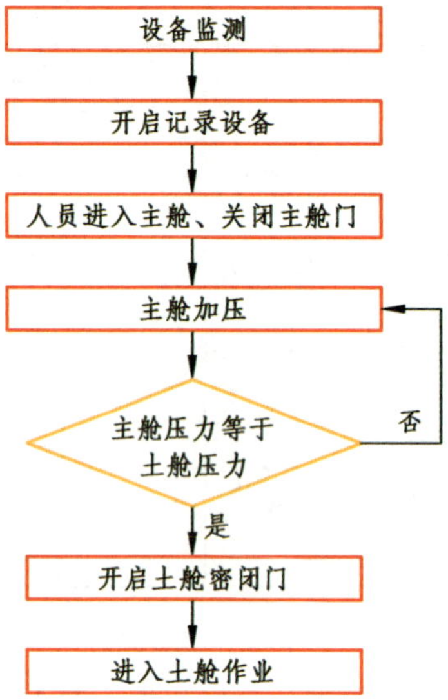

图 4-32　人员经过主舱进入土舱流程

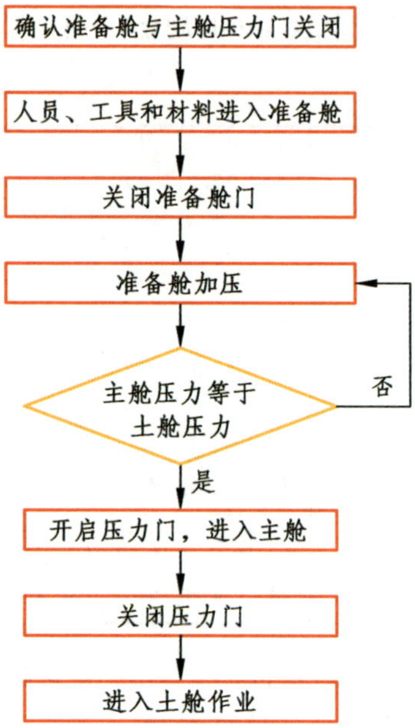

图 4-33　人员、工具及材料经过准备舱进入土舱流程

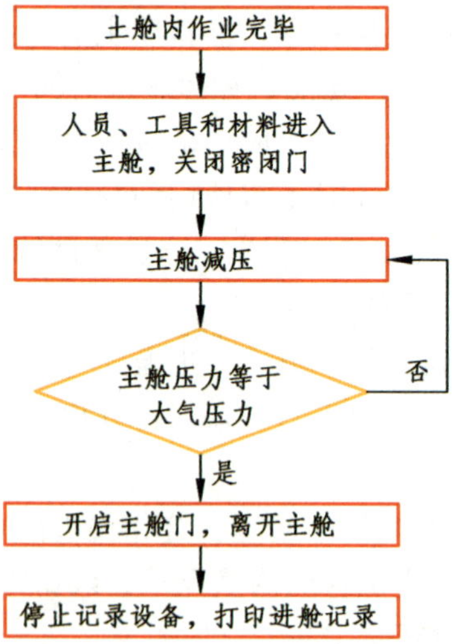

图 4-34　人员离开土舱流程

任务 4.7 管片分类和构造

【工作任务】

某城市地铁区间隧道计划采用盾构施工，准备利用管片作为隧道衬砌。假如你作为盾构施工技术主管，请拟定向盾构生产商购买的管片规格。

【相关知识】

盾构法隧道衬砌可分为管片衬砌、现浇混凝土衬砌两类。其中管片衬砌是在盾尾支护下进行安装，现浇混凝土衬砌是在一定压力下进行浇筑。混凝土管片以其良好的耐久性、抗压性、刚度、经济性，目前在我国城市轨道交通盾构隧道中应用广泛。管片作为盾构开挖后的第一次衬砌，支撑作用于隧道上的土压和水压，防止隧道土体坍塌、变形及渗漏水，是隧道永久性结构物，并且要承受盾构推进时的推力以及其他荷载。

4.7.1 管片分类

1. 按断面形式分类

管片按断面形式的不同可分为箱形（含中字形）、平板形、波纹形。箱形管片是指因手孔较大而呈肋板形结构的管片。手孔大不仅方便螺栓的穿入和拧紧，而且也节省了大量的材料，并使单块管片重量减轻。箱形管片通常使用在大直径隧道中，但若设计不当时，在盾构推进油缸的作用下容易开裂。平板形管片是指手孔较小而呈曲板形结构的管片，由于管片截面削弱小，对盾构推进油缸具有较大的抵抗能力，正常运营时对隧道通风阻力也小。

2. 按材质分类

管片按材质的不同，主要可分为钢筋混凝土管片、铁制管片（铸铁管片、球墨铸铁管片）、钢管片、复合管片。目前较常使用的管片主要有钢管片、球墨铸铁管片和钢筋混凝土管片。

（1）钢筋混凝土管片。

由于施工条件和设计方法的不同，钢筋混凝土管片具有不同的形式，按管片手孔成形大小区分，可大致分为箱形和平板形两类。钢筋混凝土管片成本低、耐久性好，可构建实用、无障碍衬砌。

（2）铸铁管片。

国外在饱和含水不稳定地层中修建隧道时较多采用铸铁管片，由初期的灰口铸铁逐步发展到球墨铸铁，其延性和强度接近于钢材，管片较轻、安装运输方便、耐蚀性好、机械加工后管片精度高，能有效地防渗抗漏。缺点是金属消耗量大、机械加工量大、价格昂贵，同时具有脆性破坏特性，不宜用作承受冲击荷载的隧道衬砌结构。近年来已逐步为钢筋混凝土管片代替。

（3）球墨铸铁管片。

球墨铸铁管片的特点是强度好、耐久性好、制作精度高；与混凝土管片相对密度量小、掘削面小，承受特殊荷载的地点可选用。其缺点是成本较高，焊接困难。

（4）钢管片的优点是重量轻、强度高、组装运输容易、可任意安装加固材料、加工容易；缺点是耐锈蚀性差、成本昂贵、金属消耗量大。钢管片比钢筋混凝土管片具有更大的承受不均匀荷载和变形的能力，常用于隧道通过高层建筑或桥梁等局部荷载下，以及地层不均匀的地段。

（5）复合管片常用于区间隧道的特殊段，如隧道与工作井交界处，旁通道连接处、变形缝处，垂直顶升段以及有特殊要求的泵房交界和通风井交界处等。有时也用于高压水条件下的输水隧道中。它的构造形式是：外周、内弧面或外弧面采用钢板焊接，在钢壳内部用钢筋混凝土浇筑，形成由钢板和钢筋混凝土复合的管片。

复合管片与钢筋混凝土管片相比厚度小、管片轻，但强度比钢筋混凝土管片大、抗渗性能好；与铸铁管片相比，它具有抗压性、韧性高等优点；与钢管片相比，金属消耗量少。复合管片是混凝土和钢板有效复合的构造，耐腐蚀性差，造价较高，无特殊要求时不宜大量采用。

3. 直线环和转弯环

为适应盾构隧道的设计线形，衬砌环分为直线环和转弯环，转弯环又可分为左转弯环和右转弯环等。例如成都地铁某线路使用的衬砌管片，直线环（图 4-35）由 6 块管片组成，外径 6 m，管片环宽 1.5 m，纵向螺栓孔共计 10 个，相邻孔对应圆心角为 36°，B1、B2、B3 块对应圆心角为 72°。如图 4-36 和图 4-37 所示，转弯环由 6 块管片组成，外径 6 m，管片环宽渐变，平面投影轮廓为等腰梯形，最窄处 1.481 m，最宽处 1.519 m，楔形量为 38 mm，纵向螺栓孔共计 10 个，相邻孔对应圆心角为 36°，B1Z、B2Z、B3Z、B1Y、B2Y、B3Y 块对应圆心角为 72°。

4.7.2 管片构造

1. 管片构成

管片构成

目前我国盾构隧道衬砌的主要是由管片拼装组成的管环。管环通常由标准块、邻接块和封顶块（K 形管片）构成，管片之间一般采用螺栓连接。封顶块 K 形管片根据管片拼装方式的不同，有从隧道内侧向半径方向插入的径向插入型和从隧道轴向插入的轴向插入型以及两者并用的类型。半径方向插入型为传统插入型，早期的施工实例很多。但在标准块、邻接块管片之间的连接部，除了剪切力外，作用于连接部的轴向力的分力也起剪切力的作用，从而使得封顶块很容易落入隧道内侧。因此，最近不易脱落的轴向插入型封顶块被越来越多地使用。这也与近年来盾构隧道埋深加大，作用于管片上的轴向力比力矩更显著有关系。使用轴向插入型封顶块的情况下，需要推进油缸的行程要长些，因而盾尾长度要长些。有时在轴向和径向都使用锥形管片，将两种插入型封顶块同时使用。径向插入型封顶块为了缩小锥度系数，通常其弧长为标准块、邻接块的 1/3 ~ 1/4；而轴向插入型封顶块，其弧长可标准块、邻接块同样大小。

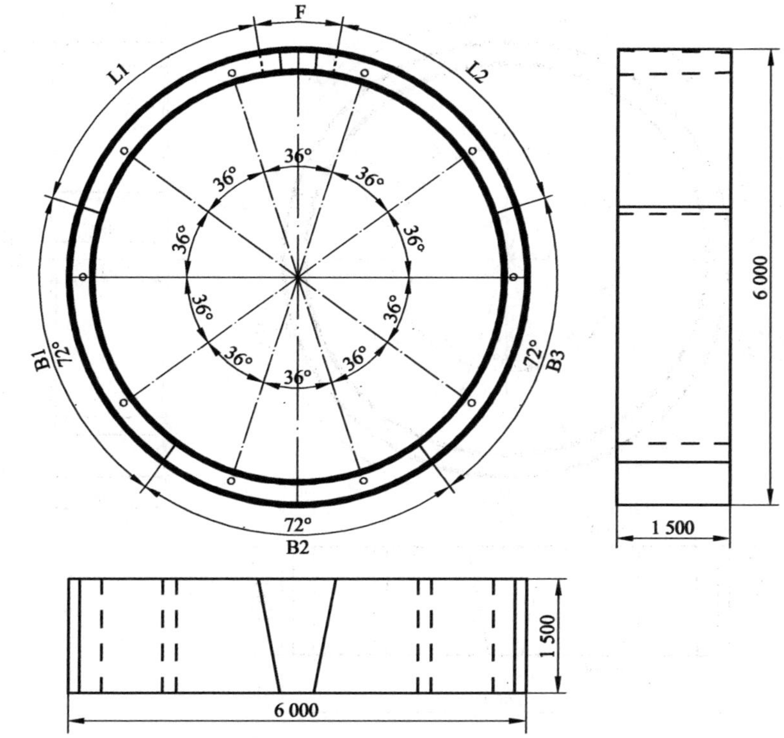

图 4-35　直线衬砌环结构示意（单位：mm）

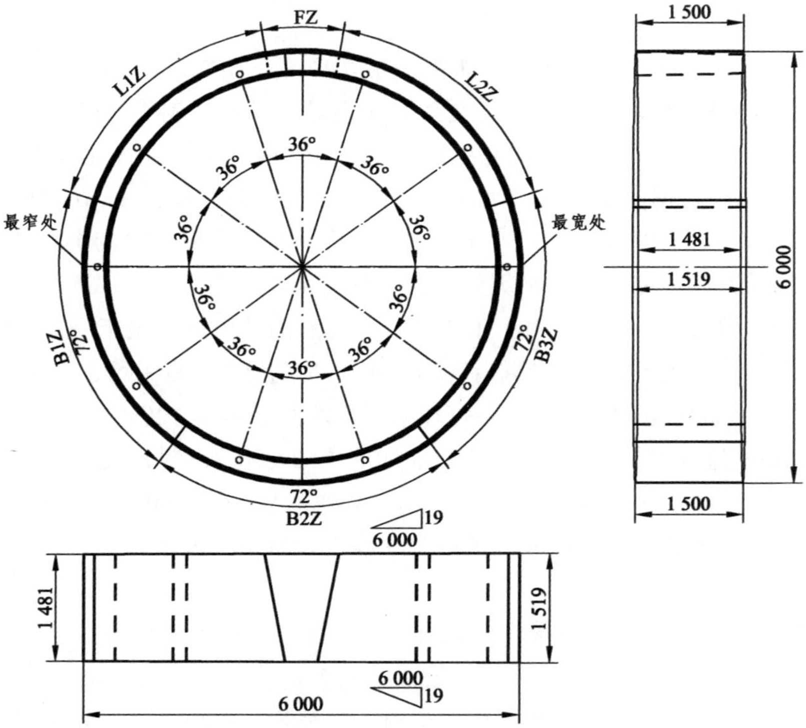

图 4-36　左转弯衬砌环结构示意（单位：mm）

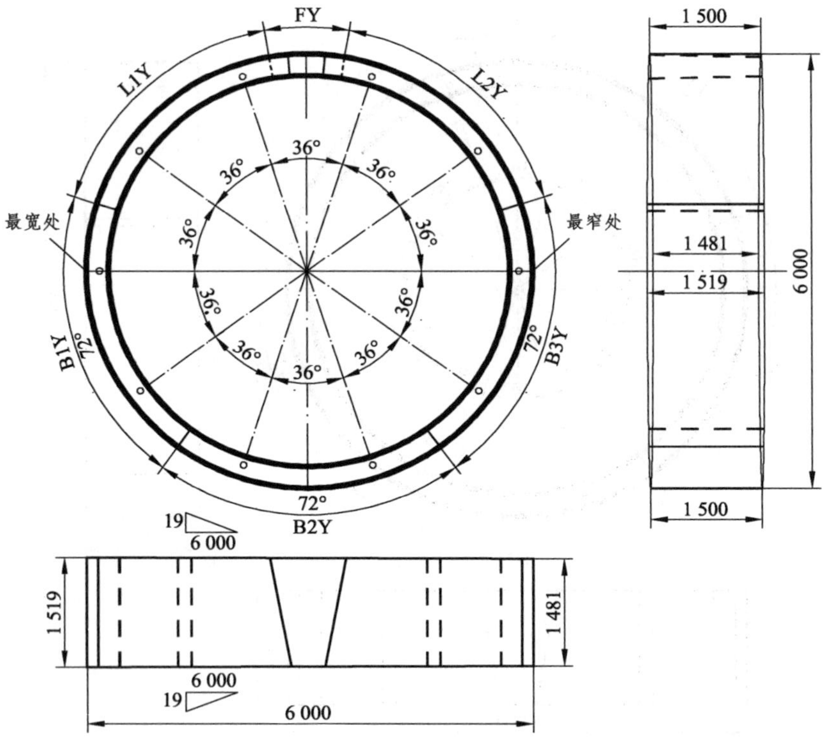

图 4-37　右转弯衬砌环结构示意（单位：mm）

2. 管环的分块

管环的分块数，从降低制作费用、加快拼装速度、提高防水性能角度看，是越少越好，但如果分块过少的话，单块管片的重量增加，从而导致管片在制作、搬运、洞内操作及拼装过程中出现各种各样的问题。因此在决定管片环分块时一定要经过充分研究。

管环的分块数应根据隧道的直径大小，螺栓安装位置的互换性（错缝拼装时）而定。

管环的分割数即管块数 $n=x+2+1$。其中，x 为标准块的数量，衬砌中有 2 块邻接块和 1 块封顶块。x 与管片外径相关，外径大则 x 大，外径小则 x 小。

铁路隧道工一般取 3 ~ 5 块，对上下水道、电力和通信电缆隧道工一般取 0 ~ 4 块。

一般情况下，软土地层中小直径隧道管环以 4 ~ 6 块为宜（也有采用 3 块的，如内径 900 ~ 2 000 mm 的微型盾构隧道的管片，一般每环采用 3 块圆心角为 120°的管片），大直径以 8 ~ 10 块为多。地铁隧道常用的分块数为 6 块（3 标准块+2 邻接块+封顶块）和 7 块（4 标准块+2 邻接块+封顶块）。封顶块有大、小两种，小封顶块的弧长以 600 ~ 900 mm 为宜。封顶块的楔形量宜取 1/5 弧长左右，径向插入的封顶块楔形量可适当取大一些，此外每块管片的环向螺栓数量不得少于 2 根。

管环分块时需要考虑相邻环纵缝和纵向螺栓的互换性，同时尽可能地考虑让管片的接缝安排在弯矩较小的位置。一般情况下，管片的最大弧长宜控制在 4 m 左右，管环的最小分块数为 3 块，小于 3 块的管片无法在盾构内实施拼装。管环的最大分块数虽无限制，但从造价以及防水角度考虑，分块过多也是不可取的。

3. 管片的宽度及厚度

盾构法隧道的管片不仅要承受长期作用于隧道的所有荷载、防止地下涌水，而且在施工过程中还必须承受盾构前进中推进油缸的推力及衬砌背后注浆时的压力，管片的厚度要根据盾构外径、土质条件、覆盖土荷载决定，但它必须首先能承受施工时推进油缸的推力。管片的厚度过薄，极易在施工过程中损伤及引起结构不稳定，所以必须加以注意。

管片的宽度从拼装性、弯道施工性方面讲，越小越好；而从降低管片制作成本、提高施工速度、增强止水性能方面讲，则是越大越有利。在确定管片宽度时，必须考虑以上这些条件和盾构的长度。从以往实例看，早期的管片宽度以 750 ~ 900 mm 为主，但最近管片宽度有增大的趋势，使用 1 000 ~ 2 000 mm 管片的工程在不断增加。管片宽度增加后，如不能确保管片的抗扭刚性，那么应力集中等的影响就会增大，与管片宽度方向的应力分布就不能保持一致，从而起不到梁构件的作用。因此，设计时必须充分注意。

在实际工程中，应对各种条件加以分析后再决定管片的宽度。在日本，钢筋混凝土管片宽度多在 900 ~ 1 000 mm，钢管片宽度以 750 ~ 1 000 mm 为多。国内地铁隧道的钢筋混凝土管片最常用的宽度是 1 000 mm、1 200 mm、1 500 mm 三种。近年来，随着生产及吊运水平的提高，以及为节约防水材料，减少连接件等要求，国内 11 m 级大直径隧道的钢筋混凝土管片的宽度扩大到 2 000 mm。但是需作说明的是管片宽度加大后，推进油缸的行程需相应增长，从而造成盾尾增长，会直接影响盾构的灵敏度，因此管片也不是越宽越好。

管片的厚度一般需根据计算或工程类比而定。根据工程实践，管片厚度 H 可取隧道外径的 4% ~ 6%，即 $H=(0.04\sim0.06)D$。其中 D 为隧道的外径，大直径隧道取小值，小直径隧道取大值。

4. 管片接头

管片接头上作用着弯矩、轴向力以及剪切力，但其结构性能根据接面的对接状态和紧固方法有很大的不同。有的拼接方法即使是不设紧固装置，也能抵抗基本的剪切力。传统上多使用全面拼对方式，但最近部分对接，楔式对接及转向对接的使用频率有日趋增长的趋势。

为了提高管片环的刚性，管片接头多用金属紧固件连接。为了达到管片拼装高效化、快速化的目的，开发了多种金属紧固件。

管片有环向接头和纵向接头。接头的构造形式有直螺栓、弯螺栓、斜插螺栓、榫槽加销轴等。为了避免管片采用弯螺栓或大面积开孔开发了斜插螺栓的形式。直螺栓接头是最普通常用的接头形式，不仅用于箱型管片，也广泛用于平板型管片，直螺栓连接条件最为优越，在施工方面，该形式的螺栓就位、紧固等最能让施工人员接受，弯栓接头是在管片的必要位置上预留一定弧度的螺栓孔，拼装管片时把弯螺栓穿入弯孔，将管片连接起来。

斜插螺栓在欧洲是最常用的接头形式。因相邻环之间采用有效的榫槽错缝拼装形式，因此隧道掘进到 200 环以后，一般多是拆除所有的环、纵向螺栓的，他们认为：拆除螺栓以后的隧道，能适应普通的荷载以及一定烈度（7 度）的地震荷载。环向的隧道接缝主要弯矩由相邻环的管片承担，另一部分由接头偏心受压条件负担，斜插螺栓预埋螺母（螺栓套）的设计至关重要，其直接影响管片的拼装速度及施工质量。国内目前用于管片连接的斜插螺栓接头是一种改良型接头，该接头形式可避免管片大面积开孔，还可相应减少螺栓的用钢量。

环向接头的螺栓是把相邻分散的管片进行连接的主体结构，螺栓的数量与位置直接影响圆环的整体刚度和强度，我国环向接头采用单排螺栓较为普遍，布置在管片厚度 1/3 左右的位置（偏于内弧侧），每处螺栓的接头数量不少于 2 根。

5. 传力衬垫

传力衬垫材料粘贴在管片的环、纵缝内以达到应力集中时的缓冲作用，它不属于防水措施。不同位置，不同受力条件，不同使用习惯，传力衬垫材料性质、厚度、宽度各有不同。国内最早明确提出使用衬垫的工程是上海地铁 1 号线试验段，当时主要采用的是 2 mm 厚的胶粉油毡，以后的工程则大多采用丁腈橡胶软木垫，也有采用软质 PVC 塑料地板，或经防腐处理过的三夹板等。软质 PVC 塑料地板及胶粉油毡薄片在混凝土预制块中受压时，均反映出加工硬化的条件。

目前，地铁盾构用管片的传力衬垫材料一般采用厚度为 3 mm 的丁腈橡胶软木垫，衬垫使用单组分氯丁一酚醛胶黏剂黏结在管片上。一般除封顶块贴 1 块传力衬垫外，其余每块管片上贴 3 块传力衬垫（图 4-38）。

图 4-38　传力衬垫

任务 4.8　管片生产

【工作任务】

某城市地铁区间隧道计划采用盾构施工，准备利用通过管片作为隧道衬砌。假如你作为盾构施工技术主管，根据管片设计施工图，如何与管片生产厂家及时对接，审核并判断设计图尺寸是否与模具匹配？预埋件是否冲突？能否保证配套？

【相关知识】

管片生产作业内容包括：模具的选用、调试，钢筋骨架的制作，混凝土浇筑、拆模，管片养护等内容。目前我国钢筋混凝土管片生产多采用先进的自动化流水线生产制造工艺。

钢筋骨架加工

4.8.1 钢筋骨架加工

（1）钢筋骨架制作工艺流程为：原材料检验→调直、断料→弯弧、弯曲→部件检查→部件焊接→钢筋骨架成型焊接→钢筋笼检验。

（2）钢筋进场后应按照不同钢种、等级、牌号、规格及生产厂家分批验收，确认合格后方可使用，钢筋在运输、存储及加工过程中应防止锈蚀、污染。

（3）钢筋的调直、下料、弯弧、弯曲工序，应严格按照设计图纸要求及钢筋料单进行加工，完成后对部件逐一核验，合格品方可用于后续钢筋骨架制作。

（4）钢筋骨架焊接成型应在专业的模架上进行，焊接前先按料表核对钢筋级别、规格、长度、根数及胎具型号，根据钢筋级别、直径及焊机性能合理选择焊接参数。焊点设置应符合设计要求，焊接过程中焊缝不得出现烧伤、咬肉、假焊、夹渣现象。管片钢筋骨架焊接示意图如图 4-39 所示。

（5）钢筋骨架焊接成型后由质检员对其钢筋直径、数量、间距、焊接质量等进行检查，验收合格的做好标识并分类堆码在存放区。

图 4-39　管片钢筋骨架焊接胎架

4.8.2 模具清理、涂刷脱模剂

（1）管片出模后，应立即对模具进行清理，并用压缩空气吹干净，特别是每一个接缝处和密封胶条，必须清洁无夹渣。吊装孔座、手孔座需采用专用工具清除内部污垢。钢模首次使用前应认真清除防锈保护膜。

（2）模具清理干净后涂刷脱模剂，以薄而均匀、无集油和流挂为合格。涂刷完成后应安排专人检查模具拐角、棱角处是否涂抹到位。

脱模机喷涂

4.8.3 模具组装

模具合模按应按照先端头模板、后侧面模板的顺序进行，合模时注意保持拼缝部分洁净，模具螺栓的拧紧力矩应符合设计要求。钢模合拢后，专人采用内径千分尺对其宽度、弧长、手孔位进行测量（图 4-40），不合格者进行及时调校。

需特别注意钢模橡胶防水密封条为易损件，应每天检查并有足够的备用件。如有破损应立即更换，避免因防水密封条破损而引起漏浆现象发生。

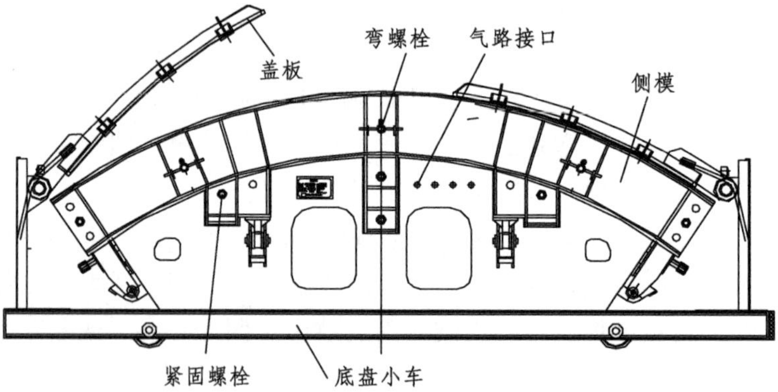

图 4-40　管片模具示意

4.8.4 钢筋骨架、预埋件安装

（1）钢筋骨架入模前应安装保护层垫块，钢筋骨架侧面及端面使用齿轮形垫块，底部使用支架形垫块。

（2）使用龙门吊配合专用吊具将钢筋骨架吊装入模（图 4-41），起吊过程应平稳，不得使钢筋骨架与模具发生碰撞。吊装就位后检查钢筋骨架位置、保护层厚度。

安装预埋螺栓孔

（3）安放好钢筋笼后开始安装预埋件，安放手孔螺栓成孔器时，先将成孔器套上塑料套管、螺旋钢筋及橡胶垫片，将定位弯芯插入模具定位孔内，安放好后顶紧。定位芯头部必须全部插入到手孔座的模孔内，防止连接不紧出现缝隙造成漏浆。

（4）安装完成后由专人对钢筋骨架、预埋件进行隐蔽验收，合格后进入下道工序。

图 4-41　管片模具

4.8.5　混凝土拌制、转运

（1）混凝土采用搅拌站现场拌制，搅拌站各计量系统应定期标定，砂、石、水泥、外加剂等原材必须经检验合格方可使用。每班施工必须严格按照试验室提供的施工配合比进行作业。

（2）冬季拌制时，应采用温水搅拌，搅拌时先加入砂、碎石，然后加入水泥、外加剂搅拌，搅拌时间不得低于 1 min，拌制完成后应及时浇筑。

（3）混凝土拌制完成后装入料斗，通过专用导轨运送至混凝土车间备用，混凝土应随用随拌，避免放置时间过长影响质量。

管片混凝土浇筑

4.8.6　混凝土浇筑及成型

（1）混凝土浇筑前应检查钢筋笼及预埋件，预埋件须与固定座连接牢固。

（2）混凝土应分层下料以减少表面气泡。混凝土振捣可采用模具自带气动振动器或插入式高频振捣器。振动时间视混凝土流动性而定，控制在 4 ~ 6 min，以混凝土不出现离析分层，且上盖板开口处无喷射状气泡、水泡为合格依据，不允许过振、欠振。

（3）振捣过程中应密切观察模具的紧固件、预埋件，若发生变形或位移时应立即停止振捣并处理。

（4）混凝土全部振捣完成后，根据气温及混凝土凝结情况，适时打开上盖板，按照粗、中、细 3 道工序分别进行抹面，粗抹面使用高强钢板刮尺，刮平去掉多余混凝土，并进行粗磨。中抹面待混凝土收水后用钢抹子进行抹面，使管片外弧面平整、光滑。精抹面力求表面光亮无抹子印，管片外弧面平整度的误差值不大于±2 mm。在抹面过程中，要注意以模具的侧模板为基准进行刮平，抹面，以保证管片成品的厚度。管片混凝土表面收面如图 4-42 所示。

图 4-42　管片混凝土表面收面

（5）混凝土浇筑完成后约 1 小时拔出弯芯棒，清理干净后涂抹黄油以备下一循环使用。

管片蒸汽养护

4.8.7　蒸汽养护

（1）混凝土浇筑振捣完成后静停 3～4 小时，加盖养护罩进行升温蒸养（静停时间视不同气温作相应变化）。

（2）蒸养分静停、升温、恒温、降温 4 个阶段（如图 4-43 所示）。为防止温度升高过快造成混凝土膨胀损害内部结构，升温速度每小时不得超过 15 °C 速度，最高温度不超过 55 °C；恒温 2 h 以上，相对湿度不小于 90%状态，恒温时间根据季节变化做相应调整；降温速度不超过每小时 20 °C，并匀速降温至与室温差不超过 15 °C，降温时间必须控制在 1.5 h 以上，到达规定的蒸养时间后关上供汽阀，部分掀开帆布套，让模具和混凝土自然冷却 1 h 后再全部揭走帆布套，0.5 h 后开始脱模。

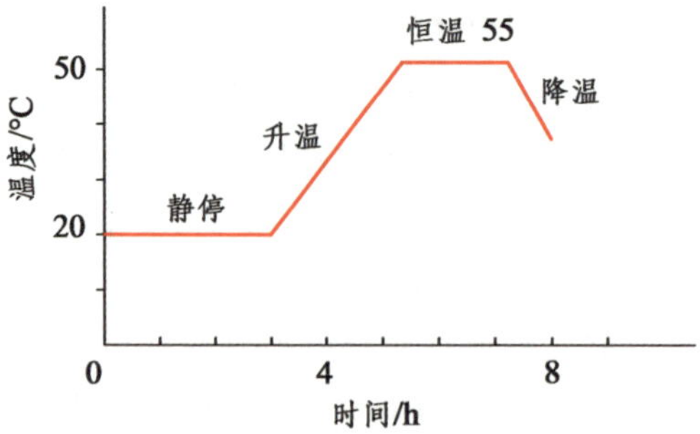

图 4-43　管片蒸养温度示意

（3）管片蒸养过程中应安排专人如实记录各测量的温度。

4.8.8 脱模、喷涂标识

管片脱模

（1）管片同条件混凝土试件强度达到40%方可拆模。

（2）管片脱模前应先松开灌浆孔固定螺杆，打开端头板，再拆卸侧板，在脱模时严禁硬撬硬敲，以免损坏管片及钢模。

（3）管片脱模必须使用专用吊具，将吊具与管片的起吊预埋件相连，由专人指挥起吊；若使用真空吸盘机则必须保证脱模的垂直角度以及起吊的重心位置，并定期检查真空吸盘及起吊保护装置性能，确保施工安全。管片脱模如图4-44所示。

（4）起吊管片应在专用的翻转架上翻转成侧立状态，拆除注浆孔模芯，并清除管片外露铁件表面的砂浆。翻转架与管片接触部位须垫设柔性保护材料。管片翻转如图4-45所示。

（5）管片翻转完成后换用专用吊具将侧立的管片吊至待检区进行尺寸和外观检验，管片表面应光洁平整，无蜂窝、露筋、裂纹、缺角。任何露筋的管片均视为废品，存在一般缺陷的管片应按照审批的专项方案进行修补。合格管片应在内弧面及环向端面上进行标识，标识内容应包括产品型号、生产累计号、生产日期、检验状态。

图4-44　管片脱模示意

图4-45　管片翻转示意

4.8.9 管片水池养护

用门吊将管片吊装至水池中养护 7 d（图 4-46），管片入水时表面温度与水的温差应小于 20 °C，水池水应淹过管片顶部。养护过程中专人定期测量水温，确保水温满足要求。管片吊装过程中应保持平稳，以防造成破损。

管片水中养护

4.8.10 喷淋养护、存储

混凝土管片在水池中养护 7 d 后，用门吊起吊管片，放置在翻转架翻转后转运到临时堆放场的喷淋养护区，由专人负责喷淋养护，保持管片表面湿润，冬季时应采取保温措施，防止养护池和管片表面结冰。管片堆放场地应坚实平整，排水流畅，支垫稳固可靠。管片按吊运、安装顺序和型号分别堆码，可采用侧面立放或内弧面向上码放，管片之间用柔性垫条相隔，上下层垫木应在一条垂线上，管片侧面立放严禁超过 4 层，内弧面向上平放严禁超过 6 层。堆垛间留有运输通道并满足吊车的吊距要求，合格印戳和型号清楚易见。

管片存放

图 4-46 管片水池养护图

4.8.11 管片生产质量要求

（1）管片制作所用水泥、集料、水、外加剂、掺合料、钢筋及管片修补材料应符合现行国家标准《预制混凝土衬砌管片》（GB/T 22082—2017）相关要求。

（2）高精度钢模具的宽度和弧弦长允许偏差均为±0.4 mm，在合模后采用内径千分尺在快速校验刻痕点处检测。

（3）钢筋骨架制作偏差应满足表 4-8 要求。

表 4-8　钢筋骨架制作偏差及检验方法

序号	项目	允许偏差/mm
1	主筋间距	±10
2	箍筋间距	±10
3	分布筋间距	±5
4	骨架长、宽、高	+5 ~ 10

（4）管片混凝土强度等级应符合设计要求，检验方法应符合现行行业标准《盾构隧道管片质量检测技术标准》（CJJ/T 164—2011）。

（5）管片的外观质量应满足表 4-9 要求，检验方法应符合现行行业标准《盾构隧道管片质量检测技术标准》（CJJ/T 164—2011）。

表 4-9　管片的外观质量要求

序号	项目	检验项目	质量要求
1	主控项目	贯穿裂缝	不允许
2		外弧面露筋	不允许
3		孔洞	不允许
4		混凝土疏松、夹渣	不允许
5		蜂窝	不允许
6		非贯穿性裂缝	裂缝宽度允许范围 0 ~ 0.10 mm
7	一般项目	拼接面裂缝	拼接面方向长度不超过密封槽、裂缝宽度允许范围 0 ~ 0.20 mm
8		麻面、粘皮	表面麻面、粘皮总面积不大于表面积的 5%
9		缺棱掉角、飞边	应修补
10		环、纵螺栓孔	畅通、内圆面平整，不应有塌孔

（6）管片尺寸允许偏差应满足表 4-10 要求，检验方法应符合现行行业标准《盾构隧道管片质量检测技术标准》（CJJ/T 164—2011）。

表 4-10　尺寸允许偏差

序号	项目性质	检验项目	允许偏差/mm
1	主控项目	宽度	±1
2		厚度	−1 ~ +3
3	一般项目	钢筋保护层厚度	±5

（7）管片水平拼装尺寸允许偏差应满足表 4-11 要求，检验方法应符合现行行业标准《盾构隧道管片质量检测技术标准》（CJJ/T 164）。

表 4-11　水平拼装尺寸允许偏差

序号	项目	允许误差/mm
1	成环后内径	±2
2	成环后外径	−2 ~ +6
3	环向缝间隙	0 ~ 2
4	纵向缝间隙	0 ~ 2

（8）管片的渗漏检验结果应满足设计要求，检验方法应符合现行行业标准《盾构隧道管片质量检测技术标准》（CJJ/T 164—2011）。

（9）管片的抗弯性能应满足设计要求，检验方法应符合现行行业标准《盾构隧道管片质量检测技术标准》（CJJ/T 164—2011）。

（10）管片的吊装螺栓孔抗拔性能检验应满足设计要求，检验方法应符合现行行业标准《盾构隧道管片质量检测技术标准》（CJJ/T 164—2011）。

任务 4.9　管片拼装

【工作任务】

某城市地铁区间隧道计划采用盾构施工，准备利用通过管片作为隧道衬砌。假设你作为盾构施工技术主管，请通过查阅相关文献，拟定管片拼装方案，并向现场作业人员讲解。

【相关知识】

管片拼装是盾构掘进施工中的重要工序，不仅与盾构隧道成型质量密切相关，而且对盾构继续向前推进有着直接影响。管片拼装施工流程如图 4-47 所示。

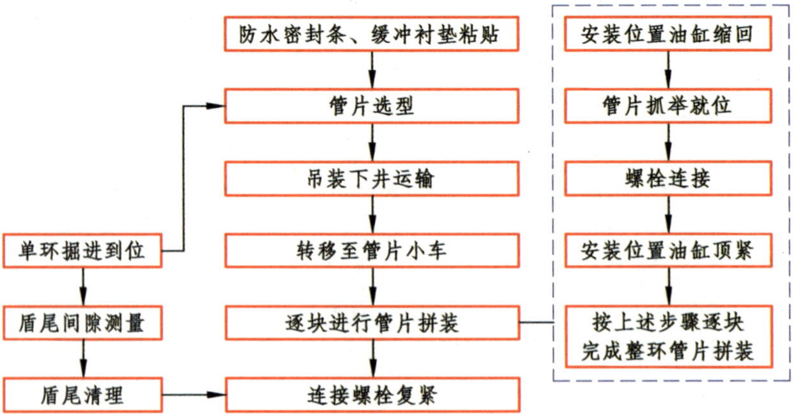

图 4-47　管片拼装施工流程

4.9.1　管片拼装方式

管片拼装有通缝拼装和错缝拼装两种方式，当采用错缝拼装方式进行管片选型和排版时需要确定各环管片的拼装位置，为方便拼装位置描绘，通常采用比拟时钟点位的方式进行描述。成都地铁某线路的管片拼装点位如图 4-48 所示，拼装定位共分为 1、2、3、4、5、7、8、9、10、11 共 10 个点位，点位以楔形块中心位置定位，相邻点位的夹角均为 36°，图中所示拼装点位为 1 点。为满足防水要求，封顶块一般拼装在衬砌环的上部，即拼装点位一般选择 1、2、3、8、9、10、11 点位。

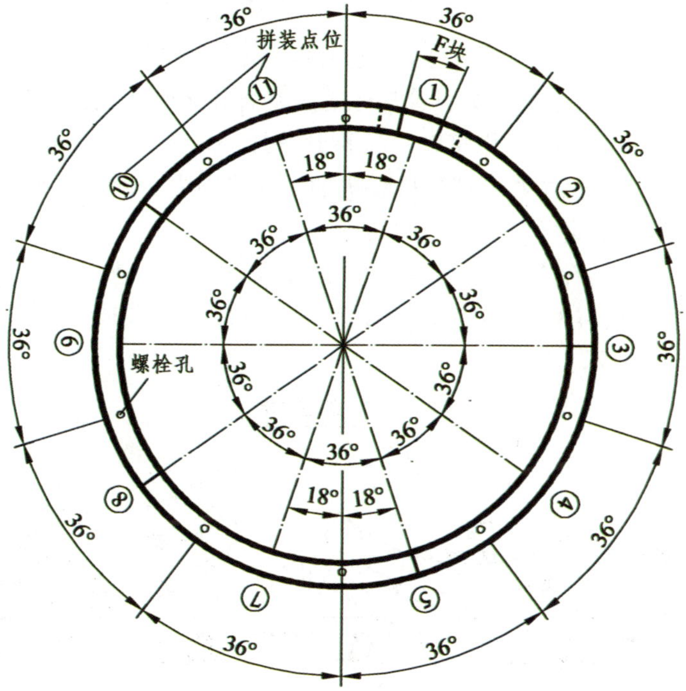

图 4-48　管片拼装点位示意

4.9.2　管片运输

管片进场验收后存放于管片堆场，由地面综合班工人粘贴防水密封条和缓冲衬垫，防水密封条在密封槽内应套箍并粘贴牢固（图 4-49），不得有起鼓、超长或缺口现象，且不得歪斜、扭曲，粘贴质量检查合格后方可允许吊装下井。

管片运输

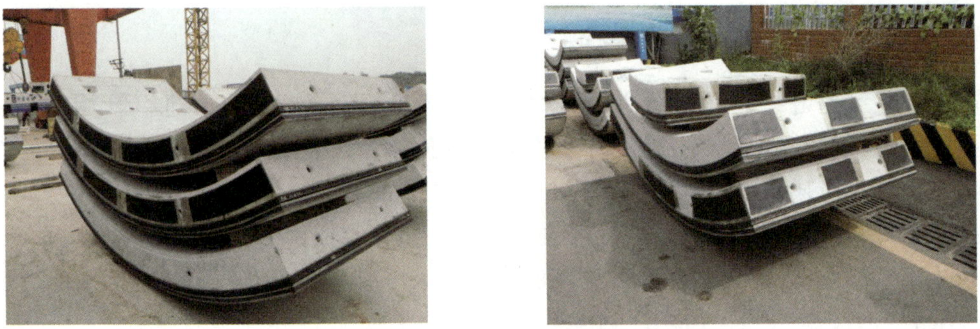

图 4-49　管片防水密封条及缓冲衬垫粘贴

管片下井运输一般分为 3 个阶段：首先由地面龙门吊将管片由管片堆场吊运到吊装井底部的管片运输车上，后由电瓶车牵引管片运输车将管片水平运输到隧道内的 1#台车附近，再由盾构专用吊运设备双轨梁吊机将管片转移到管片小车上，并由管片小车将管片运送到尾盾内的拼装工作面，使管片处于管片拼装机的工作范围内。管片连接所需的螺栓、螺母、垫圈、螺栓防水用密封垫等材料一并下井运输。

为方便管片拼装机，管片在吊运过程中应注意放置顺序，按照拼装顺序抓取管片。管片拼装顺序一般为 B2 块→B1 块→B3 块→L1 块→L2 块→F 块，所以吊装时标准块在前，封顶块在后，如图 4-50 所示。

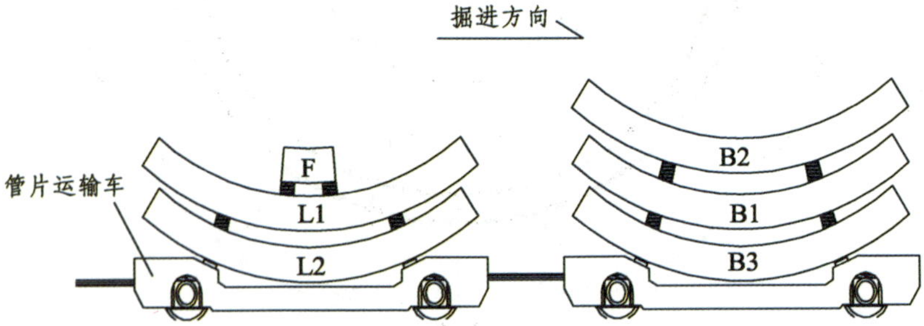

图 4-50　吊运装车顺序示意

吊装一般采用两根柔性涤纶双扣吊带，每块管片之间横向加垫 2 ~ 3 道 10 cm×10 cm 方木，如图 4-51 所示。

图 4-51　管片吊运施工

4.9.3 管片拼装作业

当推进油缸伸出长度能够满足管片拼装所需空间（一般取管片宽度+30 cm）后停止掘进，量测盾尾间隙，一般需要量测上、右上、右、右下、下、左下、左和左上共八个位置；同时，清理盾尾内的杂物和积水，为管片拼装创造条件。

管片拼装

管片拼装应自下而上进行，由下部开始，先拼装底部标准块，再对称拼装标准块和邻接块，最后拼装封顶块，如图 4-52 所示，11 点位拼装时拼装顺序为 B2 块→B1 块→B3 块→L1 块→L2 块→F 块，1 点位拼装时拼装顺序为 B2 块→B3 块→B1 块→L2 块→L1 块→F 块。在拼装每块管片时，只可收回该管片相应位置的推进油缸，单块拼装完成后应再次顶紧，依次交替进行各块管片的拼装，不可同时收回更多的推进油缸，以免发生盾构姿态变样甚至后退等危险情况。

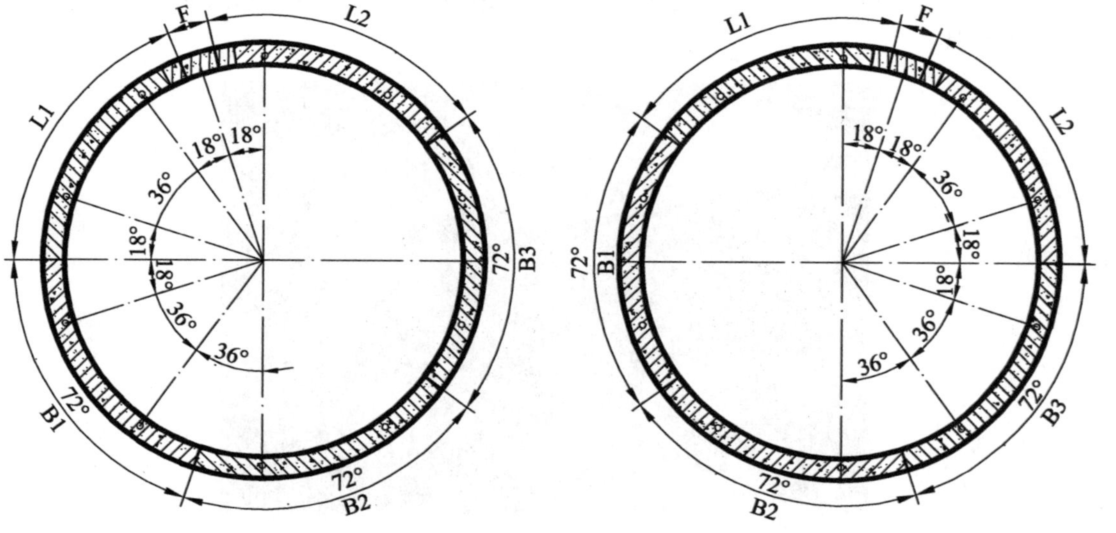

（a）11 点位拼装　　（b）1 点位拼装

图 4-52　管片拼装顺序示意

管片拼装机通过锁紧拧入管片吊装孔的吊装螺栓头来锁固管片，拼装机操作手通过遥控器（图 4-53）控制管片拼装机实现管片升降、平移、回转、仰俯、横摇和偏转，让管片在三维空间的 6 个自由度上能够灵活动作，确保管片拼装时精确就位。

每环拼装的第一块管片是定位管片，它决定了本环其他管片的位置及拼缝宽窄，其安装精度十分重要，管片拼装机将第一块管片抓举到位后，应用水平尺将第一块管片与拼装点位相同的上一环管片精确找平，然后穿入纵向连接螺栓并采用气动扳手拧紧，拧紧力矩达到设计要求后方可松开吊装螺栓头。

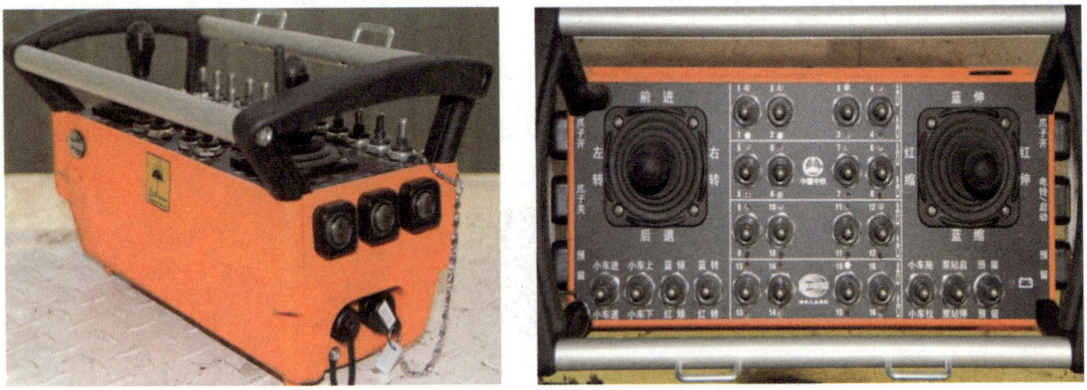

图 4-53 某管片拼装机遥控器

第二块管片与上一环管片和第一块管片大致对准后，先纵向压紧环向止水条，再环向压紧纵向止水条，然后微调对准螺栓孔，穿入纵向和环向连接螺栓并拧紧螺栓，拧紧力矩要达到设计要求，类似地完成第三块和第四块管片拼装。第五块管片决定了封顶块的拼装空间大小，因此在拼装时应用尺子量测第五块和第四块管片之间的空隙，同时微调第五块管片的位置，当满足要求后再锁紧连接螺栓。管片拼装连接落实紧固如图 4-54 所示，采用气动扳手拧紧。

图 4-54 管片拼装连接螺栓施工

封顶块是整环管片的最后一块，操作空间较小，拼装时应先纵向搭接 2/3 管片环宽，然后径向上推至预定位置，最后纵向插入。当如遇阻碍时应缓慢抽出后进行调整，严禁强行插入和上下大幅度调整，以免松动甚至损坏止水条。

4.9.4 管片拼装过程中的注意事项

（1）管片吊装螺栓头应确保拧紧，并将抓举头的 4 条压板均匀地接触管片，避免管片旋转过程中吊装螺栓头单独承受管片重量，防止吊装螺栓头被拔出。管片拼装时，拼装操作手必须站在安全可靠的位置，严禁将手脚放在环缝和千斤顶的顶部，举重臂必须在管片固定就位后方可复位，封顶块拼装就位未完时，人员严禁进入封顶块下方。

（2）同一环内各块管片的相邻位置应符合设计图纸要求，不可互换。每块管片上均有管片类型标记、环类型标记、纵缝对准标记，管片拼装时应认真查看相关标记，确保拼装位置正确；管片迎千斤顶面和背千斤顶面不同，方向不要错装，操作手在拼装管片时看到管片中心管片标识字符应是正确的，如果是倒置的，则管片朝向错误。

（3）管片拼装过程中应控制好管片环面的平整度，以及环面的超前量和椭圆度。第二块至第六块管片拼装时，相邻管片的止水条和传力缓冲衬垫会产生滑动摩擦，容易松动或损伤止水条，因此在拼装过程时可在拼装面涂润滑剂以降低摩擦力。

（4）每环管片拼装结束后应及时拧紧各个方向的螺栓，整环管片脱出盾尾后应再次复拧连接螺栓。

4.9.5 管片拼装质量要求

（1）管片不得有内外贯穿裂缝、宽度大于 0.2 mm 的裂缝及混凝土剥落现象。

（2）螺栓的扭矩力矩应符合设计要求。

（3）管片拼装允许偏差应符合表 4-12 中的要求。

表 4-12 管片拼装允许偏差

检验项目	允许偏差
衬砌环椭圆度	±5‰
衬砌环内错台/mm	5
衬砌环间错台/mm	6

任务 4.10 管片拼装质量缺陷及修复

【工作任务】

某盾构隧道，盾构管片拼装后拖出盾尾时出现了管片错台、破损甚至连续破损的问题，最大错台达到 22 mm，为了攻克管片错台、破损这一难题，项目部专门成立了管片拼装质量控制小组，定“管片拼装质量控制”作为活动课题。请你通过查阅相关文献，结合该项目管片拼装质量问题，分析管片拼装质量缺陷，并提出修复建议。

【相关知识】

4.10.1 拼装质量缺陷分类

钢筋混凝土管片缺陷，除采取必要的措施加以预防外，对已经出现的质量缺陷必须按规定的步骤和方案认真进行处理，确保管片质量缺陷处理后，不给运营遗留安全隐患，详见表 4-13。

表 4-13　管片质量缺陷分类及处理方案

名称	处理权限	图例	处理方案
管片裂缝	非构件主要受力部位且不影响结构性能或使用功能的裂缝	图 4-55	管片修补专项施工方案
管片碎裂掉块	混凝土管片表面破损，缺棱掉角等非构件主要受力部位且不影响结构性能或使用功能的裂缝	图 4-56	
管片错台	混凝土管片错台超限	图 4-57	
结构渗漏	裂缝、施工缝及后浇带渗漏、变形缝渗漏、不密实渗漏、预埋件、穿墙管渗漏、管片接缝渗漏、盾构隧道区间洞门渗漏	图 4-58	结构渗漏水治理方案

图 4-55　管片裂缝

图 4-56　管片破损

（a）环向错台　　（b）径向错台

图 4-57　相邻管片错台

（a）接缝漏水

（b）注浆孔漏水

图 4-58　管片漏水

4.10.2　管片缺陷原因分析

1. 管片碎裂

管片碎裂掉块的主要产生原因如下：

（1）管片在脱模、储存、运输过程中发生碰撞，致使管片的边角缺损。

（2）拼装时管片在盾尾中的偏心量过大，管片与盾尾发生磕碰现象，以及盾构推进时盾壳卡坏管片。

（3）定位凹凸榫的管片，在拼装时位置不准，凹凸榫没有对齐，在千斤顶靠拢时由于凸榫对凹榫的径向分力而顶坏管片。

（4）管片拼装时相互位置错动，管片与管片间没有形成面接触，盾构推进时在接触点处产生应力集中而使管片的角碎裂。

（5）前一环管片的环面不平，使后一环管片单边接触，在千斤顶的推动下形成跷跷板，管片受到额外的弯矩而断裂。在封顶块与邻接块接缝处的环面不平，也是导致邻接块两角容易碎裂的原因。

（6）拼装好的邻接块开口量不够，在插入封顶块时间隙偏小，如强行插入，则导致封顶块管片或邻接块管片的角崩落。

（7）拼装机在操作时转速过大，拼装时管片发生碰撞边角崩落。

2. 管片错台

管片错台是指管片拼装后同一环相邻管片或者相邻环管片之间内弧面不平整的现象，前者称为环向错台，后者称为纵向错台。管片错台不仅影响隧道的外观质量，而且会导致管片碎裂、渗漏等其他严重问题。形成原因主要有以下几点：

（1）管片拼装不规范。

管片拼装过程是控制管片错台至关重要的环节，管片拼装工人的操作熟练程度及责任心直接影响管片拼装完的成型质量。

（2）管片上浮。

管片上浮有时可能会造成管片连续错台，尤其是在砂岩、泥岩等稳定地层中。有经验的盾构司机往往会通过加快掘进速度以帮助姿态控制，然而壁后注浆液往往因为初凝时间较长而产生大于管片自重的上浮力，此时，如果没有立即采取防止隧道管片上浮的措施，隧道管片的上部就会发生连续的“叠瓦式”错台。

（3）盾构姿态控制不佳。

盾构的掘进姿态控制是盾构施工技术的重点，盾构的姿态变化直接影响到盾尾间隙的变化。若盾尾间隙过小，盾尾的径向运动趋势将以力的形式通过盾尾刷传递给管片，从而导致盾尾前后的管片产生错台，甚至导致管片迎水面被盾尾刷挤压刮坏、盾尾刷磨损变形等问题，进而产生管片渗漏水，盾尾漏浆等一系列质量问题。

（4）管片法面与盾构掘进方向不垂直。

在区间小半径曲线段掘进或盾构急纠转弯时，若管片楔形量不能满足管片转弯需求，通用管片全错缝拼装施工中 K 块选点错误，通缝、半错缝拼装施工中转弯环排版错误等，均会造成管片法面与盾构掘进方向不垂直，将必然造成管片环缝错台。

3. 管片接缝渗漏

管片接缝渗漏的原因主要为以下几项：

（1）管片拼装的质量不好，接缝中有杂物，管片纵缝有内外张角、前后喇叭等；管片之间的缝隙不均匀，局部缝隙过大，使止水条无法满足密封的要求，周围的地下水就会渗漏进隧道。

（2）管片碎裂，破损范围达到粘贴止水条的止水槽时，尤其是管片角部碎裂，止水条与管片间不能密贴，水就从破损处渗漏进隧道。

（3）纠偏量过大，所贴的楔子垫块厚度超过止水条的有效作用范围。

（4）止水条粘贴质量不好，粘贴不牢固，使止水条在拼装时松脱或变形，无法起到止水作用。

（5）止水条质量不符合质量标准，强度、硬度、遇水膨胀倍率等参数不符合要求，而使止水能力下降。

（6）对已贴好止水条的管片保护不好，使止水条在拼装前已遇水膨胀，管片拼装困难且止水能力下降。

4.10.3 管片开裂、掉块处理

管片开裂、掉块修补前，必须由施工单位、监理单位、设计单位、业主单位共同组织

对管片质量缺陷进行鉴定。

若结构缺陷鉴定结果为一般性缺陷，则由施工单位在监理单位的监督下进行修复。若鉴定结构为非一般性缺陷，则邀请专业鉴定单位对结构缺陷进行鉴定，另行编制专项施工方案，并邀请资质的专业结构修复单位进行修复。

经鉴定，属于一般性质量缺陷的管片碎裂（碎裂深度＜30 mm 或面积＜0.2 m^2），可由施工单位按图 4-59 的施工工艺流程进行修复。

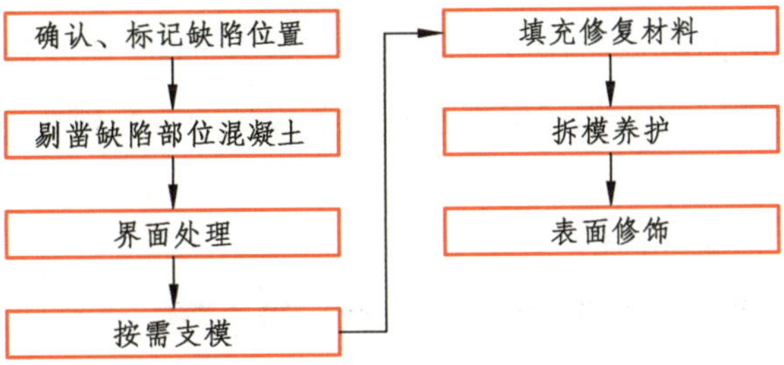

管片碎裂修补

图 4-59　钢筋混凝土管片碎裂、掉块修复流程

（1）确认并标记缺陷伤损范围。

（2）使用角磨机（钢丝刷）对缺损部位已经松动、脱落的混凝土进行打磨、清理；使用专用清洗剂对打磨区域进行清洗，彻底清除表面的灰尘。

（3）使用专用界面剂对缺损部位表面进行界面处理。

（4）根据缺损部位大小、弧度支立模板。

（5）严格按照配合比配制混凝土缺损修复材料，向混凝土缺损部位填补，采用多次填补法，需分层操作，每次填补厚度不宜超过 20 mm，待已填补材料达到一定强度后方可进行下一次填补工作。在修补隧道上部（9 点钟～3 点钟方向）管片或临边管片时，每一次填补厚度应按照实际情况酌情减小。管片碎裂、掉块处理如图 4-60 所示。

图 4-60　管片碎裂处理

（6）待修复材料固化后，拆除模板，保湿养护。

（7）待修复材料抗压强度达到设计强度后，将表面打磨并涂刷封闭材料，确保凝土结构外观的一致性。

4.10.4 管片错台处理

错台处理标准：经处理后的错台标准满足衬砌环间错台不大于 15 mm，衬砌环内错台不大于 10 mm。

考虑到后期隧道运营时列车行驶安全，结合国内其他地区地铁施工经验，隧道上部 180°范围的错台不作修补处理，只对错台引起的渗漏水进行治理；隧道下部 180°范围的错台进行修补处理及渗漏水治理。

管片错台处理施工工艺流程如图 4-61 所示。

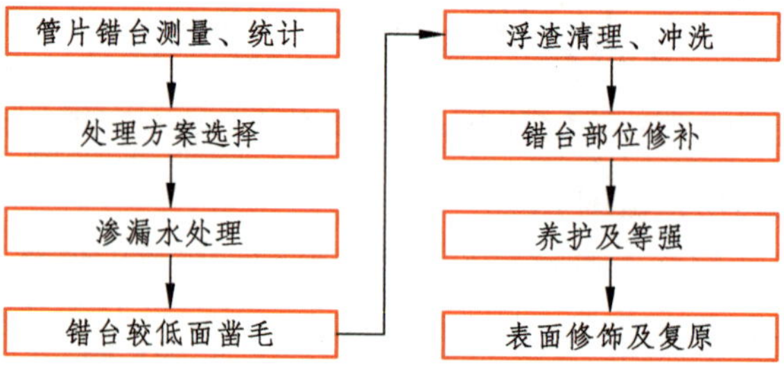

图 4-61 管片错台处理施工工艺流程

（1）管片错台测量与统计。

管片拼装完毕经观测以及达到稳定状态后，由施工单位邀请监理工程师对成型管片环、径向错台进行统计。对于超出规范要求的部位，认真填写记录表格经有关单位签字。

（2）处理方案选择。

对于错台较大部位出现渗漏水情况的，按照管片渗漏水治理工艺首先进行治理，然后对较低面进行修补；对于出现错台但未出现渗漏水的，直接对较低面进行修补。

（3）渗漏水处理。

渗漏水处理严格按照管片渗漏水处理工艺进行，主要采用双液注浆配合压注灌注环氧树脂灌浆材料进行综合治理。渗漏水治理经验收合格后，方可进行后续的管片错台处理。

（4）错台较低面凿毛。

对于管片错台超过验收标准部位，人工用凿子将较低侧管片部位凿毛，凿毛深度约 3 ~ 5 mm，凿毛面积为整个修补范围。

（5）浮渣清理、冲洗。

采用小型风机对凿毛部分浮渣进行吹扫，并用清水对凿毛部位进行冲洗，使修补材料与原混凝土能充分粘贴。

（6）错台部位修补。

修补施工须在凿毛部分的积水完全干燥，且经监理工程师确认后方可进行，施工中做好相应记录。按照要求做好修补材料的拌制（具体配合比及材料参照管片修补章节），确保修补材料满足施工需要。

（7）养护等强。

管片错台修补完成后，按照管片破损修补等强并养护。

（8）表面修饰及复原。

修补材料达到强度后，及时安排人员用角磨机对外观进行打磨，使之达到棱角分明、外观平顺，减小与原有管片的外观差异。

4.10.5 管片渗漏处理

管片渗漏处理工艺流程如图 4-62 所示。

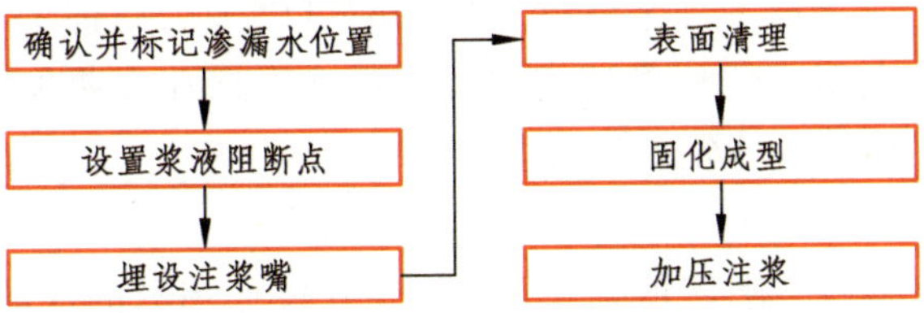

图 4-62 管片渗漏处理施工流程

（1）确认结构渗漏水情况，标记渗漏水部位。

（2）在周围无明水的环缝位置，钻孔至弹性密封垫处，设置浆液阻断点。

（3）在渗漏接缝处按照 500 ~ 1 000 mm 距埋设注浆嘴，并使用聚合物防水砂浆封闭接缝。

（4）加压灌注改性环氧树脂堵漏材料，多次注浆，直到完全堵住渗漏水。

（5）浆液固化后，清理注浆针头及多余材料，保持基面清洁干燥。

任务 4.11 盾构接收

【工作任务】

某城市地铁区间隧道采用盾构施工，区间隧道穿越的地层主要有粉质黏层、黏土层，地层中有第四系孔隙潜水。目前盾构接收工作井已经施工完成。试查阅盾构接收资料，初步拟定接收方案并进行讲解。

【相关知识】

盾构接收一般是指盾构沿设计线路，在区间隧道贯通前 100 m 至接收井并被推上盾构接收基座的整个施工过程。盾构接收前一般需要完成接收工作井施工、端头土体加固、接收基座安装等工作。

4.11.1 加固接收技术

加固接收主要内容包括：接收井外地层加固、洞门凿除、盾构接收基座安装、洞门密封安装、接收段盾构姿态复测、接收井洞门位置复测、盾构掘进参数及方向调整、盾构推出隧道、封洞门施工等。

1. 接收准备

（1）端头加固及探孔检测。

为避免围护结构外侧的土体和水在凿除洞门时发生涌水、涌砂、涌泥等安全事故，盾构接收时需要进行加固处理，以稳定围护结构外侧的土体。常用的加固方法有高压旋喷桩、深层搅拌桩、降水法、冻结法、注浆法等，应用时可以采用一种工法或多种工法相结合的加固手段，与盾构始发类似。盾构到达前要先通过水平探孔查明加固土体的稳定性和渗水情况，防止盾构到达端头时土体发生塌方。

（2）管片拉紧。

为防止盾构完全出洞后，千斤顶离开管片，管片反作用力的释放而拉开管片间的间隙，造成渗漏水现象，在管片环向螺栓上焊接 4 根拉杆（可用 10 号槽钢或是角钢制作），上部焊接两根，左右腰部各焊接一个，把最后 10 ~ 15 环管片连接在一起，拉杆位置及拉杆与螺栓连接实物如图 4-63、图 4-64 所示。

图 4-63　拉杆位置

图 4-64　拉杆与螺栓连接构造

为保险起见，每拼装一环管片；立即将前后几环管片进行拉紧，防止因盾构前方反力小而造成管片环缝张开。

管片脱出盾尾后，螺栓有可能松动也会造成渗漏水现象，所以要加强对螺栓复紧、补紧。

（3）洞门复测及盾构姿态调整。

洞门复测主要对洞门中心标高及平面位置进行复核，以便调整盾构出洞的推进轴线。由于盾构在加固区中很难进行纠偏，因此必须保证盾构以良好的姿态进入加固区。在盾构推进至接收工作井前 100 m 和 50 m 时，必须对盾构的位置进行准确的测量，明确成洞隧道中心轴线与隧道设计中心轴线的关系，同时根据已复测洞门位置，确定盾构的贯通姿态及掘进纠偏计划。在考虑盾构的贯通姿态时须注意两点：一是盾构贯通时的中心轴线与隧道设计轴线的偏差，二是接收洞门位置的偏差。综合这些因素在隧道设计中心轴线的基础上进行适当调整，纠偏要逐步完成，每环纠偏不大于 4 mm。

2. 盾构到达

盾构到达

（1）洞门凿除。

为防止洞门完全破除后土体失稳危及车站及隧道安全，洞门在盾构接触到围护结构，监理节点验收通过后破除。围护破除时，先破除一半结构，安装止水帘布，然后破除另一半结构。

洞门凿除前应寻找盾构中心点，凿除由外侧往内侧、自上往下凿除，并切割钢筋，同时注意以下方面：

① 破除前要仔细检查断面大小，并且要全部清除所有杂物，防止盾构出洞时被洞门圈残留的混凝土渣刮伤。

② 为防止洞门凿除后产生渗水、坍塌等情况，必须备齐足够的补强、堵漏等材料，必要时采用抽水泵进行抽水。

③ 在洞门凿除的过程中，必须加强变形监测工作。

（2）止水装置安装。

为防止盾构进洞时推出的渣土损坏帘布橡胶板，洞门防水装置在洞门第一次破除，渣土被完全清理干净后安装。盾构接收与盾构始发相似，其洞门密封装置均采用橡胶帘幕和折页压板组成，但接收时由于橡胶帘幕和折页压板是向外翻，盾构出洞时土压力不能实现自平衡，需在折页压板腰部位置套箍一圈钢丝绳，在盾构出洞过程中，随盾构盾体直径减小而拉紧，使橡胶帘幕和折页压板始终密贴盾体，防止水土流失，盾构出洞洞门密封剖面示意图如图 4-65 所示。

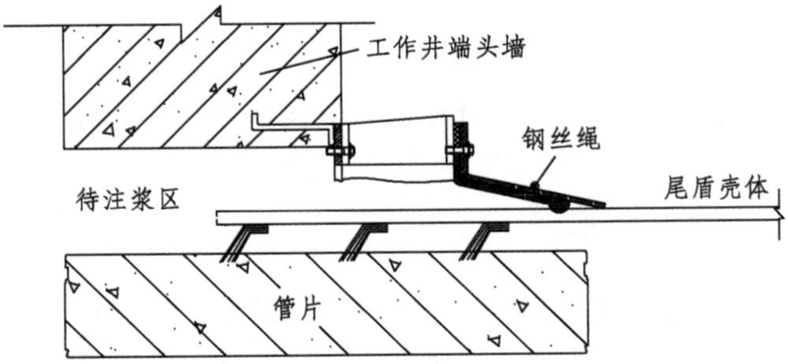

图 4-65　洞门密封剖面图

（3）安装盾构接收托架。

① 为了确保盾构顺利出洞，盾构出洞的姿态应平顺，在盾构破除洞门混凝土后即可实测盾构的中心高程，以确定托架应垫的高度。

② 根据接收井的底板高程、洞门环板实测中心高程调整接收托架高度，接收基座的中心轴线应与隧道设计轴线一致，使盾构按洞门实际中心出洞。

③ 当盾构出洞后拼装管片时，要在托架上焊上挡板，并将接收基座以盾构进洞方向+5‰

的坡度进行安装，确保装管片时有足够的支座反力。

④ 要特别注意对接收基座的加固，尤其是纵向的加固，保证盾构能顺利到达接收基座上。

（4）到达掘进。

① 严格控制盾构掌子面平衡压力。

在接收段盾构施工过程中必须严格控制切口平衡土压力，使盾构切口前的地层有微小隆起量来弥补盾构背土时的地层沉降量。同时严格控制与切口平衡压力有关的施工参数，如出土量、推进速度、总推力、实际土压力围绕设定土压力波动的差值等。防止超挖、欠挖，尽量减少平衡压力的波动，从而保证地面沉降量。在盾构进入加固区后，适当减小土压力和总推力，保证洞门安全。

② 严格控制盾构推进速度。

盾构接收段施工时，推进速度应放慢，尽量做到均衡施工，以减少对周围土体的扰动，避免在途中有较长时间耽搁。如盾构推进速度过快，则刀盘开口断面对地层的挤压作用相对明显。

③ 严格控制同步注浆量和浆液质量。

严格控制同步注浆量和浆液质量，务必做到：保证每环注浆总量；保证推进过程中均匀合理的压注；浆液配比要符合施工需要，稠度必须符合质量标准。通过同步注浆及时填充建筑空隙，减少施工过程中的土体变形。

④ 严格控制盾尾油脂的压注。

同步注浆量充足的前提下，盾构的盾尾密封功能就显得特别重要。为了顺利、安全地出洞，必须切实做好盾构油脂的压注工作。每班上班时检查并保证储桶内有充足的油脂。推进时油脂开关用自动挡根据压力情况自动补压（同时配备专人观察，需要时人工注压），杜绝因人为欠压造成的漏浆、漏水现场。

⑤ 壁后注浆。

当管片最后一环管片拼装完成后，通过管片的二次注浆孔，注入双液浆进行封堵。注浆的过程中要密切关注洞门的情况，一旦发现有漏浆的现象立即停止注浆并进行处理。

4.11.2 钢套筒接收技术

钢套筒接收是在盾构到达时在接收工作井内洞门外加一钢套筒（图 4-66），盾构保持土舱/泥水舱内压力正常推进到钢套筒内，在同步注浆和二次注浆浆液填充满管片与地层之间空隙并凝固后再拆除钢套筒，从而确保盾构接收时围护结构外侧地层安全。钢套筒接收常在富水沙层或者周边环境复杂的地区，只依靠洞门橡胶帘布板和洞门压板对洞门进行密封不足以确保接收安全时采用。

1. 钢套筒构造

钢套筒结构根据被接收盾构尺寸设计，是一个内径与钢洞圈内径一致、长度略大于盾构本体长度，具有耐压性能的密闭筒体（图 4-67）。钢套筒为一端开口的封闭的容器，开口端与洞门预埋环板相连。钢套筒体纵向一般分为连接环（过渡环）、标准环和后端盖3块，每块之间采用法兰高强螺栓加密封垫连接。筒体内部下侧安装 2 根工字钢轨，用来接收进入钢套筒的盾构（如图4-68）。

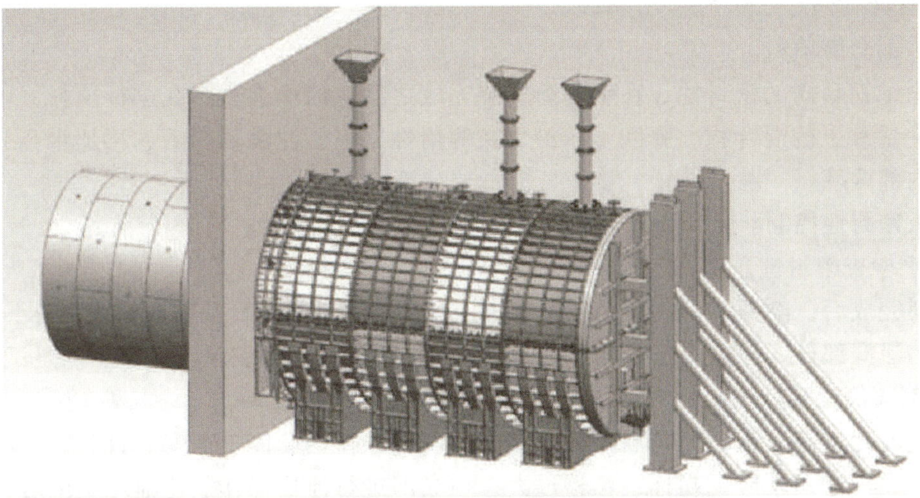

图 4-66　钢套筒

图 4-67　盾构接收钢套筒

图 4-68　钢套筒内钢轨

（1）连接环。

连接环一端圆环钢板、一端法兰面板，连接环分为上下两部分（连接环A、连接环B），其在洞门钢环与筒体之间起连接和密封防水作用。

（2）标准环。

标准环一般分为上下两个半圆，下半圆焊接托架。托架整体与车站底板、侧墙连接进行固定。筒体中部设置进料口，在每段钢套筒底部预留球阀注排浆管，等间距布置，一旦盾构有栽头趋势头，即可在下部注双液浆回顶。

（3）后端盖。

后端板为平面盖，加焊筋板。钢套筒反力支撑系统由反力架、千斤顶和后靠支撑组成。

（4）反力架。

反力架紧贴后盖平面板，冠球部分不与反力架接触。反力架用工字钢做斜撑，与固定钢板焊接。反力架上下均布工字钢与后端盖板顶紧，承力工字钢两端用楔形块垫实并焊接。反力架定好位置后，要用千斤顶顶平面盖和反力架，以消除洞门到后盖板的安装间隙后。

2. 钢套筒安装密封性控制

（1）钢套筒填料。

为测试钢套筒的密封性，在钢套筒安装完成之后从筒体上填料孔进行填料，填料可以是砂与少量黏土的混合物、膨润土、粉煤灰等惰性浆液。注满填料后，再加水至完全充满钢套筒内部区域。

（2）密封性控制。

① 水检查密封性。

填料完成后，若在 12 h 内压力保持在 90%上，则可满足钢套筒接收要求；若小于 90%，则需找出泄漏部分，检查并修复其密封质量，然后再次进行填料试压，直至满足试压要求。

② 钢套筒位移监测。

将应变片安装在钢套筒与洞环板连接的部位，并在钢套筒表面安装百分表。试水、加压过程中，一旦发现应变超标或位移过大，须立即进行泄压操作。待泄压结束后，分析应变超标或位移过大的原因并制定针对性解决措施。

3. 盾构到达推进

（1）盾构刀盘抵达围护结构之前阶段技术要点。

在盾构掘进至围护结构位置前，须注意盾构掘进参数的选择，土舱压力和推力在到达前须逐环进行调整，缩短同步注浆初凝时间，保证管片拼装质量，并增加管片拉紧措施。

① 严格控制推力和速度，避免刀盘贯入度过大而造成刀盘卡死现象。其中，推进速度宜控制在 10 ~ 20 mm/min。

② 严格控制盾构姿态，特别是盾构切口姿态，控制范围为水平±15 mm，垂直控制在 +10 ~ +20 mm，保证盾构切削地连墙之前姿态良好。

③ 土舱压力严格按照设计控制，盾构接收期间土舱压力控制在 0.18 ~ 0.19 MPa。

④ 缩短同步注浆初凝时间在 5 ~ 6 h。

⑤ 严格控制每环掘进的出土量，防止超挖，避免造成盾构接收施工时的地表沉降现象。

（2）盾构切削围护结构阶段技术要点。

盾构切削玻璃纤维筋围护结构施工时，提前降低盾构推力、推进速度和刀盘转速，保证盾构以低推力、低速度、低贯入度的原则切削围护结构。

为了顺利进入钢套筒并防止贯通时盾构出现栽头现象，应在掘进前根据刀盘中心测量结果，参考接收洞门中心实测值与设计中心比较结果调整盾构姿态。

（3）进入钢套筒阶段技术要点。

① 盾构在钢套筒内掘进过程中，以管片拼装模式掘进。要确保与外界联系，密切观察钢套筒顶部的情况，一旦发现变形量超量或有渗漏时，必须立即停止掘进，及时采取补救措施。

② 进套筒时姿态控制：必须以实际测量的钢套筒安装中心线为准控制盾构姿态，要求

中心线偏差控制在±1 cm 之内。盾构在进入钢套筒内之后，要注意姿态控制。从管片上的拼装孔注双液浆往管片外侧，避免盾尾后的水流入前方。

③ 根据钢套筒上安装的压力表的读数，及时调整推进压力，避免推进压力过大，检查钢套筒密封处有无出现渗漏，压力过大时，打开钢套筒后端盖上的排浆口，进行卸压。

④ 注意对钢套筒及反力架上的百分表读数，如发现读数过大，要及时对钢套筒及反力架进行加固，保证接收安全。

⑤ 管片上预留的注浆孔向管片外侧注水玻璃和水泥浆双液浆，及时施作环箍，有效封堵开挖土体与管片外壳之间渗漏通道，防止盾尾后的水进入盾尾前方。

⑥ 盾构筒体推到最终位置并完成洞门密封后，在刀盘不转情况下，排出空舱内回填物。

4. 洞门封堵

盾构在接收前 10 环采用预埋注浆孔管片，通过管片吊装孔进行双液浆封堵，封堵顺序每环自上至下依次进行调整。

洞门封堵注浆以成型管片后 6 环进行盯控重点，注浆采用倒退式进行，注浆过程中密切关注管片表面变化及观察孔是否浆液流出。将倒数第 2 环 11 点钟和 2 点钟吊装孔位置作为观察孔，从当前环开始采用双液浆进行全圆封堵。

洞门封堵完成后，首先对隧道内管片进行开孔检查，确认二次注浆壁后填充密实后，再打开钢套筒过渡环上预留的检测孔球阀，观察出水量，若水量较大，则继续通过管片注浆孔注浆，直至打开球阀无水流出。

如地层中无渗漏水流出，则打开顶部泄气阀降低钢套筒内压力，同时观察压力表和盾构土舱压力变化情况，如压力稳定下降无突变且降低至 0 后无明显变化，说明洞门效果良好，土体较为稳定。可以进行拆盖准备作业。

任务 4.12 盾构地中对接

【工作任务】

某城市地铁某一区间隧道长 10 km，采用 2 台盾构相对施工，计划在区间隧道中间位置对接。请查阅相关资料，总结不同的对接方法，对比不同对接技术优劣，初步拟定对接方案并进行讲解。

【相关知识】

盾构地中对接即 2 台盾构分别从两边相向掘进至接合地点正面对接。之所以来地中对接施工方式主要有 3 种因素：一是单条隧道长度大，采用 2 台盾构从两端同时相对掘进，以缩短工期；二是因道路交通状况和周围环境等问题而难以设置到达（转向）竖井或因河底施工而不能设置竖井；三是因为埋设深度大，设置竖井不经济。

1998 年建成通车的日本东京湾横断公路隧道是当时世界上最长的海底公路隧道，长 9.5 km，由 2 条隧道组成，最大埋深 50 m，采用 8 台泥水平行盾构施工，每 2 台相对掘进的盾构在海底实现了对接，体现了高新技术在隧道工程中的应用。2007 年开建的广深港铁路客运专线狮子洋隧道工程全长 10.8 km，其中盾构段长 9 277 m，采用 4 台直径 11.18 m 的泥水平行式盾构施工。隧道施工方案在国内首次采取了“相对施工、地中对接、洞内解体”的方式掘进，即“2 个工作井，4 台盾构地中对接”，标志着我国修建水下隧道取得新进展。

从国内外成功实例看，地中对接有辅助施工法和机械对接法两种方法。盾构进行正面地中对接时，必须尽量选择环境和地质条件好的接合地点。接合处一般采用化学加固法、高压喷射搅拌法、冻结施工法等进行加固。但是，为了减少辅助施工法的使用、缩短工期，也可以采用直接用机械对接的方法。无论采用哪种施工法，都要考虑现场的施工环境、围岩条件、工程成本及工期等来确定。

4.12.1　辅助施工法对接技术

辅助施工法对接是一种常用方法，即在对接区域进行地层稳定处理，在达到止水及防止泥砂流入要求后，即可拆卸盾构外壳内的结构和部件，并在盾壳内进行衬砌作业。

1. 地层稳定处理的方法

地层稳定处理分两种：一种是在盾构到达前从地面进行；另一种是在海底或河底不能从上部施工时，就从盾构隧道内进行洞内超前加固。从地面加固对接处地层与盾构始发地层加固类似，可采用化学注浆法、高压旋喷注浆法及冻结法。盾构隧道内进行洞内超前加固，可以采用超前冻结加固或者超前注浆加固。

（1）超前冻结加固。

超前冻结加固能切实改良地层，适用于海底地下对接、埋设深度大和大断面的地下对接。从盾构内进行施工的冻结法是：① 两侧的盾构到达后，从 2 台盾构内设置冷冻管，造成冻土。此方法更为常用。② 让某一侧的盾构先到达，设置冷冻管开始冷冻，另一侧盾构后到达，仅用附着冷冻管造成冻土。由两侧盾构内进行的冻结的方法用于 2 台盾构几乎同时到达的场合。一方面，由于土方少，改良范围基本上左右对称，有利于冻胀和解冻沉降，但存在工期长的缺点。另一方面，从一侧的盾构内冻结的方法是从先行的盾构内进行冻结，可以缩短工期，但改良范围增大，且改良范围的形状不规则，易产生冻胀和解冻沉降等不利影响。采用哪一种方法均要考虑地层条件、造价及工期等条件。

（2）超前注浆加固。

盾构地中对接注浆是通过盾构预留的超前钻孔，向盾构前方和四周埋设注浆管进行注浆。为达到加固效果，一般采用从 2 台盾构放射布置注浆管，相向搭接、多次注入（一般采用 3 次注入即可），逐渐形成加固体的方式。预期的加固体范围需根据工程地质条件和盾构尺寸进行预先设计，按照加固设计的要求在盾体上预设超前钻孔。

2011 年，狮子洋隧道水下在水下 60 m 深处的对接区域对接成功。当盾构距离对接里程约 20 m、14 m 和 8 m 时，停机分别进行 3 次注浆完成后 2 台盾构推进靠拢，达到加固效果后，然后进行盾构拆卸。

2. 盾构解体与隧道结构对接

当完成在对接段将盾构解体、拆除、运出后，即可将盾壳内的杂物清理干净后，再进行对接段隧道结构的施工和连接。

为了便于在地中实现对接后在隧道内拆卸盾构，护盾的设计一般采用双层独立的内外盾壳。除尾壳外，前盾和中盾均为双盾壳设计。除尾壳外，前盾和中盾均为双盾壳设计。拆卸时，尾盾壳直接留在地层中，仅拆除中体和前体的内盾壳。前盾与中盾的外层盾壳留在地层中作为盾构洞内拆机的支护。在外壳的保护下，所有内部钢结构和部件都可拆卸。在后续工程中，仅需再制作前盾与中盾的外护盾和盾尾，即可利用所有拆卸下来的钢结构和部件重新组装成一台完整的盾构。

4.12.2 机械对接技术

机械式地下对接施工法，需要高精度地对接，不仅盾构的纵向、横向位置，而且盾构正面的倾斜度也必须对准。为此，除要准确进行隧道内的基线测量和水准测量外，还要拥有在 2 台盾构靠近时正确掌握其相互位置关系的技术。

机械式对接法是通过对盾构进行特殊设计而使盾构直接进行对接的方法，包括贯入环式 MSD（Mechanical shield docking）和刀盘后退式 CID（Concentric interlace docking）2 种工法。机械式对接法中相向掘进的 2 台盾构一台为贯入盾构、另一台为接收盾构。

1. 贯入环式 MSD 法

贯入环式 MSD 法是在 2 台盾构相向掘进至较小距离时停止推进，分别收回刀盘中央突出部位（若有的话），然后继续靠近至最小间距，接着贯入盾构通过千斤顶将收缩于盾壳内的贯入环推出，插入接收盾构并与承压橡胶密封止水带挤压紧密，最后通过预留的密封浆液注入管向对接接头外侧注浆进行密封（图 4-69）。至此，盾构完成对接，即可进行盾构解体，当只剩下盾壳、贯入环及橡胶密封止水带后，即可在壳体内施作对接段衬砌。

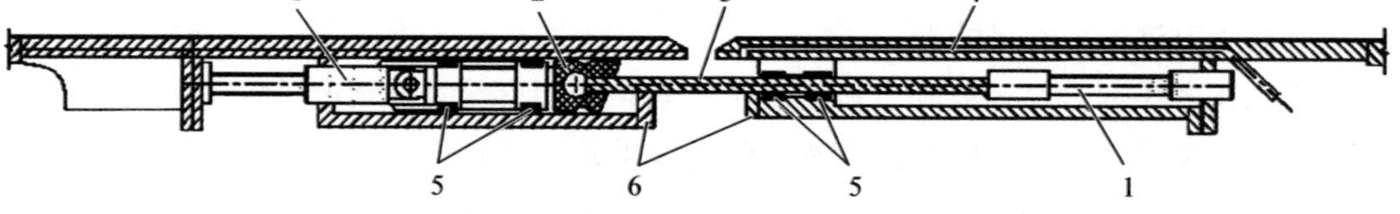

1—油缸；2—承压橡胶带；3—贯入钢环；4—密封浆液注入管；5—密封；6—封堵钢板。

图 4-69 贯入环式 MSD 工法盾构对接部位对接后详图

2. 刀盘后退式 CID 工法

刀盘后退式 CID 工法接收盾构的刀盘为可收缩式，接收盾构和贯入盾构刀盘还设有可伸缩辐条。当盾构对接时，接收盾构先将刀盘收回盾壳内，贯入盾构收回刀盘外周可收缩辐条后直接将刀盘推入接收盾构盾壳内，完成对接。然后将高压水注入高压密封水囊，使其水囊膨胀，将对接部位进行密封。

机械对接法需要对盾构进行针对性特殊设计，对设备的要求较高，同时这种直接机械密封的方式对对接精度要求也比较高。

任务 4.13 盾构施工监测

【项目描述】

广州市某双线盾构隧道全长为 4 km，区间线路线间距为 14 m，汉溪—市桥区间线路线间距为 9 ~ 11 m。在平面上包含 2 个曲线，曲线半径分别为 2 km 和 1.8 km，线路纵坡为 V 形坡，最大坡度为 19‰，隧道最大覆土厚度为 35 m，最小为 7 m，小于 3 倍洞径的浅埋区段左右线累计长约 4.1 km；大于 3 倍洞径的深埋区段长约 3.9 km。盾构隧道沿城市主干道延伸，下穿多条道路，沿线分布有城市公园、楼房、桥梁和人工湖。地表无较大型河流经过，有少量 2 ~ 6 m 宽的排洪沟，最大的地表水体位于某水上娱乐世界的面积约 70 000 m^2 的水体群，水深 0.9 ~ 2.7 m。在地层中采用盾构法掘进隧道，会引起地层移动而导致不同程度的沉降和位移，而盾构隧道在穿越城市道路、桥梁及重要建筑物时又必须控制地层位移。为确保盾构施工时下穿的主干道、楼房和桥梁的安全，避免管片支护变形过大，请拟定监控量测方案。

【相关知识】

盾构法隧道施工过程中不可避免会对地层造成扰动，有可能引起地表、管线、周边建构筑物等变形或沉降，危及人身财产安全。因此，在盾构施工过程中，必须制订详细的施工监测方案并严格实施，及时分析监测成果、反馈信息、指导施工，以确保建筑物及作业人员的安全。

4.13.1 监测的目的

盾构施工监测的主要目的是：

（1）认识各种因素对地表和土体变形的影响，以便有针对性地改进施工工艺和施工参数，做到信息化设计，减少地表和土体变形，保证工程安全。

（2）预测施工引起地表和土体变形，根据地表变形发展趋势和周围构筑物、地下管线的沉降情况，决定是否采用保护措施，并为确定经济、合理的保护措施提供依据。

（3）检查施工引起的地表沉降和构筑物是否超过允许范围，并在发生环境事故时提供仲裁依据。

（4）为研究地层、地下水、施工参数和地表和土体变形的关系积累数据，为研究地表沉降与土体变形的分析预测方法等积累资料，并为改进设计提供依据。

盾构施工过程中不可预见性因素较多，若施工过程中周围环境有变，或地质出现异常，就有可能使围护体系或基坑处于危险状态。此时，若施工监测的工作没有及时跟进，或没有受到足够的重视，使得设计与施工出现偏差，一旦出现问题，不能及时预警，就会酿成事故。因此，加强盾构掘进施工过程的监测，掌握围岩及附近环境的实际状态，对确保结构安全和施工的顺利进行是至关重要的。

4.13.2 监测管理体系

针对盾构施工的特点，项目部应建立专业监测小组，由具有丰富施工经验、监测经验及有结构受力计算及分析能力的技术人员担任组长，监测施工组织与流程。

为保证监测数据的真实可靠及连续性，监测的各项措施须满足以下要求：

（1）根据现场的实际情况及工程的施工进度安排，编制详细的监测实施作业计划及相应的保证措施，将监控量测纳为施工生产计划的一项重要内容。

（2）成立专门监测小组，确保监测人员、监测仪器、工具满足监测工作需要，并相对固定，确保监测成果及时、准确。

（3）施工监测要紧密结合施工进度，监测出每一个施工工序对变形的影响。在变形观测过程中变形体发生显著变化时，应及时调整变形监测频率，实时进行变形监测，并将结果及时反馈，以修改设计参数，调整施工工艺并采取措施。

（4）监测人员应及时计算分析监测数据，预测变形发展趋势，信息及时反馈，以便指导现场施工。

4.13.3 监测范围及项目

1. 监测的范围

根据现行国家标准《城市轨道交通工程监测技术规范》（GB 50911）中关于工程影响分区及监测范围划分如表 4-14 所示。

表 4-14 工程建设对其周边环境影响区域和程度划分

影响程度	基坑周边影响范围	隧道周边影响范围
主要影响区（Ⅰ）	基坑周边 $0.7H$ 或 $H\cdot\tan(45°-\psi/2)$ 范围内	隧道正上方及沉降曲线反弯点范围内
次要影响区（Ⅱ）	基坑周边 $0.7H\sim(2.0\sim3.0)H$ 或 $H\cdot\tan(45°-\psi/2)\sim(2.0\sim3.0)H$ 范围内	隧道沉降曲线反弯点至沉降曲线边缘 $2.5i$ 处
可能影响区（Ⅲ）	基坑周边 $(2.0\sim3.0)H$ 范围外	隧道沉降曲线边缘 $2.5i$ 外

注：① H—基坑设计深度（m），ψ—岩土体内摩擦角（°）；

② 基坑开挖范围内存在基岩时，H 可为覆盖土层和基岩强风化层厚度之和；

③ 工程影响分区的划分界线取表中 $0.7H$ 或 $H\cdot\tan(45°-\psi/2)$ 的较大值。

盾构隧道始发端和接收端一般在车站基坑内，宜按基坑周边影响范围标准来确定施工监测的范围，如图 4-70 所示。

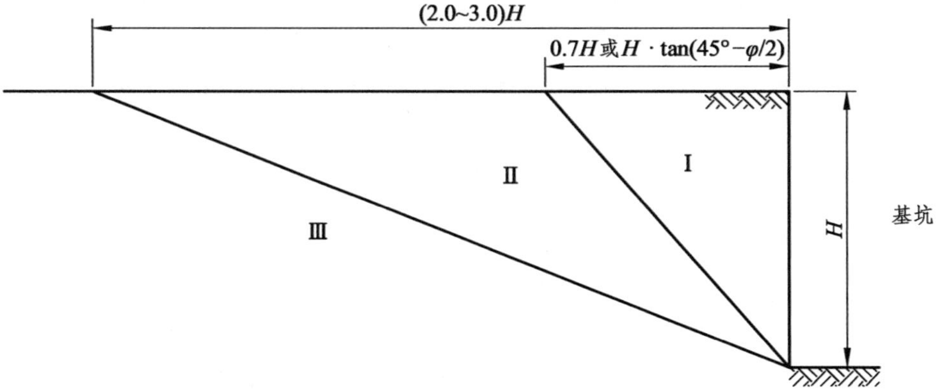

图 4-70　基坑周边影响范围划分示意

盾构隧道除去始发端和接收端所在的基坑周边影响范围外的隧道部分，宜按隧道周边影响范围标准来确定施工监测的范围，如图 4-71 所示。

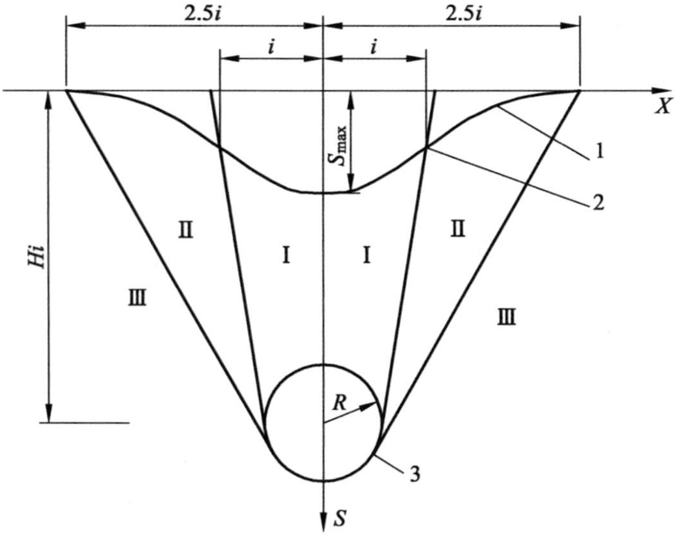

1—沉降曲线；2—反弯点；3—隧道；*i*—隧道地表沉降曲线 Peck 计算公式的中沉降槽宽度系数；H_i—隧道中心埋深；S_{max}—隧道中线上方的地表沉降量。

图 4-71　基坑周边影响范围划分示意

2. 监测项目、测点布置要求及监测频率

盾构隧道施工监测项目、测点布置要求及监测频率如表 4-15 所示。

表 4-15　盾构隧道施工监测项目及监测频率一览

序号	监测项目	方法及工具	测点布置要求	监测频率
1	现场巡视	岩性,预注浆效果及围岩自稳性，地下水，支护变形、开裂，地表建筑物变形、开裂、下沉等情况观察及描述		1～2 次/d
2	地表沉降	水准仪	① 监测点沿隧道轴线上方地表布设，测点间距宜：监测等级为一级时，5～10 m；监测等级为二、三级时，10～30 m；始发和接收段适当增加测点。 ② 横向监测断面垂直于隧道轴线。监测断面间距宜：监测等级为一级时，50～100 m；监测等级为二、三级时，100～150 m。 ③ 在始发和接收段、联络通道等部位及地质不良和地表过大变形部位，应有横向监测断面。 ④ 横向监测断面测点宜为 7～11 个，测点间距：主要影响区宜为 3～5 m，次要影响区宜为 5～10 m	掘进面前后<20 m 时，测 1～2 次/d 掘进面前后<50 m 时，测 1 次/2 d 掘进面前后>50 m 时，测 1 次/周
3	管线沉降监测	水准仪	施工影响区域	掘进面前后<20 m 时，测 1～2 次/d 掘进面前后<50 m 时，测 1 次/2 d 掘进面前后>50 m 时，测 1 次/周
4	建（构）筑物沉降、倾斜观测	水准仪、全站仪	施工影响区域	掘进面前后<20 m 时，测 1～2 次/d 掘进面前后<50 m 时，测 1 次/2 d 掘进面前后>50 m 时，测 1 次/周
5	管片结构拱顶沉降	全站仪、水准仪、钢尺等	5 m 设一断面	掘进面前后<20 m 时，测 1～2 次/d 掘进面前后<50 m 时，测 1 次/2 d 掘进面前后>50 m 时，测 1 次/周

续表

序号	监测项目	方法及工具	测点布置要求	监测频率
6	管片结构净空收敛	数显收敛计	每 50 m 设一断面，过既有建（构）筑物时加密每 10 m 一断面	掘进面前后<20 m时，测 1～2 次/d
				掘进面前后<50 m时，测 1 次/2 d
				掘进面前后>50 m时，测 1 次/周
7	土体分层竖向位移	分层沉降仪	在盾构始发、达到段及穿越房屋前后有埋设条件的位置埋设土体分层竖向位移监测点	掘进面前后<20 m时，测 1～2 次/d
				掘进面前后<50 m时，测 1 次/2 d
				掘进面前后>50 m时，测 1 次/周

4.13.4 基准点埋设及监测基准网测量

1. 基准点、工作基点的埋设

基准点是变形观测起始数据的基本控制点。监测基准点分为永久基点和工作基点，永久基点布设在距离基坑或隧道线路 30 m 外通视良好的位置，盾构区间一般布设永久基准点 3 个。工作基点布设在盾构区间线路附近，相对稳定和便于观测的位置，且应定期将工作基点与基准点进行联测。在通视条件良好、距离较近、观测项目较少的情况下可直接将基准点作为工作基点。

基准点和工作基点的选点应符合以下两点原则：

（1）基准点和工作基点应避开交通干道主路、地下管线、仓库堆栈、水源地、河岸、松软填土、滑坡地段、机器振动区以及其他可能使标石、标志易遭腐蚀和破坏的地方。

（2）基准点应选设在变形影响范围以外且稳定、易于长期保存的地方。

一般情况下，基准点可利用设计单位提供的测量控制点（与同步复测成果）。若无法利用设计单位提供的测量控制点可选择较稳定位置自行制作，不同岩层的水准基准点埋设如图 4-72 和图 4-73 所示，不同岩层的平面基准点的埋设如图 4-74 和图 4-75 所示。

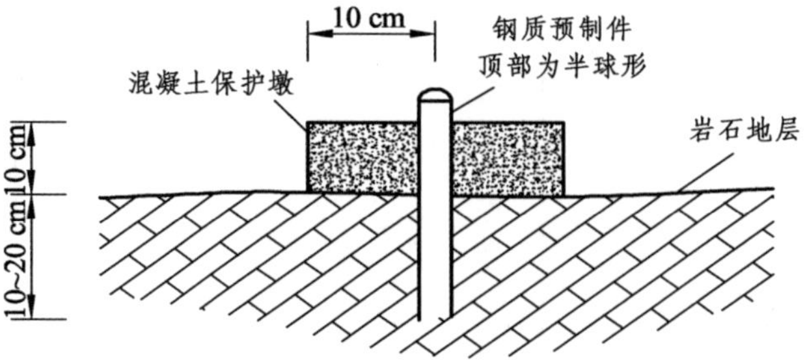

图 4-72　水准点埋设图（岩石地层）示意

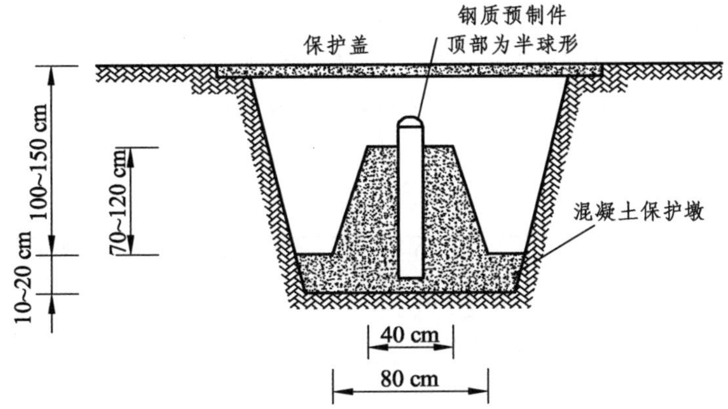

图 4-73　土层中水准点埋设示意

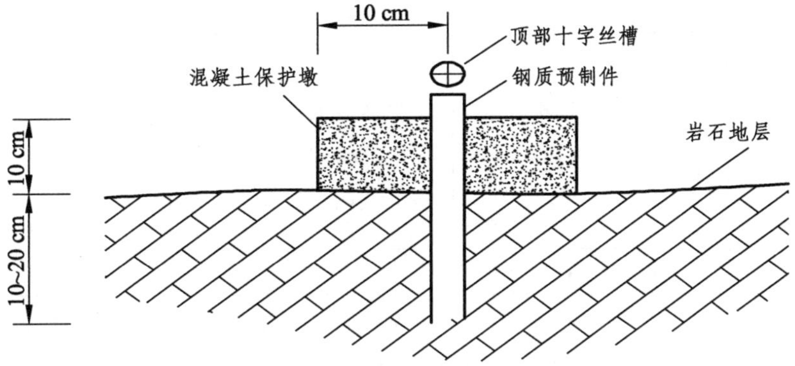

图 4-74　岩石地层平面控制点埋设示意

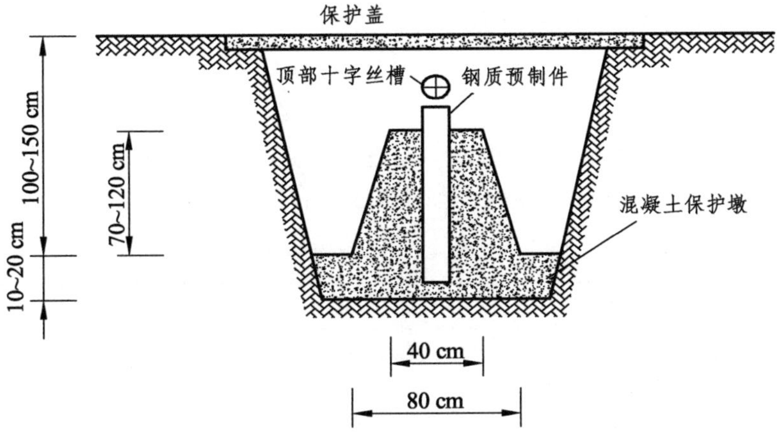

图 4-75　土层中平面控制点埋设示意

基准点的标石、标志埋设后，达到稳定后方可开始观测，稳定期不少于 15 d。

2. 基准控制网的测量

基准点、工作基点埋设好后，应按照现行国家标准《城市轨道交通工程测量规范》(GB/T

50308）及《城市轨道交通工程监测技术规范》（GB 50911）的相关要求实施测量。监测工作开始时应每月全面复测一次基准控制网，待基准控制网稳定后每 3 个月全面复测一次。

根据监测规范的相关要求，水准监测基准网一般采用附合、闭合水准测量方法，其测量技术要求见表 4-16 和表 4-17。

表 4-16 垂直位移监测控制网主要技术要求

等级	相邻基准点高差中误差/mm	测站高差中误差/mm	往返较差、附合或环线闭合差/mm	检测已测高差之较差/mm
Ⅰ	±0.3	±0.07	$\pm0.15\sqrt{n}$	$0.2\sqrt{n}$
Ⅱ	±0.5	±0.15	$\pm0.30\sqrt{n}$	$0.4\sqrt{n}$
Ⅲ	±1.0	±0.30	$\pm0.60\sqrt{n}$	$0.8\sqrt{n}$

表 4-17 水准观测主要技术要求

等级	仪器型号	水准尺	视线长度/m	前后视距差/m	前后视距累计差/m	视线离地面最低高度/m	基、辅分划读数较差/mm	基、辅分划读数所测高差较差/mm
Ⅰ	DS05	因瓦	≤15	≤0.3	≤1.0	0.5	≤0.3	≤0.4
Ⅱ	DS05	因瓦	≤30	≤0.5	≤1.5	0.3	≤0.3	≤0.4
Ⅲ	DS1	因瓦	≤50	≤1.0	≤3.0	0.3	≤0.5	≤0.7

注：使用电子水准仪观测时，同一测站两次测量高差较差应满足基、辅分划所测高差较差的要求。

平面监测基准网可采用导线网、边角网、基准线和卫星定位等方法。

4.13.5 监测布点及监测方法

1. 现场巡视

盾构区间每天必须对线路上方地表、掘进后隧道内成型管片和周边影响范围内的建（构）筑物进行巡视。现场主要巡视内容如表 4-18 所示。

表 4-18 盾构法隧道现场巡查报

分类	巡查内容	巡查结果
施工工况	盾构始发端、接收端土体加固情况	
	盾构掘进位置（环号）	
	盾构停机、开舱等的时间和位置	
	联络通道开洞口情况	
	其他	
管片变形	管片破损、开裂、错台情况	
	管片渗漏水情况	
	其他	

续表

分类	巡查内容	巡查结果
周边环境	建（构）筑物、桥梁墩台或梁体、既有轨道交通结构等的裂缝位置、数量和宽度，混凝土剥落位置、大小和数量，设施能否正常使用	
	地下构筑物积水及渗水情况，地下管线的漏水、漏气情况	
	周边地面或地表的裂缝、沉陷、隆起冒浆的位置、范围等情况	
	河流湖泊的水位变化情况，水面有无出现漩涡、气泡及其位置、范围，堤坡裂缝宽度、深度、数量及发展趋势等	
	工程周边开挖、堆载、打桩等可能影响工程安全的其他生产活动	
	其他	
监测设施	基准点、监测点的完好状况、保护情况	
	监测元器件的完好状况、保护情况	
	其他	

2. 地表沉降监测

（1）监测目的。

地表沉降监测目的是监控盾构施工周围土体的竖向位移，了解土体稳定性，同时也可对地下管线及地表建（构）筑物的安全状况间接判断。

（2）测点布设原则及方法。

① 区间中线点均按每 15 m 一点设置，不与监测主断面冲突；盾构井（始发或接收）100 m 范围内重点监控，按 10 m 设置并逐步过渡至 20 m，其中始发或接收 50 m 范围内每 10 m 一大断面，50 ~ 100 m 范围内每 20 m 一大断面，常规区段按 30 m 布置一监测主断面；单线隧道中心线及两隧道边线正上方地面各设一个沉降监测点，左右线之间中间部位设置一个测点，左右线外边缘 5 m、10 m 处各设一个测点。此外，每个监测断面双线布设不少于 11 个沉降监测点，盾构隧道监测地表测点横断面布置如图 4-76 所示。

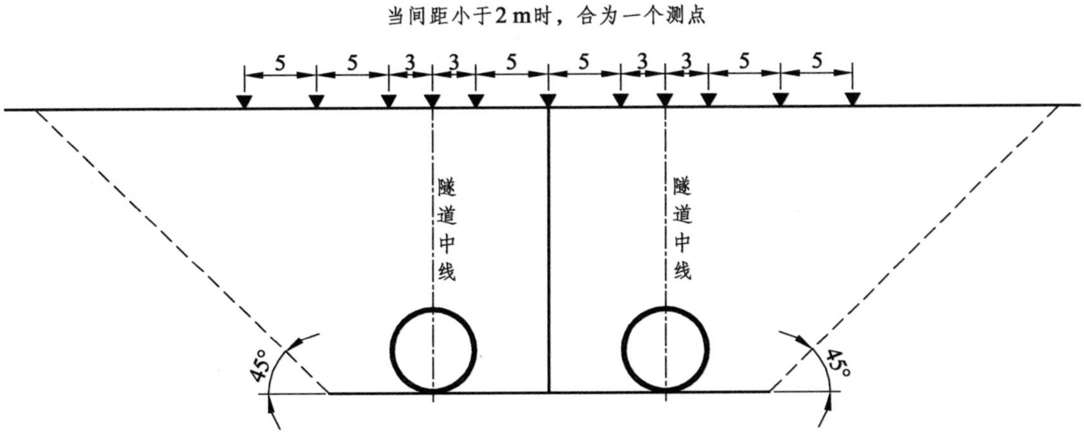

图 4-76　盾构隧道监测地表测点横断面布置（单位：m）

② 在始发和接收段、联络通道等部位及地质不良和地表过大变形部位，应布置横向监测断面。

③ 关键地带，如穿越建（构）筑物、下穿河流或重要管线等，适当加密测点和测项，确保监测数据的连续性，真实地反映该段实际沉降、变形情况，以保证施工安全和质量。

（3）观测方法及技术要求。

观测采用精密水准仪以保证监测精度，观测前对所用仪器按规定进行校验，以闭合或附合水准路线进行观测，视线长度不大于 50 m，前后视距离较差≤2 m，累积差≤3 m，成果数据保留 0.1 mm，附合差≤±0.3 mm，每站高差中误差≤±0.15 mm，相邻基准点高差中误差≤±0.3 mm。对监测点的观测，每站中误差≤±0.3 mm。一个测站不宜超过 3 个，超过时应重读后视点读数，以作核对。

3. 管线沉降监测

（1）监测目的。

盾构施工时监测地下管线沉降情况，据以判定地下管线的安全性，以及采用的工程保护措施的可靠性。

（2）测点布设原则及方法。

① 应根据管线年份、类型、材料、尺寸及现状等情况，确定监测点设置。

② 监测点宜布置在管线的节点、转角点和变形曲率较大的部位，监测点平面间距：主要影响区为 5 ~ 15 m，次要影响区为 15 ~ 30 m。

③ 上水、燃气、供暖等压力管线宜设置直接监测点。直接监测点应设置在管线上，测杆底端宜采用混凝土与管线结构或周边土体固定，测杆外应加保护管，保护管外侧应回填密实。

④ 在无法埋设直接监测点的部位，宜埋设地下管线管侧土体监测点，将测杆埋设在管线外侧土体中，测杆底部宜与管线底标高一致，并采用混凝土与管线周边土体固定，测杆外应加保护管，保护管外侧应回填密实。管线沉降监测点布置示意如图 4-77 所示。

（3）观测方法及技术要求。

管线沉降观测方法、使用仪器、数据处理等与地表沉降观测相同。

4. 建（构）筑物沉降监测

（1）监测目的。

盾构施工过程中可能会引起地面的下沉，从而导致地面建筑物的沉降，这种沉降一般都是不均匀的，因此将造成地面建筑物的沉降和倾斜，甚至开裂破坏，应给以严格控制。

（2）测点布设原则及方法。

观测点埋设要按照一定的密度、均匀分布在待观测建筑物外围，能反映建筑物整体沉降情形的位置，且便于观测，建筑物沉降监测点布置示意如图 4-78 所示。

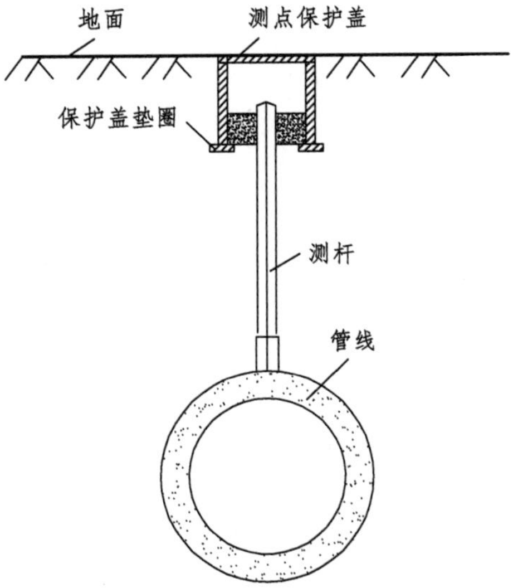

（a）地下管线位移杆式直接监测点

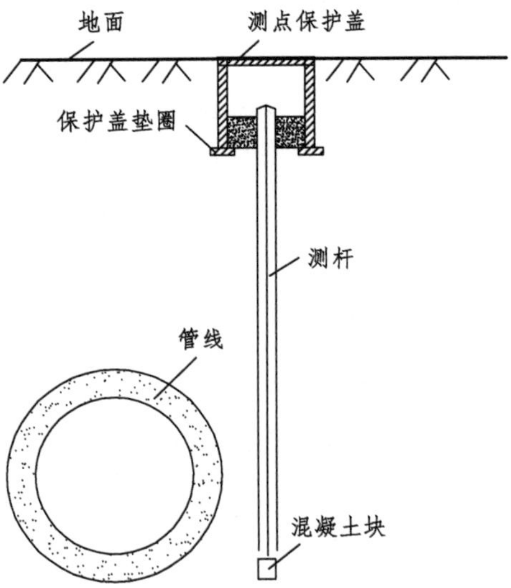

（b）地下管线管侧土体监测点

图 4-77　管线沉降监测点布置示意

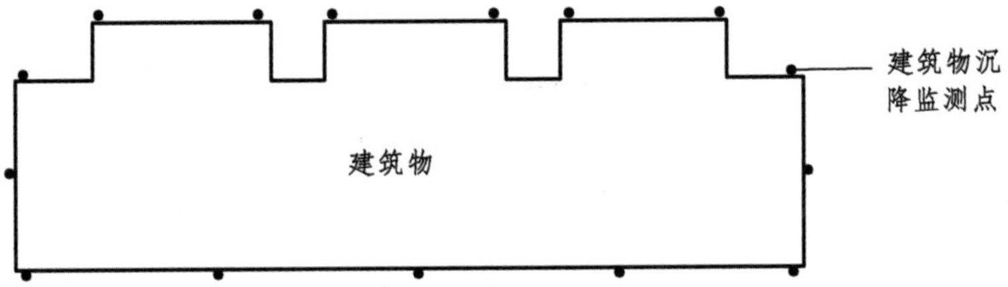

图 4-78　建筑物沉降监测点布置示意

观测点的制作方法如下：

① 对于混凝土结构墙体上的观测点，采用在结构上钻孔后埋设 L 形点位标志的方法；测点采用ϕ20 不锈钢，先用电钻在墙柱上成孔，在孔中装入ϕ20 不锈钢测点，然后在孔内灌注混凝土或锚固剂进行固定（测点固定部位做成螺纹），埋设方式如图 4-79（a）所示。

② 对于钢结构上需布设观测点的，采用焊接式观测标志，如图 4-79（b）所示。

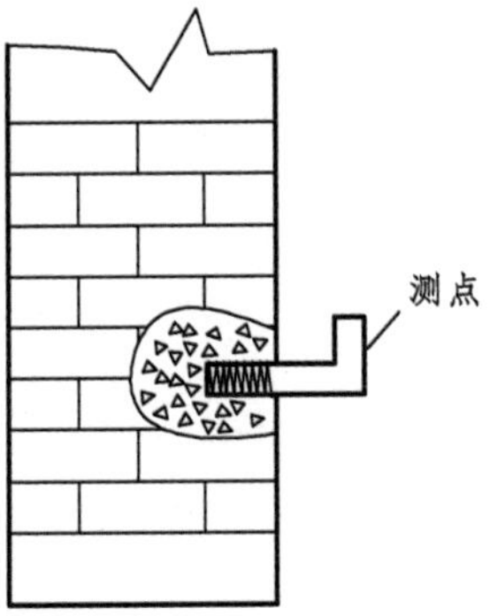

（a）L 形点位标志埋设示意图

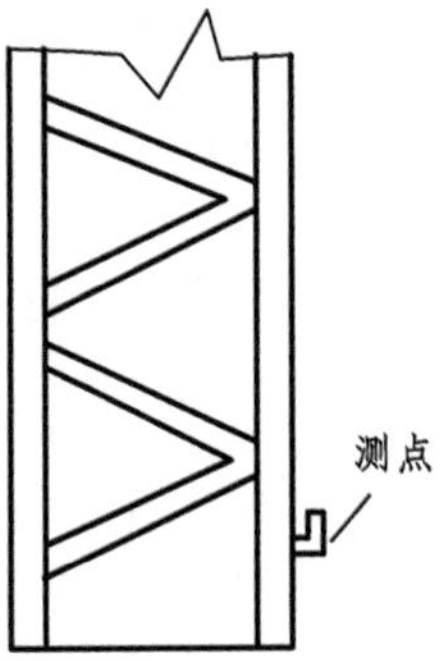

（b）焊接式观测标志埋设示意图

图 4-79　建（构）筑物沉降监测点埋设示意图

③ 对于产权单位不允许进行钻孔埋设测点的建筑物，采用环氧树脂或强力胶固定的粘贴式观测标志。

④ 点位附近均作上明显标记，以便长期保存。

⑤ 建筑物观测点在埋设时应注意避开障碍物并保证有足够的准确立尺的空间。

（3）观测方法及技术要求。

管线沉降观测方法、使用仪器、数据处理等与地表沉降观测相同。

5. 建（构）筑物倾斜监测

（1）监测目的。

当建筑物不均匀沉降变形较大时，需要进行建筑物倾斜观测。

（2）测点布设原则及方法。

对于整体刚性比较好的建（构）筑物，可以通过测得的基础的相对沉降值计算出倾斜值，观测点利用建筑物沉降测点。

（3）观测方法及技术要求。

采用差异沉降法观测建筑物倾斜时，观测方法与建筑物沉降观测方法相同，计算方法如图 4-80 所示。

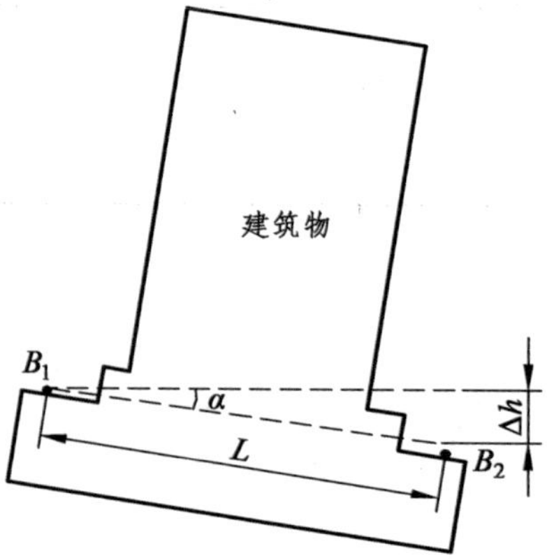

图 4-80　建筑物差异沉降计算倾斜度示意

建筑物的基础倾斜观测一般采用精密水准测量的方法，定期测出建筑物基础两端点 B_1、B_2 间的沉降量差值 Δh，再根据两点间的距离 L，即可通过（$\Delta h/L$）×100%计算出基础的倾斜度。

6. 管片结构拱顶沉降监测

（1）监测目的。

隧道掘进过程中，受注浆、隧道线形及地质条件等因素的影响，隧道砌衬管片会产生不同程度的竖向位移，因此必须对隧道竖向位移等情况进行严格的监测和控制。

（2）测点布设原则及方法。

① 地下水准监测网布设。

管片结构竖向位移观测可以利用 2 个以上车站底板高程控制点为基准点，适当布置工作基点，构成附合或闭合水准网，工作基点的布置应该远离盾构掘进位置，定期复测，保证工作基点的稳定性。

② 拱顶沉降测点的布设。

目前管片拱顶沉降监测大多数采用精密水准仪和因瓦尺等。拱顶下沉监控量测测点的埋设，一般在隧道拱顶轴线处设 1 个带钩的测桩，吊挂因瓦尺，用精密水准仪量测隧道拱顶绝对下沉量。可用ϕ6 mm 钢筋弯成三角形钩，用植筋胶固定在管片表层。测点的大小要适中。测点过小，测量时不易找到；测点过大，则易被破坏。在施工过程中要注意保护测点，一旦发现测点被破坏，要尽快重新设置，以保证数据不中断。监测点布设位置如图 4-81 所示。

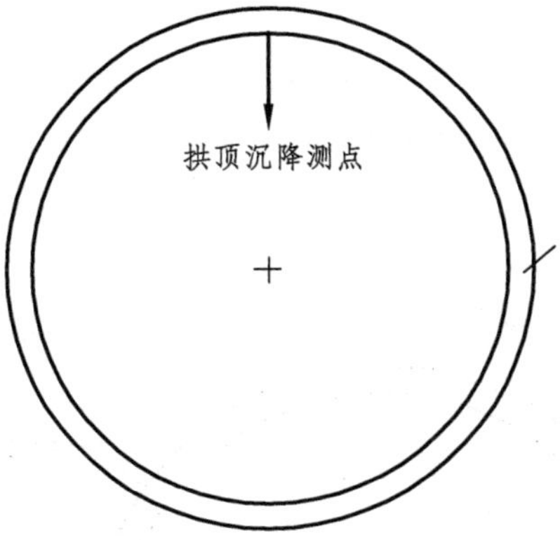

图 4-81　拱顶沉降测点布设示意

（3）观测方法及技术要求。

拱顶沉降观测采用几何水准测量方法，使用精密水准仪进行观测。沉降监测点观测按现行国家标准《城市轨道交通工程测量规范》（GB 50911）中二等垂直位移监测网技术要求观测，其技术要求及观测注意事项与地表沉降监测要求一致。拱顶沉降观测示意如图 4-82 所示。

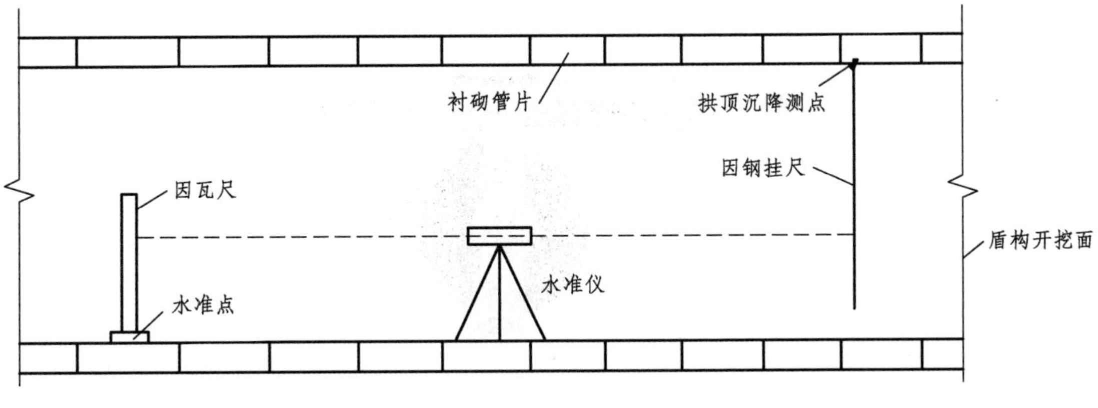

图 4-82　拱顶沉降观测示意

7. 管片结构净空收敛监测

（1）监测目的。

隧道掘进过程中，受注浆、隧道线形及其他地质条件等影响，隧道砌衬产生不同程度的变形，因此必须对隧道收敛等情况进行严格的监测和控制。

净空收敛量测

（2）测点布设原则及方法。

收敛监测点用电钻在管片上钻孔，在孔隙填入砂浆后，插入专用测钩。尽量使两预埋件轴线在基线方向上，并使预埋件销孔轴线处于铅垂位置，上好保护帽，待砂浆凝固后即可量测，如图 4-83。根据设计要求每 50 m 设一断面，过既有建筑物时加密每 10 m 一断面。

（3）观测方法及技术要求。

洞内净空收敛观测采用数显收敛计，如图 4-84 所示。收敛观测步骤如下：

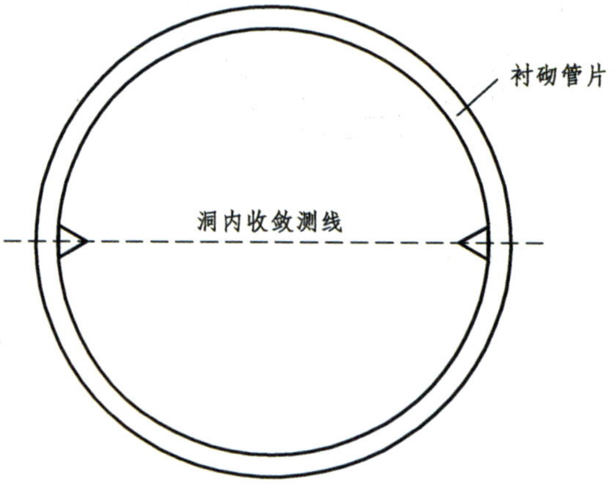

图 4-83　洞内收敛测点布设示意

图 4-84　数显收敛计

① 检查洞内收敛测点有无损坏、松动并将测点灰尘擦净。

② 打开收敛计钢尺摇把，拉出尺头挂钩勾住测点，将收敛计拉至另一端测点，并把尺

架挂钩勾住测点，选择合适的尺孔，将尺孔销插入，用尺卡将尺与联尺架固定。

③ 调整调节螺母，仔细观察，使塑料窗口上的刻线对在张力窗口内标尺上的两条白线之间，每次应一致，经塑料窗口上的刻线为基准线。

④ 记下钢尺在联尺架端时的基线长度与数显读数。为提高测量精度，每条基线应重复测量 3 次取平均值。当 3 次读数极差大于 0.05 mm 时，应重新测试。

⑤ 测试过程中，若数显读数已超过 25 mm，则应将钢尺收拢（换尺孔）255 mm 重新测试，2 组平均值相减，即为量尺孔的实际间距，以消除钢尺冲孔距离不精确造成的测量误差。

⑥ 1 条基准线测完后，应及时逆时针转动调节螺母，摘下收敛计，打开尺卡收拢钢带尺，为下一次使用做好准备。

8. 土体分层竖向位移监测

（1）监测目的。

通过测量分层土体的沉降，分析盾构区间施工时不同深度土体的沉降趋势，根据测试数据变化，可以判断沉降趋势，分析土体稳定性，监控施工过程，为监测盾构区间掘进施工提供数据支撑。

（2）测试形式及工作原理。

分层沉降仪所用传感器是根据电磁感应原理设计，将磁感应沉降环预先通过钻孔的方式埋入地下待测各点位，当传感器通过磁感应沉降环时，产生电磁感应信号送至地表仪器显示，同时发出声光警报，读取孔口标记点的对应钢尺的刻度值即为沉降环的深度。每次测量值与前次测量值相减即为该测点的沉降量。

沉降量的测量由两大部分组成：一是地下埋入部分，由沉降导管和底盖、沉降磁环组成；二是地面接收仪器——钢尺沉降仪，该仪器由测头、测量电缆、接收系统和绕线盘等部分组成，如图 4-85 所示。

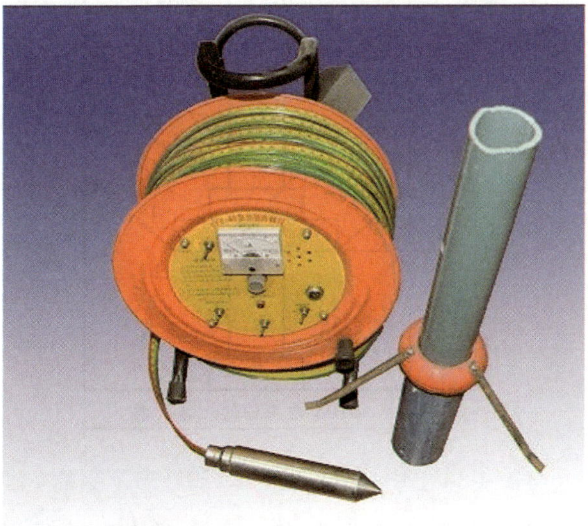

图 4-85　分层沉降仪和沉降导管

（3）测点布设原则及方法。

土体分层竖向位移测点布设原则如下：

① 盾构区间：始发和到达离洞门各 10 m 位置左右线各布设 1 个监测点，选点时宜在大管棚加固区和加固区外一米分别布设 1 点，监测点要求埋设在隧道中线上方土体中。

② 盾构穿越河流：盾构穿越河流两边左右线隧道上方各埋设 1 个监测点，距河边 5 m（根据现场情况可适当调整）。

③ 盾构穿越建（构）筑物：盾构穿越建（构）筑物前后约 5 m，左右线各布设 1 个监测点（根据现场情况可适当调整）。

④ 盾构施工中每次换刀位置布设 1 个监测点；盾构掘进异常位置布设 1 个监测点。

⑤ 主要应在盾构上方的土体中埋设监测点：盾构始发和到达、穿越河流、穿越构筑物、穿越重要干道交叉路口及穿越公交车站。在线路左右线中线上方分别取点，钻孔，将沉降管按要求深度埋入孔中，用内径大于沉降管的塑料管将沉降环分别压入孔内待测各点深度位置，回填中砂加水密实。

土体分层竖向位移测点布设方法如下：

在线路左、右线的中线上方分别取点、钻孔，将沉降管按要求深度埋入孔中，用内径大于沉降管的塑料管将沉降环分别压入孔内待测各点深度位置，回填中砂加水密实，如图 4-86 所示。

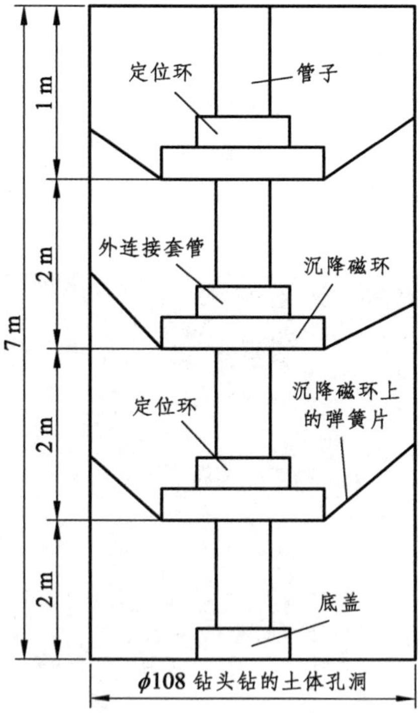

图 4-86　土体分层沉降管、磁环安装示意

① 埋设深度：地中沉降监测点埋设深度一般为埋至隧道顶部 5 m；钻孔，直径约 ϕ120 mm，需比安装深度深一些，原则是（10+0.5）m，（20+1）m，依次类推。

② 清孔，向孔内灌清水，直至泥浆水变成清混水为止，再提钻后安装。

③ 装管，连接采用外接头，一边下管一边向管内注入清水（抗浮力）。

④ 安装磁环，按设计要求在每节管子上套上磁环和定位环，并用螺丝固定定位环，然后再把管子插入外接头内，拧紧螺钉，这样边接边向下放到设计深度止。

⑤ 沉降管放到设计要求后，盖上盖子就可以进行回填。回填原料为现场干细土或中粗沙，回填速度千万不能太快，以免堵塞后回填料不去，从而形成空隙，最好时隔 1 ~ 2 天后再去检查一下，回填料下沉后再回填满之后即可，管子周围加上保护措施。

（4）观测和计算方法。

测量时，拧松绕线盘后面的止紧螺丝，让绕线盘转动自由后，按下电源按钮（电源指示灯亮），把测头放入导管内，手拿钢尺电缆，让测头缓慢地向下移动。当测头接触到土层中的磁环时，接收系统的音响器会发出连续不断的蜂鸣叫声，此时读写出钢尺电缆在管口处的深度尺寸，这样一点一点地测量到孔底，称为进程测读，用 J_i 表示；当在该导管内收回测量电缆时，也能通过土层中的磁环，接收到系统的音响仪器发出的音响，此时也须读写出测量电缆在管口处的深度尺寸，如此测量到孔口，称为回程测读，用 H_i 表示。该孔各磁环在土层中的实际深度

$$S_i=(J_i+H_i)/2$$

式中　i——一孔中测读的点数，即土层中磁环的个数；

S_i——i 测点距管口的实际深度（mm）；

J_i——i 测点在进程测读时距管口的深度（mm）；

H_i——i 测点在回程测读时距管口的深度（mm）。

4.13.6　监测数据处理及信息反馈

1. 监测流程

盾构施工过程中应进行监控量测数据的实时分析和阶段分析：

（1）实时分析：每天根据监测数据及时进行分析，发现工程结构、周边环境被监测对象等变形、受力异常应分析原因并提交《施工监测险情报告》或《工程联系单》。第一时间告知各参建单位相关监测信息，为施工决策和方案优化提供科学依据。

（2）阶段分析：按阶段（一般按周、月计）总结监控量测数据的变化规律，对隧道支护结构状态进行评价，提交阶段分析报告，指导后续施工。

根据监测数据分析成果及时进行监控量测信息反馈，对工程结构、周边环境被监测对象的安全状态进行合理、科学评价，并提出相应的工程对策与建议。

盾构工程结构、周边环境被监测对象的安全状态和工程对策应按照监测管理等级进行，其安全状态评价和监测信息反馈处理流程如图 4-87 所示。

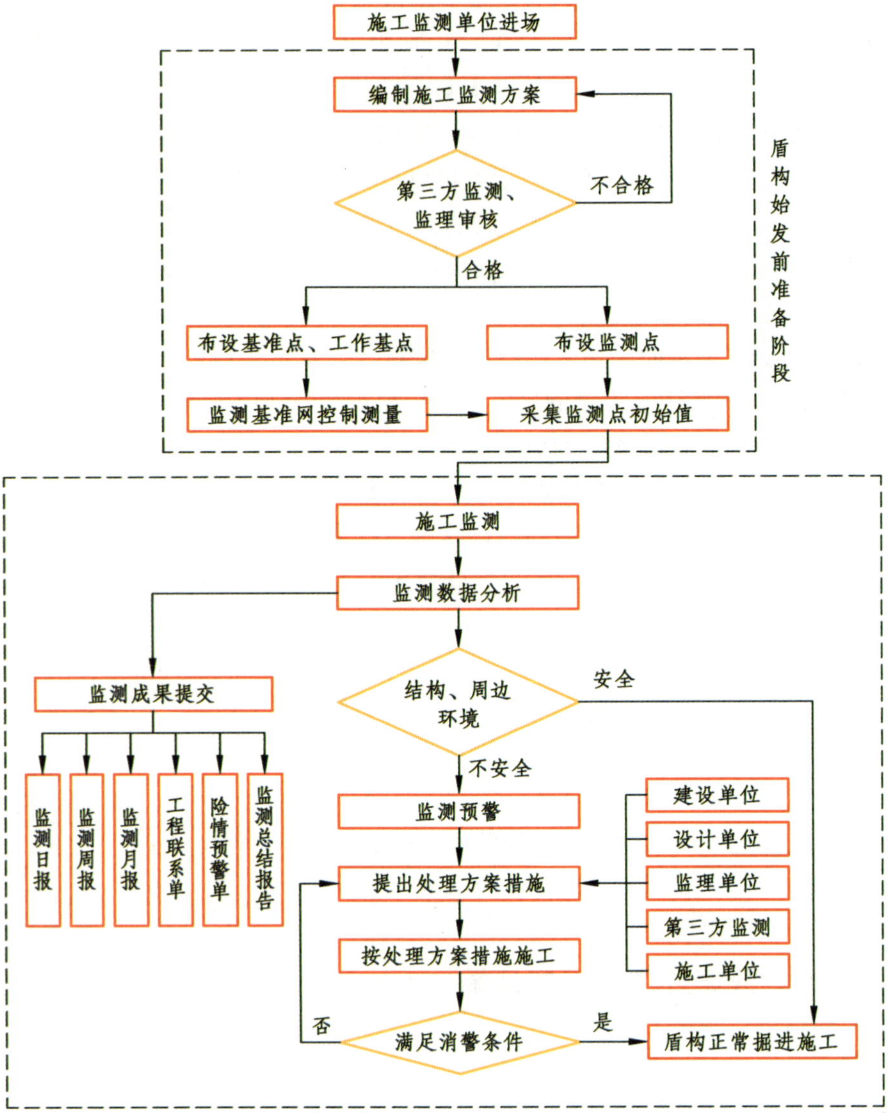

图 4-87　盾构施工监测信息反馈流程

2. 监测数据处理

（1）数据采集。

必须在现场直接记录于观测记录表中，记录表中任何原始记录不得擦去或涂改，原始记录不得转抄。每次观测后，应将经过检验证明是可靠的计算结果进行整理保存。

① 使用正式的监测记录表格。

② 监测记录必须有相应的工况描述。

③ 监测数据应及时整理，经审核后上报施工、监理和有关部门。

④ 对监测值的发展及变化情况应由分析和评述，当接近报警值时应及时通报现场监理、施工人员，提请有关部门关注，并加密监测频度。

（2）数据整理。

每次观测后应立即对原始观测数据进行校核和整理，包括原始观测值的检验、物理量的计算、填表制图、异常值的剔除、初步分析和整编等，并将检验过的数据输入计算机的数据库管理系统。

（3）数据分析。

采用比较法、作图法，以及数学、物理模型，分析各监测物理量值大小、变化规律、发展趋势，以便对工程的安全状态和应采取的措施进行评估决策。

施工期间一般绘制监测数据随时间变化的规律曲线——时态曲线（或散点图），并在时态曲线图上注明关键施工工序等，以便对工程结构的变形、受力状态进行分析，指导设计和施工。现场监测过程中按照要求做好巡视记录并及时整理分析监测数据，绘制时态曲线。

测得足够的数据后，还应根据散点图的数据分布状况，选择合适的函数，对监测结果进行回归分析，以预测该测点可能出现的最大位移值，预测结构和建（构）筑物的安全状况。

3. 监测信息反馈和提交

为确保监测结果的质量，加快信息反馈速度，全部监测数据均由计算机管理，每次监测必须有监测结果，及时上报监测日、周报表，并按期向有关单位提交监测月报，同时附上相应的测点位移时态曲线图，对当月的施工情况进行评价并提出施工建议。

（1）日报：现场数据采集和汇总完成后应马上进行数据分析，并对监测对象综合评价后于当日向项目部提交书面报告。

（2）周报：定期对工点监测情况进行分析和汇总并于每周五前将监控量测周报以书面形式提交给项目部。

（3）月报：定期对工点监测情况进行分析和汇总并于每月底前将监控量测月报以书面形式提交给项目部。

监测工作提交的成果，包括日常监测报告、阶段监测报告和最终监测报告 3 部分。

日常监测报告包括：对当次外业记录进行检查与检验合格后进行内业计算，沉降观测内业计算使用计算机按间接观测平差法或近似平差法等相应软件处理后，于当天提交测量数据、时间变形曲线、地表建（构）筑物状况、各沉降点高程、本次沉降量、累计沉降量、沉降断面图、沉降速率图、沉降等值曲线图，而对于地下水位、房屋倾斜、深部水平位移等当天提交其各测点的实测值，本次变化量、累计变化量及相关图表数据格式。特殊复杂地段每日次呈报测量结果。

报告内容包括以下要求：

（1）现场施工概况。

（2）异常监测值：监测变量的变化速率、累计值、变化趋势等，按照监测管理等级指标进行工程险情预警。

（3）出现异常的监测值的原因分析。

（4）主要结论和施工建议等。

4. 监测预警控制标准

监测预警是监测工作的目的之一，是预防工程事故发生、确保工程结构及周边环境安全的重要措施。监测控制值和预警值是监测工作实施的前提，是监测期间工程结构及周边环境处于正常、异常和危险三种状态进行判断的重要依据，因此确定监测控制值和报警值是必要的。监测控制值和报警值一般采用监测变量累计值和变化速率两项指标共同控制。

（1）监测控制值和报警值应由工程设计方根据工程的设计计算结果、周边环境中被保护对象的控制要求等确定，监测工作实施过程中，一般根据设计文件和规范要求，确定适合本工程的监测控制值和报警值要求如下：

① 满足设计文件要求，不能超过设计容许值。

② 满足监测对象的安全要求，达到保护的目的。

③ 满足规范、规程要求。

④ 满足被保护对象的主管部门提出的要求。

部分监测项目预警控制值可参考表 4-19 中的值进行设定，具体预警控制值和报警值以设计文件和规范要求而定。

表 4-19　监测项目预警控制值表

监测项目	双线盾构控制标准
地表沉降（隆起）	地表沉降累计值：30 mm；变化速率：3 mm/d 地表隆起累计值：10 mm；变化速率：3 mm/d
土体分层竖向位移	累计值：20 mm；变化速率：3 mm/d
邻近建（构）筑物沉降、倾斜监测	累计值：沉降：20 mm；倾斜：4‰；变化速率：2 mm/d
燃气管线沉降、差异沉降	累计值：10～30 mm；变化速率：2 mm/d；差异沉降：0.3%L_g
雨污水管线沉降、差异沉降	累计值：10～20 mm；变化速率：2 mm/d；差异沉降：0.25%L_g
供水管线沉降、差异沉降	累计值：10～30 mm；变化速率：2 mm/d；差异沉降：0.25%L_g
管片结构竖向位移	累计值：30 mm；变化速率：3 mm/d
管片结构净空收敛	累计值：0.2%D；变化速率：3 mm/d

注：① 燃气管道的变形控制值适用于 100～400 mm 的管径；

② L_g——管节长度；D——盾构隧道开挖直径；

③ 表中关于建（构）筑物的控制值均为建（构）筑物地基实际最终变形允许值。

（2）监测预警应采用双控指标（变形速率、累计变形量），分黄色、橙色和红色三个级别进行反馈和控制，见表 4-20。

（3）监测预警响应措施。

① 发出黄色预警时，监测组和施工单位应加密监测频率，加强对地面和建筑物沉降动态的观察，尤其应加强对预警点附近的雨污管线和有压管线的检查和处理。

表 4-20　监测预警等级划分

预警级别	预警状态描述
黄色预警	实测位移（或沉降）的绝对值和速率值双控指标均达到极限值的 70%～85%时；或双控指标之一达到极限值的 85%～100%而另一指标未达到该值时
橙色预警	实测位移（或沉降）的绝对值和速率值双控指标均达到极限值的 85%～100%时；或双控指标之一达到极限值而另一指标未达到该值时；或双控指标均达到极限值而整体工程尚未出现不稳定迹象时
红色预警	实测位移（或沉降）的绝对值和速率值双控指标均达到极限值，还出现下列情况之一时：实测的位移（或沉降）速率出现急剧增长；隧道或基坑支护混凝土表面已经出现明显裂缝，同时裂缝处已开始流水

② 发出橙色预警时，除应继续加强上述监测、观察、检查和处理外，应根据预警状态的特点进一步完善针对该状态的预警方案，同时应对施工方案、开挖进度、支护参数、工艺方法等作检查和完善，在获得设计和建设单位同意后执行。

③ 发出红色预警时，除应立即向上述单位报警外还应立即采取补强措施，并经设计、施工、监理和建设单位分析和认定后，改变施工程序或设计参数，必要时应立即停止掘进施工，进行施工处理。

项目5　盾构隧道防水施工

项目描述

在城市轨道交通隧道中，目前盾构隧道已经成了主要的结构形式。根据我国目前在地铁盾构区间中的应用经验，对于盾构隧道防水体系的认识是：以管片自防水为基础，接缝防水为重点，并对特殊部位进行防水处理（如螺栓孔），形成完整的防水体系。

知识目标

（1）掌握盾构隧道防水标准和防水等级；

（2）熟悉盾构管片防水、接缝防水和嵌缝防水技术；

（3）熟悉联络通道和废水泵房防水技术。

技能目标

（1）能够利用搜索工具查阅盾构隧道防水体系；

（2）能够整理、阅读所查盾构隧道防水体系文献，并用简洁语言进行概括；

（3）能够根据主题搜索盾构隧道防水体系图片作为内容支撑；

（4）能够通过现场参观学习记录、收集和整理盾构防水施工资料；

（5）能够利用幻灯片表述盾构隧道防水体系。

素质目标

（1）培养学生养成“怀匠心、铸匠魂、守匠情、践匠行”工匠精神；

（2）培养学生的规范施工意识；

（3）培养学生的遵守规章制度的素质；

（4）培养学生的语言组织能力。

任务5.1　管片及管片接缝防水

【工作任务】

某盾构隧道埋深15 m，地下水平均埋深10.0 m。为防止盾构隧道渗漏水，可以采取哪些措施？请查阅相关文献，并做成幻灯片进行讲解。

【相关知识】

5.1.1 盾构隧道的防水原则及标准

根据现行国家标准《地下工程防水技术规范》（GB 50108）中规定：地下工程的防水等级应分为四级，各等级防水标准应符合表5-1的规定。

表5-1 地下工程防水标准

防水等级	防水标准
一级	不允许渗水，结构表面无湿渍
二级	不允许漏水，结构表面可有少量湿渍。 工业与民用建筑：总湿渍面积不应大于总防水面积（包括顶板、墙面、地面的1/1 000）；任意100 m^2 防水面积上的湿渍不超过2处，单个湿渍的最大面积不大于0.1 m^2。 其他地下工程：总湿渍面积不应大于总防水面积的2/1 000；任意100 m^2 防水面积上的湿渍不超过3处，单个湿渍的最大面积不大于0.2 m^2；其中，隧道工程还要求平均渗水量不大于0.05 L/（m^2·d），任意100 m^2 防水面积上的渗水量不大于0.15 L/（m^2·d）
三级	有少量漏水点，不得有线流和漏泥砂； 任意100 m^2 防水面积上的湿渍不超过7处，单个漏水点的最大漏水量不大于2.5 L/d，单个湿渍的最大面积不大于0.3 m^2
四级	有漏水点，不得有线流和漏泥砂； 整个工程平均漏水量不大于2 L/（m^2·d）；任意100 m^2 防水面积上的平均漏水量不大于4 L/（m^2·d）

地下工程不同防水等级的适用范围，应根据工程的重要性和使用中对防水的要求按表5-2选定。

表5-2 不同防水等级的适用范围

防水等级	防水标准
一级	人员长期停留的场所；因有少量湿渍会使物品变质、失效的贮物场所及严重影响设备正常运转和危及工程安全运营的部位；极重要的战备工程、地铁车站
二级	人员经常活动的场所；在有少量湿渍的情况下不会使物品变质、失效的贮物场所及基本不影响设备正常运转和工程安全运营的部位；重要的战备工程
三级	人员临时活动的场所；一般战备工程
四级	对渗漏水无严格要求的工程

盾构隧道的防水等级一般为二级，根据现行国家标准《地下工程防水技术规范》（GB 50108）其衬砌防水措施包括管片防水（高精度管片）、接缝防水（密封垫、嵌缝、螺孔密封圈、注入密封剂）、混凝土内衬或其他内衬以及外防水涂料等。其中高精度管片、密封垫

以及螺孔密封圈为必选措施，嵌缝、外防水涂料等措施根据具体条件进行选用。

盾构隧道主要以管片自防水为基础，管片接缝防水为重点，辅以特殊部位的防水处理，形成一个完整的防水体系。盾构隧道的防水除与管片相关的防水措施外还应做好壁后注浆以及洞门、联络通道等特殊部位的防水措施。

5.1.2 管片防水

1. 管片自防水

管片强度及抗渗等级是其防水的主要性能指标，盾构管片采用防水混凝土浇筑成型，抗渗等级不得低于P8且应满足现行国家标准《地下工程防水技术规范》(GB 50108)中关于防水混凝土的设计抗渗等级的要求。盾构管片防水功能的实现主要由其抗渗等级及其制作精度来体现。

现有混凝土管片一般采用粉煤灰及减水剂等外加剂来满足其强度及抗渗等级的要求，其制作过程中的外加剂的使用需进行严格把控，一方面减水剂等化学外加剂与水泥之间存在适应性优劣问题，另外一方面由于混凝土管片强度等级要求较高，其水灰比较低，浇筑时密实程度难以控制。

管片的制作精度是其防水性能的另一相关性指标。盾构管片的制作精度并不会对管片本身的防水性能产生影响，而与其接缝处防水性能直接相关。盾构管片的制作精度如控制不严，加上拼装时的累计误差，会导致其接缝不密贴出现较大的缝隙，尽管接缝处有防水贴片等材料作补充，其较大缝隙处可能仍不能满足防水要求。因而现行国家标准《地下工程防水技术规范》(GB 50108)及现行国家标准《盾构法隧道施工与验收规范》(GB 50446)中均对管片制作精度进行了要求，具体指标如表5-3所示。

表5-3　管片及管片模具允许偏差

项目	管片模具	管片
宽度	±0.4 mm	±1 mm
弧、弦长	±0.4 mm	±1 mm
厚度	—	+3 mm、-1 mm

2. 管片背后注浆防水

在盾构管片拼装时，由于盾壳的存在，管片和地层之间存在一定的空隙，该空隙的厚度大约为10 cm。为防止盾构深层土体、地表的变形过大，及通过此空隙产生的渗水事故，会在该空隙处进行同步注浆充当隔水保护层。在最初国内刚开始进行盾构同步注浆研究时，仅仅是为了通过浆液去填满管片与周边土体之间的间隙，达到限制盾构施工所造成的地表变形和深层土体沉降的作用。但是在研究后期，发现同步注浆的浆液除了具有以上的作用外，还能够充当管片之间的防水保护层，将管片整个包裹于浆液之中，随着浆液的凝固，在盾构工程的后期，甚至地铁开始运营时，凝固的浆液所起的防渗漏水功能越发显著。正因为发现了其可以具备协助管片防水的功能，同步注浆里面的成分也开始从以前的不含水泥，到如今不断增加水泥含量。增加注浆中的水泥含量，可作为防水的有效措施，而且也能协助抑制在浆液包裹中产生的盾构管片上浮的现象

3. 螺栓孔防水

管片螺栓孔防水作为接缝防水的一部分，其功能的实现依赖于设置于螺栓孔两侧的水膨胶圈，施工时应注意胶圈与螺栓孔、螺栓的中心尽量对齐，防止胶圈不均匀受力；另外由于胶圈在使用过程中会发生蠕变而松弛，在施工中需要对螺栓进行二次拧紧。螺栓孔防水结构如图 5-1 所示。

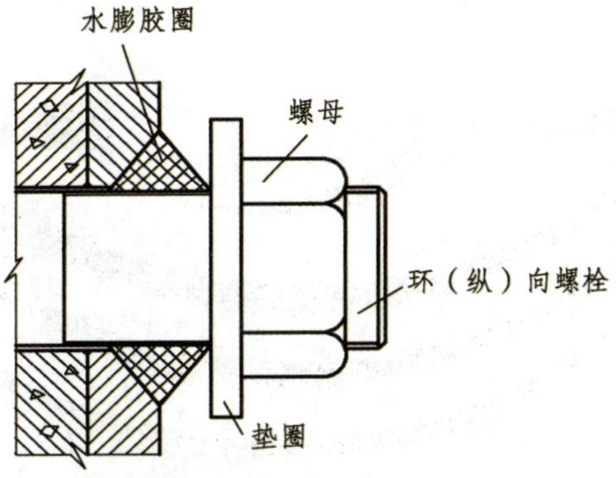

图 5-1　螺栓孔防水结构示意

4. 吊装孔的防水措施

原则上不通过管片吊装孔注浆，所以避免了吊装孔漏水这一问题。由于管片接缝漏水或土体加固要通过吊装孔进行二次注浆，要做好二次注浆的收尾工作。等双液浆凝固后将活动端头部分拆除，清理吊装孔内残余物，填入腻子型膨胀止水密封材料，然后用防水砂浆封固孔口，盖上螺旋盖，预防从吊装孔漏水。

5.1.3　管片接缝防水

盾构法隧道施工时，其成型隧道采用预制钢筋混凝土管片拼装而成，一般情况下，管片本身具有良好的不透水性，因而管片之间的接缝成了成型隧道的防水薄弱环节。盾构成型隧道防水部位如图 5-2 所示。

管片接缝防水主要包括管片间的橡胶密封垫防水、嵌缝防水以及其他局部防水措施，其中橡胶密封垫防水是保证接缝防水的重点。管片防水部位如图 5-3 所示，管片橡胶密封垫如图 5-4 所示。

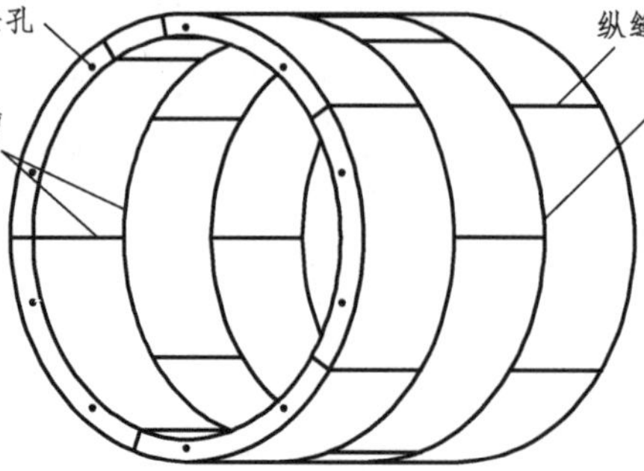

图 5-2　盾构成型隧道防水部位示意

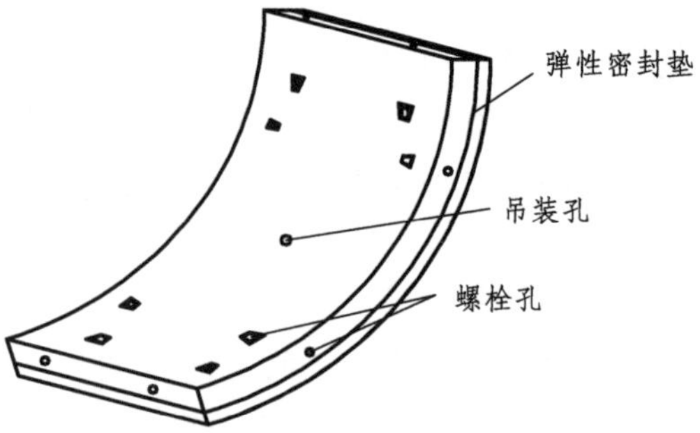

图 5-3　管片防水部位示意

图 5-4　管片弹性橡胶密封垫

橡胶密封垫粘贴

1. 密封垫防水

密封垫防水可根据功能需求设置单道或者双道。双道密封垫防水由于对管片厚度和闭合压缩力控制要求高，一般只用在特殊要求的成型隧道中。例如：水工隧道中设置双道密封垫用以抵抗内外水压；另外还有少数一些大直径铁路及公路隧道也应用了双道密封垫的防水技术，但是由于双道密封垫的总闭合压缩力加大、环面平整度难以掌握、堵水效果有限等因素，工程实践防水效果不太理想，除特殊要求外一般不再使用。对于地铁等较小断面隧道管片，由于其管片厚度较小，同时采用高精度刚模制作高精度管片的前提下，其密封垫一般只设置单道就能满足防水要求，目前国内地铁盾构隧道基本采用单道密封垫防水。

橡胶密封垫按其作用原理分为弹性橡胶密封垫、遇水膨胀橡胶密封垫。弹性橡胶密封垫国内早期使用氯丁橡胶（CR）作为主要材质，断面布置有少量孔；到了 20 世纪 90 年代中期，发展为以三元乙丙橡胶（EPDM）为主要材质的多孔断面形式。由于 EPDM 弹性密封垫加工性好，价格适中，同时能满足管片接缝水压、张开量及错位量加大、密封垫断面构造日趋复杂多样的现实要求，现已成为密封垫的主要材质。弹性橡胶密封垫如图 5-5 示意。

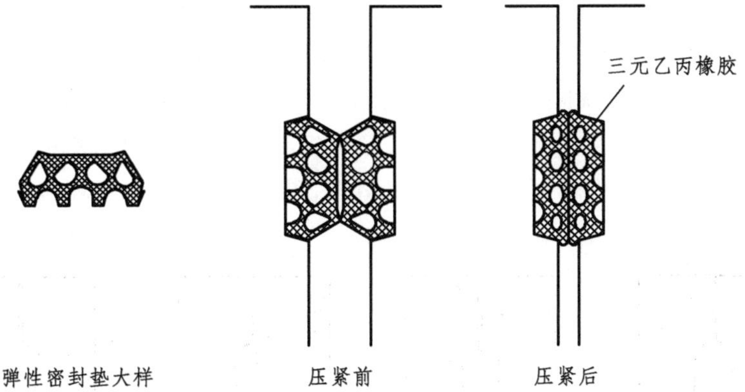

图 5-5 弹性橡胶密封垫示意

遇水膨胀橡胶密封垫顾名思义是以遇水膨胀橡胶为材质的一种密封垫，遇水膨胀橡胶是 20 世纪 70 年代末期由日本开发出的一种新型功能高分子材料，其机理是在橡胶中引入亲水基团或组分，在遇水后可吸水膨胀，其体积或质量可增大数倍到数百倍，国内使用遇水膨胀密封垫是始于 20 世纪 80 年代初，主要是借鉴日本的研发经验。但由于膨胀性材料的耐久性监控困难，其使用推广受限，目前，在管片接缝防水中处于辅助地位，有时作为双道密封垫中的一道，或是作为复合型密封垫中的加强层，以及管片接缝的挡水条。

盾构隧道管片密封垫防水施工时应注意以下几点事项：

（1）密封垫沟槽表面应干燥、无灰尘，雨天不得进行密封垫粘贴施工。

（2）密封垫应与沟槽紧密贴合，不得有起鼓、超长和缺口现象。

（3）密封垫粘贴完毕并达到规定强度后，方可进行管片拼装。

（4）采用遇水膨胀橡胶密封垫时，非粘贴面应涂刷缓膨胀剂或采取缓膨胀的措施。

2. 嵌缝防水

随着管片接缝密封垫防水功效的提高，考虑到地铁盾构隧道的特点，管片嵌缝需针对隧道进出洞口、连接通道等隧道变形、管片接缝张开变化较大的位置起重点防范。其他位置，管片嵌缝仅要求起排水功效，以满足拱顶无渗漏水滴落在供电接触网、仰拱道床铁轨上，且仰拱处管片接缝也无冒水的要求。

管片嵌缝的位置设置在管片内沿的接缝处。按《盾构法隧道施工及验收规范》（GB 50446—2017）要求，其宽深比不应小于 2.5，槽深宜为 25 ~ 55 mm，单面槽宽宜为 5 ~ 10 mm；嵌缝槽断面构造形状主要有以下几种形式，如图 5-6 所示，1#、2#槽两侧平行，适宜于定型密封材料，3#槽深而窄，适宜于承受背水压，4#槽内大外小，适合未定型密封胶，施工与运营中不易坠落。

嵌缝材料应具有良好的不透水性、潮湿基面粘贴性、耐久性、弹性和抗下坠性。嵌缝材料可分为未定型与定型两类。未定型嵌缝密封材料是指非预制的、不成型的密封材料，多为建筑密封胶，例如：聚硫橡胶密封胶、聚氨酯密封胶、聚氨酯遇水膨胀腻子或聚氨酯遇水膨胀密封胶以及单组分遇水膨胀密封胶。定型嵌缝密封材料在行业内进行了多种尝试，由于管片拼装精度及十字缝处理较为困难，其应用不够成功。

21 世纪以来，随着地铁区间盾构隧道防水技术的发展，隧道渗漏水量减少，又因有拱部嵌缝材料下落的隐患，管片环、纵缝通过整体嵌缝作业止水的功效也受到一些质疑，通常只在有限的部位发挥疏引作用，将渗漏水引排，以创造其他作业环境，在国内某些城市甚至将拱部嵌缝封堵措施取消。

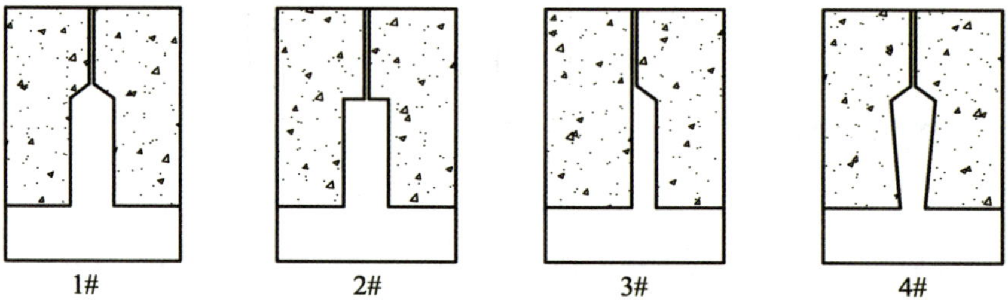

图 5-6　管片嵌缝槽断面构造形式

任务 5.2　特殊部位防水

【工作任务】

某城市某区间地铁盾构隧道长度为 1 km，位于饱和软黏土地层中，含水量高达 40%以上。在该盾构隧道中部设有联络通道，联络通道的中下部设有集水井。请查阅相关资料，整理并讲解避免联络通道渗漏水的措施。

【相关知识】

地铁盾构施工防水除了管片防水、接缝防水等主要防水部位外，还有一些特殊部位的防水需要特别注意。

5.2.1　联络通道及废水泵房防水

长区间地铁隧道往往伴随着联络通道的施工，一般联络通道还兼做废水泵房。联络通道一般采用矿山法施工，其防水依赖于外包式防水与二衬混凝土自防水相结合的防水体系，二衬混凝土施工缝处需设置钢板止水带等止水措施。

盾构隧道与联络通道的接口处是防水体系的薄弱环节，一般采用密封胶和预留注浆管的方式进行处理，待联络通道洞门环梁施作完毕后进行后注浆已达到施工缝防水的功能。联络通道及其与盾构隧道结构防水如图 5-7 所示。

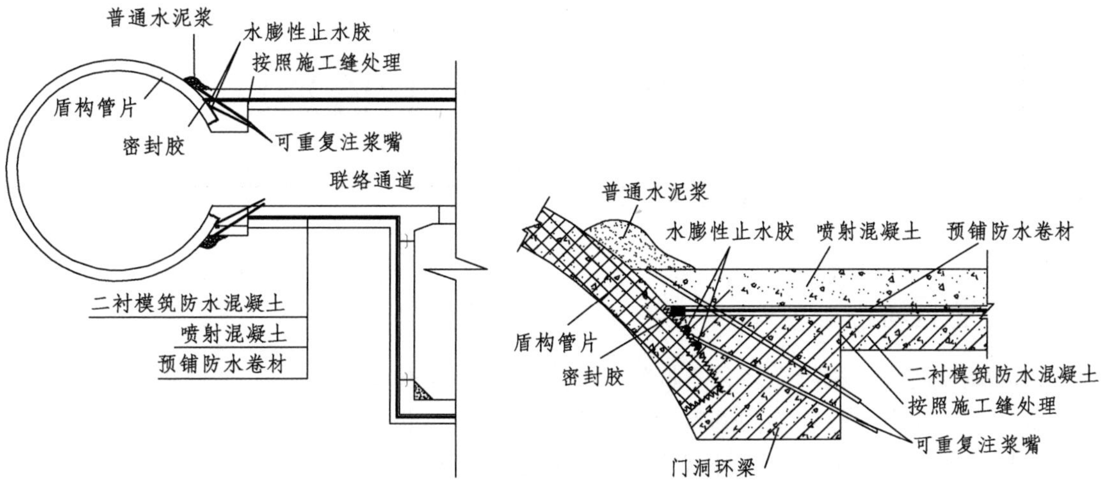

图 5-7　联络通道防水示意

5.2.2　洞口防水

洞门的后浇洞门圈与管片和结构内衬墙之间的接头通过两道缓膨型水膨胀止水条防水。盾构进出洞时，为了防止地层中水土进入隧道，确保管片与地层之间的注浆效果，采用特制橡胶板帘布结合洞门处的特殊构造进行防水处理。盾构进出洞时，用特殊橡胶帘布及可靠的固定装置减少漏泥、漏水，用特殊形式止水带与遇水膨胀橡胶止水条、密封胶加强抗裂与防水。盾尾空隙回填灌浆材料，构成隧道外围圈防水。

（1）拆除管片前，利用相邻管片的中间孔，注浆加固以减少渗水。

（2）拆除管片后，对渗水部位仍要进行注浆封堵或预留引水导管，以确保施工面的干燥。

（3）对施工接缝要进行凿毛处理，对止水条的基面要清理干净并保持平整和干燥。

（4）遇水膨胀橡胶止水条要与基面密贴牢靠，搭接足够，并涂上缓膨剂。

（5）布置钢筋时不要触碰止水条，封闭模板前仔细检查止水条的可靠性。

（6）浇注混凝土时要避免振捣棒碰到止水条，振捣要均匀到位。

（7）浇完混凝土后，至少养护 14 天，在未达到规定的强度前，不得拆模，以免出现渗水裂缝。

项目 6　特殊地质条件盾构隧道施工

项目描述

我国幅员辽阔，城市众多，不同城市地质环境差异明显。从地层地质环境来看，不同城市轨道交通建设面临着不同的特殊地质地层的影响。北京、成都、兰州的砂卵石地层，上海的软土地层，深圳、广州等城市的复合地层，武汉、长沙和广州等城市的岩溶地层，青岛、重庆和大连的岩石地层等都对盾构隧道施工提出挑战。

知识目标

（1）掌握特殊地层（包括砂卵石地层、复合地层、岩溶地层、硬岩地层和软土地层）的含义和特点；

（2）掌握盾构在不同特殊地层施工的难点；

（3）熟悉特殊地层盾构施工技术。

技能目标

（1）能够利用搜索工具查阅砂卵石地层、复合地层、岩溶地层、硬岩地层和软土地层工程特点、工程难点和关键施工技术；

（2）能够整理所查文献，并用简洁语言概括特殊地层盾构施工关键技术；

（3）具有收集、整理、编制特殊地层盾构施工方案能力；

（4）能够对特殊地层盾构施工事故提出处理建议。

素质目标

（1）培养学生的风险意识；

（2）培养学生直面困难的勇气；

（3）培养学生的百折不挠的进取意志；

（4）培养学生的语言表达能力；

（5）培养学生分析判断事物和解决实际问题的能力。

任务 6.1　砂卵石地层盾构施工技术

【工作任务】

某区间隧道穿越地层以砂卵石为主，采用盾构法施工。掘进过程中发现推力大、掘进速度慢等现象。请查阅砂卵石地层盾构施工技术相关文献，分析掘进不利的可能原因，提出相应的解决方案，并做成幻灯片进行讲解。

【相关知识】

6.1.1　砂卵石地层的概念及特点

砂卵石地层是一种典型的力学不稳定地层。砂卵石地层通常在河流的河床、河漫滩或阶地上，经冲积形成，以粗颗粒形状的圆形及亚圆形卵石（粒径大于 20 mm 的颗粒含量超过全重 50%）为主。砂卵石地层卵石粒的粒径大小不一从 2 cm 到 15 cm 不等，部分区域还含有粒径更大的漂石，填充物为砾石、细砂和中砂，如图 6-1 所示。

图 6-1　砂卵石地层

砂卵石层具有如下特征：

（1）渣土具有不均匀性，卵石含量高。砂卵石地层多数样品的颗粒级配曲线呈 L 形，级配曲线不连续，级配不良尤其缺少中间颗粒，所以砂卵石地层结构松散，孔隙率大，透水性强。

（2）流动性差。由于渣土的内摩擦角较大（一般都在 30°以上），造成了渣土流动性差。

（3）单块卵石强度高。根据单块卵石的抗压强度试验结果，卵石块的单轴抗压强度可达 150 MPa，最大可达 180 MPa。卵石强度高对刀具摩擦大。砂卵石地层和刀具之间的摩擦系数一般都在 0.4 之上，最高可达 0.7。

（4）黏聚力小或几乎没有黏聚力，结构松散，不连续。因此导致了结构传力特征存在差异，地层内靠点对点传力，稳定性差。

6.1.2 砂卵石地层盾构施工难点

1. 刀盘、刀具磨损严重

盾构在砂卵石地层中掘进，对刀盘、刀具、渣土输送系统等部位磨损严重，造成换刀频率较高，渣土输送系统需得到及时修复；同时地层局部为砂卵石土夹砂透镜体，土压平衡盾构在通过时刀盘前极易出现固结泥饼现象，开舱处理时易引起地面安全风险。

2. 开挖面易失稳

在砂卵石地层盾构施工时，土舱充满土体时渣土的流动性能大大降低，经常导致压力舱闭塞、排土不畅和刀具磨损严重等情况。非满船掘进可缓解土船压力过大，从而使滚刀处于相对独立的运动状态，有利于提高刀盘的工作效能。例如成都砂卵石地层盾构施工采用非满舱掘进。当非满舱掘进时，开挖面前上方的土体颗粒由于重力作用承受向下的拉应力，从而产生拉应变并向下运动，因此开挖面上部的土体容易坍塌脱落，这时开挖面上方容易形成空洞，表现为由盾构开挖面失稳而导致大量超出土。

3. 地层沉降大

盾构隧道施工主要是通过刀盘旋转通过机械力的作用切削、破碎砂卵石，因此，盾构施工对砂卵石地层的影响主要体现在对砂卵石地层的机械扰动。地层中的大块卵石、砾石越多，粒径越大，这种扰动程度就越大，特别是隧道顶部大块石剥落会引起上覆地层的突然沉陷。卵石小时，刀盘前方、上前方原有的松散土体落入土舱，掌子面上方出现空隙、空洞。而砂卵石地层内摩擦角普遍较大，土层具有一定的成拱性，形成的空洞会暂时保持一段时间。空洞顶部土体逐步松散、不断剥落，地层损失随着时间推移逐渐扩散到地表，形成滞后沉降。

4. 排渣困难

盾构在砂卵石含量高的地层掘进，渣土几乎没有黏聚力，结构松散，不连续，引起排渣困难。大量渣土中的砂卵石通过螺旋输送机时，可能造成螺旋轴卡死滞排，甚至给对螺旋轴造成严重损伤。

6.1.3 砂卵石地层盾构施工关键技术

1. 砂卵石地层盾构刀盘设计

根据土压平衡原理和砂卵石地层的特性，刀盘结构宜采用中心开口率稍大的辐条加小面板结构。其理由是：中心开口率大，则降低中心结泥饼的概率；砂卵石地层在无水状态下稳定，在有水状态下不稳定，采用辐条式显然对掌子面的支撑太少，无论何种方式开舱都是有危险的；采用大面板既保证不了开口率，也使得面板和掌子面接触面积过大，无益磨耗过多，还增大了刀盘的摩擦阻力，从而增加了刀盘扭矩。

（1）开口尺寸和开口率设计。

砂卵石地层掘进机理强调，刀盘结构既讲究开口率，更要讲究开口尺寸。开口尺寸是该机理重要概念。根据对砂卵石地层的分析，及以往工程经验类比，认为在这种地层中施工刀盘开口率应在 35%左右为宜。为了实现排小卵石碎大卵石的掘进机理原则，则必须确定合理的开口尺寸。实现开口尺寸限制的最好办法是使用网格，即在刀盘开口处加设网格，以限制超大卵石未经滚刀切碎就进入土舱。

（2）降低磨耗处理。

在砂卵石地层中盾构掘进施工，磨损是不可避免的。为保证刀盘不至于在区间内就磨损过大需修补的问题，盾构降低磨耗的设置是必须要考虑的。可采用几个办法综合使用，如在刀盘面板上加焊耐磨钢板或耐磨网纹；在刀盘侧面切口附近加设高强耐磨块；在刀盘上加设保护性的抗磨导流刀等。但降低磨耗不仅在机器结构上充分考虑，在施工中也应采取各种辅助措施来降低磨耗，如改良渣土，增加其流动性；加注泡沫剂或泥浆，以增加刀盘润滑，降低磨耗等。

2. 砂卵石地层盾构刀具选用

（1）砂卵石地层是软弱地层，属沉积形成，掘进刀盘必须采用中心先行撕裂刀，首先对掌子面中心地层破坏，形成中心软弱临空面。

（2）接着滚刀挤压松散其余范围的地层，然后其他刀具即可很容易刮开掌子面，从而实现掘进。

（3）中心先行撕裂刀应采用鱼尾式或十字式，在刀盘面板上刃尖高最多不能超过其他刀具刃高 100 mm，理由是：太高虽有利于掘进，但对该刀尖的强度要求太高，也易损毁；太低则起不到先行撕裂地层的作用。

（4）滚刀必须用，但数量不可过多。采用常规的直径 $\phi 700 \sim \phi 900$ 的杆式螺旋输送机可输出的最大卵石粒径为 24 ~ 35 cm。由此该机理掘进卵石地层的原则是：将含量较多的一般直径卵石直接排出，将含量较少的超大直径卵石用滚刀破碎后排出。即将滚刀的刃间距根据螺旋输送机的最大直径卵石输出尺寸（200 ~ 300 mm），使得小卵石极少被滚刀切到就可进入土舱排出，而输不出去的大卵石一定会被滚刀切碎在刀盘之外再进入土舱排出。这样，既减少了滚刀的用量，降低成本，也大大降低滚刀做的无用功。而且，滚刀能有效降低刀盘的扭矩，也起到先破坏地层，对刮刀起到至关重要的保护作用。滚刀对卵石的破碎，也不是硬岩破碎的机理，而是纯粹的滚刀对卵石的挤压应力集中而产生的剪切破坏，这种破碎卵石机理并不需要多大的顶推力，破起来也比较容易。

3. 开挖面加泥加泡沫改良渣土

盾构在无水砂卵石地层这种地层环境中掘进时，仅采用加泥措施，改善渣土的流动性能力有限，土体离析严重，盾构经常堵塞不能正常掘进，而且加泥量过大，费用增加。为适应这种地层的施工，需考虑在加泥的基础上增加泡沫系统，利用加入泡沫改善土体粒状构造，吸附在颗粒之间的气泡可以减少土体颗粒与刀盘系统的直接摩擦，增加切削土体的黏聚力，同时降低土体的渗透性。又因其相对密度小，搅拌负荷轻，容易将土体搅拌均匀，从而达到既能平衡开挖面土压又能连续向外顺畅排土的目的。

一方面，盾构在大部分为砂卵石地层中推进施工时，盾构刀盘切削土体时容易使刀盘过热，影响盾构的机械性能；另一方面，螺旋输送机也会因工作扭矩过大而发热，影响其性能，严重时甚至停转。因此，必须通过往土舱内加注改良后的泥浆的方式来改善土质，起到减摩的作用，满足螺旋机运输的性能，并起到冷却刀盘的作用。

总的来说加泥、加泡沫的功效主要表现为以下几个方面：① 保持开挖面的稳定；② 增加切削土体的塑性流动性；③ 使开挖面土体及切削下的土体具有良好的止水性；④ 防止切削土砂黏附在刀盘及螺旋输送机内，避免闭塞现象，减轻机械负荷，降低刀盘扭矩，同时也提高了掘进速度；⑤ 对刀盘、螺旋输送机起减磨冷却作用；⑥ 泡沫的可压缩性或称之为弹性，对土压的稳定也有积极作用。

4. 预防开挖面失稳措施

（1）气压辅助施工。

通过前面研究可知，砂卵石地层力学性质不稳定，当受到扰动后容易成为散粒体从而产生颗粒流动现象，地层中随机夹杂软弱砂层，地下水较为丰富，单纯依靠土舱内的水土压力很难平衡盾构开挖面地层水土压力，在这类地层中开挖面稳定性很难得到保证，因此通常在盾构施工时需要采用辅助施工工法及措施以保证开挖面稳定性。

砂卵石地层盾构施工水平可以进行局部压气方式辅助施工。气压辅助施工是将压缩空气施加于开挖面以阻止地层涌水、保证开挖面稳定的方法。气压施工对开挖面作用如下：① 阻止开挖面涌水，并防止坍塌；② 气体本身有挡土作用，使开挖面稳定；③ 压缩空气可使地层发生脱水作用，这样增大了土的抗剪强度，提高了开挖面的稳定性；④ 对于土舱上部无土部分，能够始终保持一定的气压值，从而防止超挖出土和保持开挖面上部的稳定性。

（2）预加固辅助施工。

加固法主要包括深层搅拌、压密注浆等方法。加固后的土体内摩擦角和黏聚力增大，土体强度得到提高，土体的止水抗渗能力也大幅度增强，从而提高开挖面的自稳定性能。

（3）降水辅助施工。

地下水较丰富砂卵石地层，降低地下水位可以有效提高地层的自稳能力，从而有利于保证开挖面稳定性。当砂卵石土体由饱和状态变为非饱和状态后，其力学参数明显得到提高，土体内摩擦角通常可增加，开挖面表现出一定自稳能力，即不施加支护压力也能保持开挖面稳定，因此降低地下水位可有效防止开挖面坍塌。

5. 地层损失补偿

砂卵石地层地面塌陷滞后性比较显著，当盾构施工产生超出土后有补偿地层损失的时间，如果在地面塌陷前能及时进行足够的补偿地层损失，则可以有效控制地层移动进而避免滞后地层塌陷。同步注浆和二次注浆，使浆液及时填充管片与地层间空隙，从而减小地层损失控制地表沉降。然而，空洞存在未被注浆而移动至盾构顶部地层深处的可能；且同步注浆浆液可能从盾构顶部流入开挖面进而进入土舱。因此在超出土数量较大地段使用同步注浆弥补地层损失效果通常不理想，使用地面注浆等方法减小地层损失作用格外重要。

地面注浆可以分为地面预注浆加固和跟踪注浆加固。地面预注浆加固是指盾构尚未通过时对地层进行加固；跟踪注浆加固是指盾构通过后进行地层加固，这种注浆通常在地层损失较大、且同步注浆和二次注浆已经无法解决的情况进行补偿注浆。

地面注浆利用了盾构施工引起地面塌陷的滞后效应，能够有效补充地层损失。在时间上既可以进行预先加固处理，也可以进行通过时和通过后的跟踪补偿注浆，并通过施工中反馈的监测数据，调整注装管的注浆量、注装时间和注装压力等参数，可以有效显著地抑制地面滞后沉降和塌陷。

6.1.4 工程案例——北京地铁 10 号线某区间砂卵石地层盾构施工技术

1. 工程简介

北京地铁 10 号线某区间采用直径 6.25 m 海瑞克土压平衡盾构施工，盾构隧道主要穿越砂卵石层。地层中卵石最大粒径达 600 mm，粒径 300 m 以上的卵石每 20 m 约有 2 ~ 3 块，一般粒径 100 ~ 300 mm，亚圆形，充填物为中粗砂，含砂量约 40%。地下水为层间潜水，地下水位层间潜水水位位于隧道底板以下 1 ~ 2 m，对盾构施工无影响。

2. 存在的问题

地层中的大块卵石、砾石多，粒径大，影响施工。盾构施工问题主要表现在以下几个方面：

（1）盾构推进 100 m 左右后出现无法正常排土现象。开舱检查发现，滚刀平均磨损 20 mm，齿刀、边缘刮刀以及单刃贝壳刀的合金块碰掉严重，大部分刀具需要更换。而且盾构在初始掘进 100 m 过程中因在土舱内及刀盘进土口均形成坚硬泥饼，造成刀盘“卡死”2 次。

（2）盾构在砂卵石地层开始阶段，掘进速度只有 1 ~ 10 mm/min，而且经常出现无掘进速度的现象，掘进 1 环有时高达 6 ~ 10 h。盾构长期处于超负荷工作状态，导致推进时间延长，泡沫和膨润土用量增大，甚至排出的砟土热度较高。

（3）盾构姿态难以控制：设定的工作压力不能很好地传递到开挖掌子面，很难控制开挖面的稳定，并导致无法正常出土，使大颗粒卵石滞留土舱内或向盾构四周移动，造成盾构左右难以控制和垂直姿态抬头困难，单环纠偏量难以达到预想效果，造成盾构偏离设计轴线。

3. 解决方法

（1）刀具改进。

在砂卵石地层中，刀具的磨损形式主要包括石英砂对刀具产生的磨耗磨损和卵石对刀具的撞击损伤。因此，在这种地质条件下进行盾构施工，就对刀具的硬度、耐磨性有了更高的要求。为提高耐磨性，盾构刀具全部进行了更换，新刀具采用碳化钨合金替代硬质钦合金钢作为刀头，在刀口部分及切削土砂（卵石）沿刀具向后流动所经过的刀具表面，嵌入硬度高达 3 000 HV 的碳化钨合金。这种碳化钨合金刀抗拉强度高、硬度高而且有韧性，与传统的硬质钦合金刀相比，具有耐磨损、耐撞击以及疲劳工作无变形等诸多优点。

（2）渣土改良。

为了增加砂卵石地层土体的塑流性和保水性，经过大量的现场试验，优化了泡沫剂类型，注入泡沫剂的种类，并向土舱内同时注入泥浆、泡沫剂、分散剂及发泡聚合物，具体如下：

① 改用钠基优质膨润土，膨润土的发酵 24 h 以上，黏稠度不低于 60 s 膨润土浆液每环土舱内注入量为 5 ~ 7 m^3。

② 采取了多种改良材料共同对掌子面土体进行塑流化改良的措施，将以前单纯的泡沫剂更换为多种发泡剂，同时加入了分散型泡沫剂，按照一定比例调配了泡沫剂的黏度、膨胀率及注入比。按体积比将渣土内掺入 30%左右的泡沫，充分搅拌后渣土呈流塑状。

③ 向土舱内分别注入分散剂溶液，抑制土舱内及刀盘进土口泥饼的形成，避免泥饼影响正常掘进。

（3）地表沉降控制。

除盾构掘进过程中进行同步注浆，后期根据盾构施工地表沉降规律，对隧道周围径向 3 ~ 4 m 的土体进行多次径向补偿式注浆，减小隧道在施工过程中的沉降量。

该区间盾构隧道施工通过盾构刀盘及刀具的改造，利用泥浆、泡沫剂、表面活性剂及分散剂改良渣土后，确保了开挖面的稳定，增加了砂卵石地层土体的流塑性和保水性，降低了刀盘的磨损，刀盘“卡死”与结泥饼现象也极少发生，地表沉降由初始掘进的无法控制到满足安全范围之内，为砂卵石地层盾构施工提供了成功范例。

任务 6.2 复合地层盾构施工技术

【工作任务】

公司新中标的某区间盾构隧道穿越上软下硬复合地层，开挖断面上半部分为黏土，下半部分为花岗岩。为确保隧道施工顺利进行，请查阅相关文献，拟定施工方案，并做成幻灯片进行讲解。

【相关知识】

6.2.1 合地层的概念及特点

将开挖断面范围内和开挖延伸方向上，由两种或两种以上不同地层组成，且这些地层的岩土力学、工程地质和水文地质等特征相差悬殊的地层组合，定义为复合地层。

复合地层的组合方式是非常复杂多样的，但总的来说可分为 3 大类：一类是在断面垂直方向上不同地层的组合；一类是在水平方向上地层的不同组合；另一类是上述两者兼而有之。

（1）复合地层在垂直方向上的变化。最典型的垂直方向上的复合地层就是所谓“上软下硬”地层。即隧道断面上部是第四系的松软土层，而下部是坚硬的岩石地层；或者上部是软弱的岩层而下部是硬岩层；或者是在硬岩层中夹软岩层，或软岩层夹硬岩层等。

（2）复合地层在水平方向上的变化。在一施工段当中，可能分布着不同时代、不同岩性或不同风化程度，从而表现出不同岩土性质的地层。

粉砂岩为软岩，单轴抗压强度一般≤30 MPa；花岗岩和石炭系石灰岩是硬岩，单轴抗压强度一般会≥60 MPa。

（3）在水平方向和垂直方向两者兼而有之的更为复杂的变化。

6.2.2 复合地层施工难点

复合地层中纵断面上地质情况变化较大，且存在断层、溶洞等大量不良地质体，在此地层中掘进存在许多风险，主要表现为刀盘磨损严重，姿态控制困难，开挖面失稳、喷涌、结泥饼等风险事件，严重时还造成卡机现象，不仅会延误工期、增加成本，还会对施工安全造成严重威胁。复合地层施工难点主要分为以下几点：

（1）磨损问题。

盾构在复合地层中掘进时，复合地层中多出现软硬复合的复合地层。在这种地层中，滚刀荷载、扭矩变化幅度大频率高，导致刀盘受力不均，引起刀盘振动，造成滚刀磨损增加，特别是滚刀的异常磨损增加。

（2）姿态控制问题。

在复合地层盾构掘进过程中，刀盘切削工作面上部软弱地层易进入密闭舱，下部较硬岩层不易破碎。盾构的竖向姿态容易向软弱地层偏移，从而导致盾构的姿态不易控制，机头定向困难，导致刀盘卡住不能转动，卡盾体，盾构施工推力过大造成管片破损、渗水等问题。

（3）泥饼问题。

复合地层中黏土颗粒含量普遍较高，为了保证软土层的稳定性，舱内土压需要保持较高。同时，由于下部坚硬的岩石部分掘进较慢，舱内土体由于摩擦作用温度上升，致使刀盘易产生泥饼现象。

（4）喷涌问题。

如泥饼问题一样，软土层需保持舱内较高土压，硬岩部分掘进困难，在大透水性的复合地层中易出现喷涌、地面沉降，甚至地面塌陷等问题。

6.2.3 复合地层盾构施工关键技术

根据盾构在复合地层中施工常见刀具磨损、姿态控制困难、结泥饼、喷涌等施工风险，参考深圳地铁复合地层中盾构施工经验，从盾构选型、刀具选择、信息监测与反馈等方面提出应对措施。

（1）盾构选型。

在复合地层中盾构的选择既要满足硬岩掘进又要满足软土开挖功能，故要采用复合式盾构。刀具的设计应既能满足软土地层又能适应硬岩地层，同时要能够方便、及时地更换、修理刀具。同时针对具体工程条件还要进行垂直注浆加固、地表冲孔、洞内爆破开挖处理、地表垂直爆破及洞内水平钻孔切割等辅助工法。

（2）经常变换盾构施工模式。在软土地层为主的“上软下硬”地层施工时，一般要采用闭胸模式，在以砂层为主的“上软下硬”地层中采用土压平衡模式施工时，可能需要通过加注膨润土等工艺转化为泥水平衡模式等。经常根据地层结构来转换盾构模式，是在复合地层中施工的一大特点。

（3）采用的施工工艺和施工参数也要根据地层的变化而变化。这些变化主要表现在不同地层需要的添加剂的种类和数量的不同；需要的辅助设备（比如破岩机、超前钻机）的不同；盾构姿态控制的不同等等。

（4）某些特殊的复合地层，可能需要一些辅助工法。采用辅助工法的主要原因是盾构本身的设计功能的局限性，而这种局限性在目前的技术发展阶段还较难以克服。比如，深圳地区一般的粉砂岩、砂岩单轴抗压强度最大为 30 ~ 45 MPa，但有时在这些区间会碰到几十米或几百米长的坚硬的花岗岩，或花岗岩的球状风化体，其强度一般达到 80 MPa 以上，甚至会超过 120 MPa。在这种条件下，以软岩为主设计的刀盘和刀具显然不能适应，在无法更换新刀盘的情况下，采用其他可行的辅助工法，比如先采用预爆破破碎硬岩，再用盾构掘进完成隧道。

（5）信息监测与反馈。

盾构在复合地层中掘进施工，应加强掘进信息监测和地层沉降监测工作，并及时作出信息反馈。

① 盾构司机和值班工程师应根据油缸推力、驱动速度、系统温度等参数判断地层的软硬度。

② 在软硬不均匀地层中，盾构司机应仔细观察盾构的振动并听刀具掘进的声音，根据振动和声音及时调整刀盘的推力和速度，并注意刀盘扭矩的变化。

③ 值班工程师应注意观察土渣的颜色、形状和温度，以确定残渣的土质，根据信息选择合理的掘进参数。

6.2.4 工程案例——青岛地铁 1 号线某区间复合地层隧道施工技术

1. 工程概况

青岛地铁 1 号线某区间右线长度 1 355.550 m，左线长 1 369.091 m（图 6-2）。平面线间距为 14 ~ 15 m，线路设有 1 个曲线段，曲线半径为 500 m。区间纵断面整体呈 V 字形，最大纵向坡度为 18%，竖曲线半径为 3 000 m、5 000 m；区间结构覆土 9.0 ~ 16.6 m，隧道断面为圆形结构，内径 6.4 m，外径 6.0 m，采用盾构法施工，采用 2 台土压平衡盾构施工。

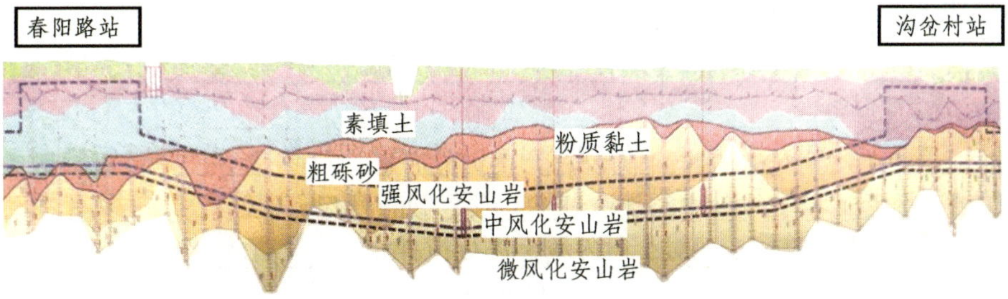

图 6-2 青岛地铁 1 号线某区间地质示意

区间主要穿越岩层为粉质黏土、中粗砂、强风化安山岩、中等风化安山岩、微风化安山岩。其中，中等风化安山岩单轴抗压强度最大值为 28.55 MPa，微风化安山岩单轴抗压强度最大值为 84.89 MPa。区间局部穿越粗砾砂和粉质黏土，隧道围岩分级为Ⅲ～Ⅵ级。区间沿线所属地貌均为冲洪积平原地貌，地下水主要赋存在第四系松散砂土层及基岩的裂隙中。场区地下水主要类型为第四系孔隙水和基岩裂隙水。

2. 施工难点

（1）区间洞身穿越粉质黏土、粗砂—砾砂和强风化安山（手可掰碎）、中等风化安山（单轴抗压强度为 9.5～26.48 MPa）、微风化安山岩（单轴抗压强度为 31.3～93.21 MPa），隧道围岩为Ⅲ～Ⅵ级，隧道纵断面方向表现为基岩风化程度起伏较大、软硬不均，微风化起伏多处凸起、上软下硬明显，上软下硬地层约 971 m（占线路总长 72%）。

（2）区段地层分别由中粗砂+强风化安山岩组合、强风化+中风化安山岩组合、全断面中风化、中风化+微风化安山岩组合地层交替变化，各地层掘进参数差异大，渣土改良效果不同，刀具磨损值差异大。

（3）隧道地层区段间变化大，掘进模式随之变化，掘进参数不断调整，适应地层掘进时，若施工控制不当容易产生地面下沉。

3. 解决方法

（1）优化设计。

进行线路纵坡调整，尽最大可能减少上软下硬地层，以提高施工工效。按设计规范纵坡最小不小于 4%，最大不大于 25%，调线后上软下硬地层长度约为 74 m（约占线路总长的 5%），全断面微风化安山岩长度为 11 m（占线路总长的 1%），联络通道的位置也满足距离车站不大于 600 m 及在线路最低点的要求。

（2）刀盘选型。

结合青岛地铁 1 号线区间地层特点，选用准面板结构刀盘，主要结构为辐条+面板，开口在整个盘面均匀分布，中心部位设有面积足够的开口。刀盘背面焊接有主动搅拌棒，与前盾上的被动搅拌棒一起对土舱内渣土进行搅拌；刀盘设有渣土改良喷口，为背装可抽出式。最大推力 39 000 kN，刀盘扭矩 6 650 kN · m，脱困扭矩为 8 100 kN · m。刀盘配置参数和数量见表 6-1 和表 6-2。

表 6-1 刀盘配置参数

项 目	数 值	备 注
刀盘规格（直径×长度）	6 280 mm×1 750 mm	
旋转方向	正/反	
刀盘开口率	35%	
主要结构件材质	Q345B	
泡沫口数量	6 个	与膨润土共用
主动搅拌臂数量	2 个	

表 6-2 刀具配置统计表

刀 具	项 目	数 值
滚刀	中心双联滚刀	6 把
	单刃滚刀	34 把
	伸 出 量	175 mm
刮 刀	刮刀数量	40 把
	刮刀高度	135 mm
边 刮 刀	边刮刀数量	12 把
	边刮刀高度	135 mm
焊接撕裂刀	撕裂刀数量	11 把
	撕裂刀高度	150 mm
仿形超挖刀	仿形刀数量	1 把

（3）盾构掘进技术卡控及渣土改良。

不同地层组合掘进参数及渣土改良措施如下。

① 强风化+中风化地层掘进工效较好，掘进速度为 30 ~ 50 mm/min，推力 8 000 ~ 12 000 kN，扭矩 12 ~ 13 MPa，泡沫用量约为 50 L/环（4 路泡沫、膨胀率设置在 12% ~ 15%，流量为 300 ~ 350 L/min），刀盘喷水 6 ~ 8 m^3，舱压为 0.08 ~ 0.12 MPa，80 ~ 100 环边缘刀损在 5 ~ 8 mm。因此，设置每掘进 50 ~ 80 环检查一次刀具，对于最外边缘 44、45-1、45-2 号刀磨损大于 8 mm 必须进行更换，其余边缘刀大于 15 mm 进行更换，正面刀大于 20 mm 更换。

在该地层掘进，地面沉降稳定，但经常出现螺旋喷涌情况。经分析，地下水以基岩裂水为主，施工过程中土舱内渣面高度控制在 2/3 高度位置，同时掘进过程中将空气流量调节到 300 ~ 350 L/min，泡沫膨胀率设置在 15% ~ 18%，掘进 1 环左右，喷涌问题被消除。

② 中风化+微风化地层掘进工效低，掘进速度为 5 ~ 10 mm/min，泡沫消耗量为 80 ~ 100 L/环，每日掘进 2 ~ 3 环。掘进 20 ~ 30 环边缘刀磨损在 5 ~ 8 mm，因此，在通过该地层前和通过后均进行刀具检查和更换，防止卡机事件。

③ 拱部为富水砂层或富水砂层 + 强风化 + 中风化掘进。在这些地层区段施工难度大，地面沉降容易，出土量控制容易出现压舱现象，掘进参数跳动变化大，螺旋喷涌频繁，刀

具容易偏磨，更换刀具须带压换刀。因此，在掘进该地层前选择地层稳定区域提前检查刀具，根据磨损情况对最外边缘刀磨损大于 8 mm 进行更换，其余边缘刀大于 15 mm 进行更换，正面刀大于 20 mm 更换。选用优质泡沫进行渣土改良刀盘喷水 10 ~ 12 m^3/环、掘进过程中盾壳注入膨润土，推力 14 000 ~ 16 000 kN，速度 40 ~ 60 mm/min。泡沫 60 ~ 80 L/环，土舱压力较计算值增加 0.2 ~ 0.3 MPa。

任务 6.3 岩溶地层盾构施工技术

【工作任务】

近年来，全国各地的地铁施工中发现了多处岩溶地层，比如贵阳、南宁、广州、昆明、武汉、长沙、徐州、大连等。溶洞溶涌、突水突泥、地面塌陷等不良地质状况给地下工程建设带来了巨大困难。某公司准备投标某城市地铁盾构隧道项目，招标文献表明该盾构隧道穿越岩溶地层。假如你作为技术人员，准备采取哪些措施从而保证盾构顺利穿越岩溶地层？请查阅相关文献，并做成幻灯片进行讲解。

【相关知识】

6.3.1 岩溶地层的概念及特点

岩溶是水对可溶性岩石进行以化学溶蚀作用为主，流水的冲蚀、潜蚀和崩塌等作用为辅的地质作用，以及由这些作用所产生的现象的总称。岩溶地层是指可溶性岩石，如碳酸盐类岩石等受含有二氧化碳的流水溶蚀并加以沉积作用而形成的地层。岩溶地层，按岩性可分为石灰岩喀斯特、白云岩喀斯特、石膏喀斯特、盐喀斯特，按成分可分为碳酸盐类岩石（石灰岩、白云岩、泥灰岩等）、硫酸盐类岩石（石膏、硬石膏和芒硝）、盐类岩石（钾、钠、镁盐岩石等）。岩溶地层往往存在奇特形状的空洞，也就是溶洞。

岩溶个体形态主要有溶洞、溶沟溶槽、溶蚀裂隙、溶孔以及地下暗河。

溶洞是地下水沿着可溶性岩石的层面、节理或断层进行溶蚀和侵蚀而形成的地下孔道。溶洞有全填充型，填充物有黏土、分化岩碎块、流塑状黏土等；有半填充型，填充物有流塑状土；还有无填充型空洞。溶洞大小不一，有 1 ~ 2 m 小溶洞，也有 10 ~ 20 m 的大溶洞，常见溶洞一般在 5 ~ 10 m 左右。

裂隙岩溶水：裂隙岩溶水赋存于岩溶地层中，岩石裂隙发育，岩面较破碎，强透水，水量丰富，局部具承压性。裂隙岩溶水的水位受基岩裂隙及溶蚀作用的影响，裂隙及溶蚀裂隙弱发育则水位相对比较高；反之，则相对较低。

6.3.2 岩溶地层盾构施工难点及风险

岩溶地层中由于溶洞、土洞的存在，打断了地层连续性和影响了地层中的应力分布，当盾构经过时，就会对盾构和隧道结构产生一定的危害。

1. 影响盾构施工安全

盾构掘进时一旦遇到溶洞，由于盾构掘进振动等影响，开挖面很可能瞬间失压，导致严重坍塌。溶洞、土洞在隧道上方时，溶洞中的充填物突然坍塌或掉落的大块或大量石头很可能卡住刀盘或把盾体压死。溶洞、土洞如果在隧道下方，部分溶洞充填淤泥、细砂、灰岩碎块等软弱物质，承载力较低，盾构穿越溶洞极易出现栽头；溶洞、土洞如果在隧道上方，盾构穿越时易造成地表严重沉降及地面坍塌；溶洞、土洞如果在隧道侧边，盾构穿越后易造成管片结构变形。

地层中有溶洞、土洞很容易形成软硬不均的开挖面，造成滚刀不转或刀具承受频繁冲击，也容易产生大块的不规则石块挤压在开挖面与刀盘之间。地层中地下水、水压高，螺旋机不能保压，叶片也容易被卡住。

如果采用泥水平衡盾构施工，遇到溶洞时，大量的石块掉入泥水舱造成泥水舱堵塞，石块太多，碎石器长时间在石块的包围下工作，容易磨损和损坏；大量的石块通过排泥泵和管路，易导致磨损。

2. 造成地层失水和地面塌陷等破坏

如果隧道施工中将遇到不同形态和不同规模的溶洞，盾构掘进可能造成地下水大量流失，将会破坏地层原来的载荷分布而发生坍塌。情况严重时，地层里的地下水流失、局部坍塌后，会将这个影响传到地面，从而导致地表沉降和地面建筑物破坏。

3. 降低隧道结构永久承载力、变形性能

在隧道运营过程中，由于列车行驶产生振动，以及受地下水活动和周边环境等因素的影响，使岩溶洞体更易发生坍塌问题，从而影响地铁正常运营。

6.3.3 岩溶地层盾构施工关键技术

岩溶地层盾构施工以“全面勘察、重点加固、局部封闭”为原则，从溶洞的空间分布、大小及充填情况进行勘察，对溶洞事先进行填充和加固处理，并进行盾构的适应性设计及采取相应的掘进控制措施。

（1）区间盾构始发前，以岩溶专项勘察报告为基础，做好岩溶补勘工作。应用高密度电阻率法物探、补充钻孔勘探、电磁波深孔 CT 物探多种探测方法，对勘测结果进行综合分析，探明岩溶发育程度、溶洞的空间分布与大小、溶洞与盾构隧道空间位置关系和填充物特征。

（2）从溶洞规模、填充、地质结构、岩溶水及与隧道相对关系等因素考虑，利用《城市轨道交通地下工程建设风险管理规范》风险等级划分的方法，评定溶洞对隧道工程影响的风险。

（3）对溶洞、土洞进行加固处理。

盾构隧道岩溶处理应遵循以建设阶段处理为主、运营阶段处理为辅的原则，即盾构掘进前地面预处理和掘进过程的洞内处理为主，洞内预留措施处理为辅。在条件允许的情况下，尽量选择地面预处理的方式。建设阶段溶洞处理应遵循的程序如下：

① 首先施作止水、止浆帷幕，将处理范围内的溶洞与外界溶洞隔离，再处理中间区域。需强调的是中间区域补充孔应跳跃施工，以防止跑浆、串浆现象。

② 先对无填充、半填充溶洞填砂浆处理，然后再进行其他溶洞注浆填充处理。

③ 施工顺序：先外后内，先下后上；溶洞大小施工，先填充大溶洞，后填充小溶洞；填充材料施工，先填充大骨料后注浆加密填充；注入量控制先大后小；注浆压力控制先小后大。

溶土洞的处理范围在满足列车高速运行条件下地基承载力要求的基础上，根据岩面以上土层性质、岩体的特性、溶洞的填充情况等综合判断。表 6-3 列举了国内几个遇到岩溶的城市在盾构施工时对溶洞的处理范围，主要参照了广州地铁的总体设计要求及经验教训。长沙地铁盾构隧道要求在隧洞底部溶洞之间的竖向岩层厚度小于 1 m 时，紧邻的下层串珠状的溶洞也应进行相应的加固处理。若溶洞巨大，可以在隧道外侧设置隔离墙，墙内回填，墙外不处理的方式加固溶洞。

表 6-3　溶洞处理范围

工程	隧道轮廓外放距离/m	地板一下距离/m
南宁地铁 4 号线	3	5
武汉地铁 6 号线	3	5
深圳地铁	3	5
长沙地铁 3 号线穿越江底溶洞发育区	3	8

溶洞处理包括排出溶洞内岩溶水、利用回填材料与细砂或松散的石头对溶洞进行填充和注浆加固等方式。

充填法适用于无填充、半填充溶洞。对有地下水活动的溶洞，采用充填法时应设置反滤层，并预留排泄水流的通道。当洞穴较大且为无水时，充填材料可采用素混凝土、水泥砂浆等，以满足地基强度。由于岩溶边界及空间的不确定性和实际充填材料级配的差异性，充填法处理后的地基密实度与强度一般较低。当工程对地基承载力和变形要求较高时，宜与注浆法等其他方法结合施工，才能满足工程要求。

注浆法适用于隐伏溶洞、深埋溶洞等岩溶地基处理和岩溶水治理。注浆法是在地铁建设中应用最广泛的方法，对岩溶区进行注浆处理可起到以下作用：

① 当注浆孔的间距较密时，密布的注浆孔在施工过程中可以揭露未发现的溶洞，达到消除隐患的目的。

② 注浆可以充填洞穴，防止土洞塌陷，同时浆液扩散渗透，也可击破消除相邻（隐伏）土洞，达到（预）处理或降低塌陷的目的。

③ 注浆浆液进入岩土界面可固结土体或破碎带，阻隔地下水与溶洞的水力联系，从而

阻止或延缓土洞的发生和发展。

④ 基底以下，岩面以上为砂层的情况，采用固结注浆，使其具有一定强度及抗渗性能的固结体，可有效阻止由于下部溶洞发展带来上部砂层的塌陷。

⑤ 注浆可以提高土体的密度，增强土体强度与稳定性。当岩溶顶板破碎、较薄或不稳定时，对岩溶注浆可封堵岩溶裂隙、充填洞穴、固化破碎带，提高溶洞的整体性和稳定性，从而提高岩溶地基承载和抵抗变形能力。

⑥ 注浆可增强抗管涌（潜蚀）能力，防止或减弱地下岩溶水引起的涌泥、突水，保证施工与周边建筑安全。

为了保证岩溶处置的质量，在处理后 28 d 后随机钻孔，检查岩溶洞穴的密封性。对勘探孔内土体进行无侧限抗压强度试验和标准贯入试验。

（4）盾构隧道施工措施。做好盾构掘进参数管理，建立监控量测体系，实施信息化管理，保证在整个施工过程中盾构掘进姿态、管片姿态和地面沉降均处于受控状态。对于盾构区间详勘和补勘未发现土洞和溶洞的地段事先不予处理，而是立足于洞内处理，主要是加强施工过程中的超前注浆、盾尾注浆及管片背后注浆等措施，确保隧道在投入运营后仍有条件对下方地层进行加固，并对其加强监测。

（5）盾构隧道结构处理措施。避免隧道结构基础因不均匀沉降和确保盾构隧道管片结构安全，一般采用加强的钢筋混凝土管片和采用高强度螺栓的方式增加管片支护刚度。

6.3.4 工程案例——南宁轨道交通 4 号线某区间岩溶地层施工技术

1. 工程概况

南宁市轨道交通 4 号线一期工程某区间隧道沿五象大道延伸，沿线地形较平坦，由西向东地面高程 80.92 ~ 82.6 m，地下水位埋深 3.7 ~ 19.2 m。区间长度为 851.871 m，线间距 14.00 ~ 16.00 m，线路由一段直线和两段曲线构成，最小曲线半径为 450 m，线路埋深 9.5 ~ 16.3 m。区间线路以 25.0‰下坡出发、6‰下坡，23.0‰上坡到地铁站。区间隧道侧穿良庆河，区间右线隧道结构距离河道 31.7 m。区间穿越主要地层为黏土、粉制黏土、含砾黏性土。区间采用土压平衡盾构施工，以小里程端头始发，在大里程端头接收。区间部分隧道底部有岩溶，岩溶在盾构掘进施工前已处理，处理范围为：隧道底板以下 5 m 内溶洞加固处理，隧道左侧、右侧上部 3 m 范围内溶洞加固处理。

2. 溶洞处理

区间左线盾构在掘进第 319 环时，油缸行程至 800 ~ 1 200 mm，发现盾构出土异常，为保证土舱压力稳定盾构停止出土，将 319 环掘进完成，及时拼装管片后，左线停止掘进。319 环掘进参数：总推力 6 900 kN；刀盘扭矩 750 ~ 800 kN · m；刀盘转速：1.5 r/min；掘进速度 50 ~ 60 mm/min；出土量 16 m^3；同步注浆量 7 m^3；注浆压力 0.47 MPa；土压舱压力（上下）0.11 MPa、0.14 MPa。区间左线盾构正常掘进参数：推力 9 000 ~ 10 000 kN，刀盘扭矩 1 000 kN · m；刀盘转速 1.5 r/min；掘进速度 50 ~ 60 mm/min；出土量 56 ~ 58 m^3。区间左线 319 环掘进参数的总推力、刀盘扭矩及出土量远小于理论值。

区间左线第 319 环掘进共出土 16 m^3，说明刀盘前方存在孔洞、地质松散区域等不良地质。对照岩溶处理图纸分析，盾构停机位置，刀盘前 9 m，隧道前进方向右边线 4 m 处有两个溶洞埋深在隧道底板以下 10 m，设计不作处理。出土异常表明此区域存在溶洞填充软弱地层，所以采用地质钻机打孔进行地质补堪，来确定不良地质的位置、大小范围以及形式（孔洞、松散地层、溶洞软填充物），进行针对性的加固处理，保证盾构顺利通过。

（1）地面刀盘区域围蔽及加密施工监测频率。

由于区间左线隧道位于五象大道西行主城道，对盾构掘进里程相应路面前后 15 m 位置进行围挡警示。对刀盘前后进行沉降监测，监测频率为 2 小时一次。

（2）土舱保压（注膨润土）盾构停机后对土舱进行打气保压，并及时注入膨润土逐渐建压，总共在土舱内注入膨润土 15 次，累计注入 62 m^3，舱压稳定在 0.18 MPa。

（3）地质补堪：因详勘和施工补堪孔距线路中线较远；根据现场情况，在刀盘前方补堪 3 个孔，成型隧道后方补堪 1 个孔，具体如下：

1 号孔在隧道中心线上，在刀盘前方 3 m，深度 25.5 m，隧道底部 6 m，芯样显示：1 ~ 5 m 为杂填土，6 ~ 17 m 为含砾黏性土，18 ~ 25.5 m 为角砾土。

2 号孔在隧道中心线上，在刀盘前方 1.1 m，深度 27.2 m，隧道底 8.2 m；芯样显示：1 ~ 5 m 为杂填土；6 ~ 19 m 为含砾黏性土；20 ~ 23 m 为角砾土，土质较松软；24 ~ 26 m 未抽到芯样；27 m 为角砾土。根据 2 号孔芯样显示刀盘前，隧道底以下 5 ~ 7 m 存在地质松散区域。

3 号孔在隧道左侧结构边线处，在刀盘前方 1.1 m 距隧道中心线 3 m，孔深 27 m，隧道底部 8 m；芯样显示：1 ~ 5 m 为杂填土；6 ~ 24 m 为含砾黏性土；20 ~ 23 m 为角砾土，土质较松软；24 ~ 27 m 为角砾土。

4 号孔在已成型隧道第 310 环隧道上方，孔深 10 m，隧道覆土 13 m；芯样显示：1 ~ 5 m 为杂填土，6 ~ 10 m 为含砾黏性土。

根据勘查单位提供的南宁轨道交通 4 号线一期工程 C 标段某区间地球物理勘探报告显示，从 K18+660 ~ K18+955 段电阻率等值线图上看，黏土层（包括素填土、含砾黏性土和角砾土）电阻率值在 40 ~ 400 Ω ·m，大约厚度为 30 ~ 40 m，标高约 40 ~ 45 m，在 K18+745 ~ K18+755 段，标高约 35 ~ 40 m 处为低阻区，推断为溶蚀裂隙发育区，灰岩的线电阻率值在 400 Ω · m 以上，从浅至深，电阻率均由高至低，反映基岩富含地下水。该段内存在不良的地质体，为防止出现左线 319 环相同地质情况，在左线线路中心线补堪个孔 5 号孔 6 号孔，孔深 27 m，芯样显示正常。

（4）注浆加固。

采用 WSS 注浆机下钻至 2 号底部 26.3 m 位置注水泥、水玻璃双液浆，共计 48 m。注浆累计约 22 m 时舱压开始上涨明显，舱压从 0.17 MPa 涨到 0.217 MPa，

（5）注浆效果检测。

注浆完成后刀盘位置断面做跨孔 CT 进行检测，检测盾构隧道下方密实度。检测结果显示从测线上推断本次的注浆效果整体较好，未发现大规模软弱夹层等不良地质。

（6）盾构恢复掘进。

盾构恢复掘进时，准备工作要到位包含：应急物资设备到位，人员值班到岗，设备检查正常，材料储备充足，地面所有地质勘查孔均进行注浆封孔，要求快速通过。盾构恢复掘进通过 3 环后，各项参数正常，盾构姿态稳定顺利通过该地层。

在掘进过程中，盾构操作人员掘进过程中相对应的地质情况以及盾构掘进参数深入分析，做出准确判断，及时停机进行处理，避免了盾构栽头及成型隧道超限等严重的安全质量事故。

任务 6.4 岩石地层盾构施工技术

【工作任务】

某盾构在全断面硬岩地层中掘进。因地层岩石是坚硬岩，强度高，刀具、刀盘磨损严重，掘进缓慢。请查阅相关文献，找出解决问题的办法，然后进一步挖掘硬岩隧道盾构掘进可能还会遇到的困难和应对措施，并做成幻灯片进行讲解。

【相关知识】

6.4.1 岩石地层的概念及特点

地质历史上某一时代形成的层状岩石称为岩石地层，它主要包括沉积岩、火山沉积岩以及由它们经受一定变质的浅变质岩。岩石地层指在开挖断面范围内和开挖延伸方向上，由一种或若干种地层组成，但力学性能、工程地质和水文地质等特征相近的地层或地层组合。岩石按坚硬度主要分为坚硬岩、较硬岩、较软岩、软岩和极软岩等 5 类，如表 6-4 所示。

表 6-4 岩石坚硬程度分类表

坚硬程度	坚硬岩	较硬岩	较软岩	软 岩	极软岩
饱和单轴抗压强度 R_C/MPa	$R_C>60$	$30<R_C\leqslant 60$	$15<R_C\leqslant 30$	$5<R_C\leqslant 15$	$R_C<5$

我国部分城市盾构隧道穿越的地层岩石强度较高，达到坚硬岩标准，例如青岛地铁某区间隧道地层岩石最大抗压强度为 84.89 MPa，济南市轨道交通 R2 线一期某区间硬岩岩石强度平均 134 MPa，最高达到 264 MPa，福州轨道交通 5 号线农林大学站—洪塘路站部分地段岩石强度为 601 ~ 187 MPa。

在较坚硬岩层修建隧道可选用钻爆开挖并施作初期支护，然后边空推边用盾构拼装管片形成隧道的二衬的方法，或者选择爆破预处理加盾构施工的方法。但在城市地铁盾构隧道施工时，有时因为周边环境影响，无法采取爆破开挖或预处理技术时，仍利用盾构掘进修建隧道。

6.4.2 岩石地层施工难点

1. 刀具磨损大、掘进速度缓慢

在全断面硬岩地层掘进过程中，盾构刀具承受着突变强冲击荷载，刀具消耗大且破岩效率低下，部分破岩能量消耗在刀具摩擦磨损以及围岩被反复碾磨挤压产生的二次磨损及无效损伤和变形上。此外土舱内渣土随着刀盘的转动，渣土对刀盘及刀具造成二次甚至多次磨损和非正常损坏，加速了刀具的磨耗。随着岩石强度增加、节理裂隙发育情况、地层含水情况等的变化，盾构掘进速度缓慢、渣温升高、刀具磨损严重、螺旋输送机喷涌等现象较为突出，由此引发的换刀频率增加、盾尾清理时间加长，整体掘进效率大幅度降低。当岩石饱和单轴抗压强度大于 80 MPa 时，盾构刀具在有效的挤压力作用下贯入度减小，造成掘进速度缓慢。

2. 出渣不畅

盾构在硬岩地层掘进时，受基岩裂隙的影响，部分渣块并不是滚刀切削的规则岩块，而是刀盘转动过程中扰动掌子面，岩块沿裂隙破裂掉落到土舱中，尺寸规格大小不一。渣土进入土舱后，由于没有黏性颗粒参与，渣土的流动性降低，不能进入螺旋输送机，造成渣土堆积在螺旋输送机进口两侧，使螺旋输送机不能正常输送（图 6-3）。刀盘前滞排的渣土会在盾构局部不断堆积，根据渣土堆积类型可以分为：

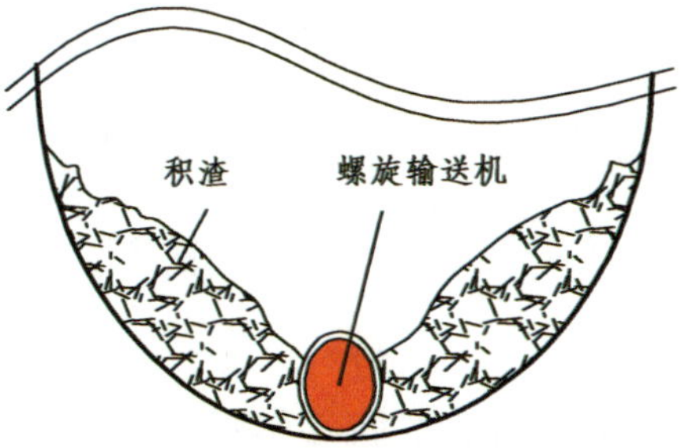

图 6-3　土舱底部积渣示意

（1）底部型：滚刀破岩会沿着节理裂缝处崩落较大的岩石块，如果直径超过螺旋输送机的渣土口，堆积在土舱底部，难以被螺旋机排出土舱或者卡在螺旋机旋转叶片之间。大块的岩石块在土舱里会随着刀盘旋转，导致刀盘扭矩跳动过大，旋转到刀盘上部下落时会砸到刀具，会对刀具造成二次磨损。

（2）泥饼型：滚刀破岩切削下的细小颗粒，刀具在破岩过程中土舱温度升高，细小颗粒黏结在刀具上加上高温形成泥饼，滚刀被泥饼糊住，滚刀轴承无法旋转，即滚刀无法自转。可能造成滚刀偏磨和弦磨，滚刀破岩能力下降导致掘进效率下降。

大块岩块传输至螺旋输送机中后容易在螺旋叶片和筒壁之间或轴与筒壁之间卡住，导致舱内渣土排出不畅。

大块岩块传输至螺旋输送机中后容易在螺旋叶片和筒壁之间或轴与筒壁之间卡住，导致舱内渣土排出不畅。

3. 盾体滚动角大

在全断面硬岩中掘进时，盾构舱压较小或不建压，盾构推力不足，而开挖轮廓与盾壳之间摩擦力小，掘进过程中有大块岩石卡住刀盘，导致刀盘扭矩突然增加，盾体瞬间扭转甚至车架扭转。在正常掘进中，刀盘旋转破岩，盾壳与岩壁之间的摩擦力不足以提供足够反力导致盾壳旋转，盾壳带动推进液压缸、液压缸撑靴附着在管片端面上带动管片有不同程度的旋转，累加后导致走道板位置发生变化、轨道发生变化等造成车架倾斜、蓄电池与拖车干扰、双梁吊机不能平稳工作等现象。在基岩裂隙发育，地下水丰富地段，管片背填注浆长时间未能有效凝固，或注浆量严重不足导致管片未能充分接触周围岩体，围岩无法产生足够的摩阻力阻止因盾体旋转而导致的管片转动。

4. 盾壳被卡

首先，由于盾构在硬岩中掘进时刀具磨损较快，非正常磨损频率增加，在边缘刀（保径刀）磨损量超过滚刀磨损限值时，开挖轮廓随之缩小，盾壳与开挖轮廓之间的间隙变小，直至盾壳与岩壁紧贴，造成盾壳被卡。

其次，由于硬岩地层开挖轮廓比较稳定，地层在盾构姿态较差时不会因推力挤压而发生形变，故盾构纠偏稍有不慎会发生隧道开挖轮廓轴线呈 V 形或者 S 形，卡盾的概率增大。

另外，硬岩掘进时石粉、石渣进入盾壳与开挖轮廓之间的空隙，减小了盾体的活动空间，增大盾构主机前进的摩擦力，导致盾构被卡。

卡盾具体表现为掘进速度缓慢、刀盘扭矩小等。采取相关脱困措施又会导致管片破损量增加，隧道次生灾害逐步显现。

5. 管片上浮

由于管片与围岩之间间隙一直存在，围岩对管片不能产生抗浮作用。硬岩含水地层管片后方容易汇水，而同步注浆浆液容易被稀释和冲走，无法及时填充空隙，为管片上浮提供了外部条件。管片在注浆浆液或地下水包裹产生的静态浮力和注浆压力引起的动态浮力作用下会产生上浮。广州地铁 7 号线某段硬岩盾构隧道最大管片上浮量达到 118 mm。

6.4.3 岩石地层盾构施工关键技术

1. 硬岩地层盾构选型

盾构隧道开挖断面范围为硬岩地层时，存在设备及刀具磨损严重、盾构掘进速度慢问题。适合的盾构应具有高转速，大推力和大扭矩的特点。岩层硬度大，刀盘损伤严重，故盾构刀盘应采用强度高、韧性大的钢材母材的刀盘。刀盘的刀具应以滚刀为主，通常设计为滚刀和刮刀可以互换的形式。为防止在巨大的推力下刀具变形，刀座和刀箱均是重型设计。刀盘的开口率≥25%，以方便石渣进入土舱。可以在刀盘直径、强度、开口率等基本参数不改变的前提下，通过改变滚刀外形尺寸，增加滚刀数量、提高刀盘整体破岩能力；优化滚刀刀圈外形和固定方式，提高滚刀贯入度和正常使用时间。

在岩石地层条件下，减少螺旋输送机的磨损非常重要。为确保在隧道掘进过程中不需大的维修，可以通过焊接耐磨碳化钢条以保护壳体下部，表面堆焊耐磨网格处理保护上部，在螺旋叶片上安装高强度的防磨钢板保护叶片。用螺栓固定在螺旋叶片上的防磨板，可通过布置在壳体上的窗口进行更换。

2. 掘进模式选择

全断面硬岩地层开挖断面相对稳定，不会出现开挖面失稳的情况，因此盾构在硬岩地层掘进时多数采用敞开式掘进模式，这种掘进模式大大降低了盾构推进阻力和刀盘旋转阻力，使盾构掘进功效得到提高。

3. 盾构掘进控制

（1）刀盘转速和推力。

全断面硬岩地层中应遵循刀盘高转速、低贯入度、小推力、低扭矩的原则，但过高的转速在硬岩地层的掘进会造成盾构振动，加剧刀具磨损，一般较硬岩层中刀盘转速选择 2～2.5 r/min 较为合适。

盾构推力直接影响刀盘和刀具磨损，推力过大可能会造成短期的快速掘进，但刀盘和刀具长时间承受较大载荷，滚刀轴承受挤压变形，刀圈偏磨或断裂。故选择合适的有效破岩推力，保证有效的破岩能力。全断面硬岩地层中掘进时要严格控制最大挤压力，保证每把滚刀承受的力不超过刀具轴承的允许范围。

（2）盾构姿态。

在硬岩隧道当中盾构纠偏较为困难，掘进过程中应严格控制，一般应将盾构偏差控制在设计路线转向的内侧且最大偏差值不宜大于 30 mm。应注意的是，由于地下水量较大，考虑管片到上浮影响，一般将垂直方向的盾构偏差控制在-30～0 mm。

硬岩掘进振动较大，可能造成导向系统全站仪倾斜而测量错误，因此，应经常对测量系统进行检查，发现错误及时纠正。

（3）渣土排放。

控制掘进参数，降低推力、降低滚刀贯入度，尽量减小岩块体积，降低螺旋输送机被卡的概率。

在掘进过程中要做好渣土改良工作，调高泡沫剂流量或注入高浓度的膨润土泥并与土舱内小颗粒渣土充分搅拌，增加渣土的流动性、和易性、避免渣土在舱内沉淀堆积，使渣土能够顺利连续地排出。

当螺旋输送机被岩块卡死时，要立即停止掘进，启动螺旋输送机进行低速正反交替旋转和伸缩，直至将岩块挤碎，螺旋输送机扭矩恢复正常参数后再恢复掘进。

4. 刀具保护及更换

通过向掌子面注入泡沫，降低刀具温度，润滑刀具；当土舱内渣土较干或者刀盘扭矩变大时，应及时向土舱内注入膨润土润滑和降温，降低渣土对刀具的摩擦力，从而起到保护刀具的作用；渣土改良时应以泡沫为主，膨润土为辅。

全断面硬岩地层掘进施工，定期进行常压开舱后检查刀盘，测量每个滚刀磨损量是否超过警戒值，超过警戒值要进行更换。在掘进施工中观察总推力、刀盘扭矩是否情况异常，分析掘进参数的变化，并在施工中听刀盘破岩声音和观察渣土，判断刀盘的运转和磨损情况，发现异常时进舱检查刀具磨损，发现螺栓松动、刀具磨损及偏磨等立即处理。为保证硬岩段开挖面，应根据刀具磨损规律，将超限磨损的边缘刀、正面刀向刀具磨损量较小的中心区依次倒换，以合理利用刀具。

5. 滚动角控制

在盾构掘进过程中，经常观察滚动角数据变化，如滚动角大于 3°，利用改变刀盘转向来减小滚动角。当刀盘扭矩过大时要及时停止推进，进行空转降低扭矩。找出扭矩过大的原因，待解决后才可继续掘进施工，避免导致发生太大的滚动角。

6. 防止管片上浮措施

（1）掘进过程中使用盾尾上部两路注浆管进行同步注浆，使浆液从上至下填充管片与开挖轮廓之间的间隙，避免浆液在未凝固前由于流动性产生浮力。保证同步注浆量和注浆压力，注意同步注浆要均匀连续。由于在全断面岩层掘进速度慢，降低单位时间注浆流量，做到掘进注浆同步的原则。

（2）隧道通过硬岩含水地层中时，对盾尾后 5 ~ 10 环任意一环的环向部位进行二次注浆（同步注入水玻璃），双液浆快速凝固形成止水环截断盾尾后方来水，切断了水力通道同时增加衬砌顶部受力。

（3）在管片脱出盾尾后 8 环开始，每隔 2 ~ 3 环开一个放水孔，将管片 3、9 点位预留注浆孔打穿排水，然后注浆填充，保证管片壁后填充密实，注浆时采用注双液浆形式。

7. 盾构防卡

（1）及时更换边缘磨损的刀具，以保证刀盘开挖外径。直线地段最大磨损为 15 mm，如需调整姿态时，将边刀更换磨损标准降低至 10 mm。

（2）在进入硬岩前提前调整姿态，在硬岩中尽量平稳推进，如必须调节姿态时，姿态调节不宜操之过急，每环姿态变化量应控制在 2 ~ 3 mm。

（3）同步注浆量、注浆压力必须符合设计规范，保证同步注浆饱满。在管片脱出盾尾 8 ~ 9 环时用二次注浆进行补注浆，将管片壁后空隙填充密实，稳定衬砌环受力，以便于掘进时姿态控制，避免因管片移动导致盾构姿态出现问题，从而在调节姿态时出现隧道开挖圆不规则。

（4）操作时及时关注扭矩、推力、速度、铰接行程等掘进参数变化，倾听盾体是否存在异常响声等现象。出现异常后及时检查刀具，测量盾尾间隙、土舱切口环间隙，调节铰接与推进分区压力，使盾构达到放松状态往前推进。

6.4.4 工程案例——广州地铁三号线北延段某区间硬岩隧道施工技术

1. 工程概况

广州地铁三号线北延段某区间以中间风井为始发井，盾构自中间风井始发，分别向区间两端地铁站掘进。

在大里程方向 ZDK6+630.729 ~ ZDK6+699.319，YDK6+623.934 ~ YDK6+689.000 段，隧道洞身全部穿越微风化花岗岩，裂隙不发育，岩石完整（图 6-4），岩石天然单轴抗压强度最大 R_c=134.5 MPa，围岩强度高，盾构掘进困难，盾构掘进进度 1 环/天。

在小里程方向 ZDK7+243.929 ~ ZDK7+369.500，YDK7+246.222 ~ YDK7+350.000 段，隧道洞身全部穿越微风化混合花岗岩，裂隙发育，岩石较完整，岩石天然单轴抗压强度最大 R_c=158.0 MPa，围岩强度高，盾构掘进困难，盾构掘进最低进度 3 环/天，最高进度 10 环/天。

图 6-4　高强硬岩段微风化花岗岩

2. 盾构穿越高强硬岩段施工技术

（1）掘进模式。

在微风化硬岩中，由于岩石在开挖后应力重分布形成应力拱致使坍塌延时性，此种地层若条件许可尽可能采用敞开式掘进模式。

（2）掘进参数设定。

盾构在硬岩中掘进要选择合理的掘进参数，包括掘进总推力、刀盘转速、扭矩及掘进速度。

① 掘进总推力。

推力是影响刀具磨损的最直接参数。其大小直接决定了刀具所承受的荷载。推力过大，虽然短期内掘进速度很快，但过大的荷载会使滚刀轴承受挤压变形，继而影响滚刀的自转，最终造成滚刀刀圈的偏磨或断裂。盾构在硬岩中掘进总推力控制在 10 000 ~ 15 000 kN。在施工过程中，根据地层岩性差异及各种施工参数的分析和判断进行调整。

盾构的有效推力是指刀盘作用于工作面上直接将岩土切削或破碎下来所需要的实际推力。有效推力=总推力-盾壳与围岩之间的摩擦力-盾尾密封与管片之间的摩擦力-拖拉后配套设备的力。

在硬岩段敞开模式下掘进，增加总推力主要会使刀盘的推力增大。根据滚刀的设计能力，每把刀正面推力一般都限制在 250 ~ 300 kN。在这种情况下，若在硬岩段掘进，一旦对刀盘的推力过大，就会造成“多米诺骨牌效应”，滚刀将一个个地被损坏。同时，总推力过大可能导致管片破损开裂。在施工过程中，通过对围岩特点及各种施工参数的分析和判断，及时将总推力与有效推力进行比较，正确指导施工。

三号线北延段硬岩采用盾构掘进时，通过盾体注浆孔在盾体四周注膨润土降低盾壳与围岩之间的摩擦力，在总推力不变的情况下增加盾构的有效推力。

② 刀盘转速。

刀盘转速也是影响刀具磨损的一个主要因素，过大的转速在硬岩地层中会造成盾构震动颠簸，加快刀具的磨损。在硬岩中掘进刀盘转速控制在 1.0 ~ 1.2 r/min。

③ 扭矩及掘进速度。

在硬岩中掘进刀盘扭矩控制在 1 500 ~ 2 000 kN · m，掘进速度控制在 2 ~ 5 mm/min。

（3）掘进姿态控制。

盾构在硬岩段掘进控制好姿态，避免频繁纠偏。在硬岩地层中掘进，如果不断地调整盾构姿态就会使滚刀受力不均匀，在某个方向上过大的推力有可能导致局部滚刀变形损坏。

（4）同步注入泡沫。

在掘进中根据需要适当使用泡沫，起到润滑刀具、降温和改良土体等作用，遇到地下水较少时，适当加一些水对刀具进行冷却。

（5）注浆管理。

管片背后注浆遵循“同步注入，快速凝结，信息反馈，适当补充”的原则。

管片背后同步注浆量充填系数一般为 1.3 ~ 1.5。在硬岩段中管片背后同步注浆量充填系数取 1.3 即可，采用敞开式掘进同步注浆量过大，浆液会沿盾壳与围岩间隙进入土舱造成浪费。管片脱出盾尾三环后，在 1 点钟及 11 点钟位置利用吊装孔进行二次补注双液浆，这既可以把管片拱顶背后充填密实又可以防止管片上浮。

在硬岩中注浆压力最大不得超过 0.5 MPa，注浆压力过大易造成管片破碎开裂。

（6）刀具管理盾构在硬岩中掘进，关键是刀盘刀具布置必须适应该地层的掘进，但同时也要做好掘进管理及施工过程中的刀盘刀具管理。

① 刀具的配置。

目前盾构滚刀间距一般为 100 ~ 120 mm，在软岩中其破岩原理是由滚刀压碎岩石，滚刀之间无法破碎的“岩脊”部分由刮刀铲除。但是，盾构在通过花岗岩硬岩时就不完全适合了。根据破岩机理的研究，盾构在硬岩中的破岩是通过滚刀给岩石以一定的压力使之产生裂缝，当相邻滚刀产生的裂缝连接在一起时，岩石就会破碎并脱落。因此，在硬岩破岩的过程中无需刮刀起任何作用。事实证明，刮刀在破硬岩过程中的作用很小，要么被磨平，要么被崩断。这是由于当刀盘在转动的过程中滚刀的贯入度超过了滚刀与刮刀的高度差时，刮刀突然碰到硬岩所受到的瞬间荷载造成的。

刀盘按硬岩掘进布置刀具，刀盘安装了 31 把单刃滚刀、4 把双刃滚刀、64 把正面齿刀、8 把边刮刀。始发井—同和站左线剩余 70 多米硬岩采用盾构掘进通过，在开舱检查刀具时发现齿刀、边刮刀多数崩断损坏，不再对其装新的刀具，为了保护刀座，用 20 ~ 30 mm 厚钢板代替刀具装上拧紧螺栓。刀盘不要配置不同厂商生产的刀具，不同厂商生产的刀具存在一定的差异，会致使滚刀在硬岩中掘进会被分批破坏影响掘进。刀具超过规定磨损量必须换刀，特别是边滚刀过度磨损不及时更换易造成盾壳卡死被困。

② 刀具更换。

在硬岩中掘进，刀具磨损较快，必须准备足够的刀具（尤其是滚刀）并及时检查和更换刀具。换刀前通过往土舱加气压使盾构回退 20 ~ 30 mm，缩短换刀时间。刀具更换完毕彻底检查一遍固定刀圈的螺帽是否拧紧，盾构开舱往前掘进 100 mm，土舱口派人观察滚刀是否存在不转的情况，如果存在及时更换处理，然后再检查一遍固定刀圈的螺帽是否松动。

刀具的磨损程度可以通过施工参数的变化作出初步判断。出现推力过大，推进速度小，扭矩也偏小，以及盾构姿态纠正很难的时，就要考虑刀具是否磨损严重，要安排开舱检查刀具；连续出现刀盘或螺旋输送机被卡住时，立即停机进行检查；出渣土中发现碎片石不均匀，且伴有大块的石头出现时，就可能有滚刀损坏，应立即停机检查。

检查刀圈是否磨损超限、断裂、变形，固定刀圈的螺帽是否松动或掉落，以及刀座是否有裂纹等，一旦发现立即采取补救措施。

始发井—同和站左线剩余 70 多米硬岩采用盾构掘进通过，先后开舱换刀 6 次，换刀最短一次间隔掘进距离 3 m（2 环）。

在推力作用下，滚刀随着刀盘的转动和自身的旋转而在开挖面上沿同心圆固定轨迹进行破岩作业。刀具磨损存在差异造成掌子面高低不平，刀具更换完后恢复掘进，掘进推力和速度不宜过大，让更换的刀具有时间进行轨迹拟合，否则易导致刀圈非正常断裂。

（7）地下水发育，易产生“喷涌”的防治。

① 地面无建筑物，失水不会造成地层固结沉降过大，通过土舱背板上的球阀往外放水可以降低喷涌发生。

② 通过气压阻止裂隙水向土舱汇聚降低喷涌发生。

③ 通过管片吊装孔二次注入双液浆进行环向封堵，拦截管片背后水流向土舱汇水降低喷涌发生。

④ 在距离尾盾最近的一环管片，用编织袋装渣堆成围堰拦截喷涌漏下的渣，减少尾盾清理工作量，缩短掘进与拼装之间时间间隔，提高功效。

⑤ 通过前盾、中盾注浆孔环向注入聚氨酯阻止盾体围岩裂隙水向土舱汇聚降低喷涌发生。

⑥ 在土舱内注入膨润土，加高分子聚合物进行渣土改良降低喷涌发生。

任务 6.5 软土地层盾构施工技术

【工作任务】

某盾构隧道穿越极软塑地层中。施工中发现盾构姿态偏移大，管片上浮明显，管片多处开裂。请查阅相关文献，归纳软塑地层盾构姿态控制难的原因，提出防治管片开裂的措施，并利用幻灯片讲解说明。

【相关知识】

6.5.1 软土地层的概念及特点

软土一般是指在静力或缓慢流水、缺氧、多有机质的条件下生成的以细颗粒为主的近代沉积物。其颗粒小于 0.1 mm 部分一般占土样重量的 50%以上。这类土大部分是饱和的，含有机质的，天然含水量大于液限，孔隙比大于 1。当天然孔隙比大于 1.5 时则称为淤泥，天然孔隙比大于 1 而小于 1.5 时，则称为淤泥质土。工程上将淤泥、淤泥质土、泥炭、泥炭质土、冲填土、杂填土和饱和含水黏性土统称为软土。软土地层还包括软土与砂土、碎石土、角砾土及块土等形成的互层。绝大部分软土生成于全新世的中晚期，也有软土层埋藏在密实的硬土层之下，生成期较早。在各种土质中，软土是比较年轻的沉积物，甚至还存在正在继续沉积的欠固结软土。

软土天然含水量大、孔隙比大、压缩系数高、强度低等，具有蠕变性、触变性等特殊的工程地质性质，工程地质条件较差。盾构在软土地层中施工时：① 盾构选型应满足密封性及抵御水土压力的要求；② 盾构始发与接收端头需对地层进行加固；③ 容易引起地表沉降过大；④ 掘进过程中盾构姿态不易控制等。

6.5.2 软土地层施工要点

软土地层盾构掘进要点有以下几方面：

软土地层盾构选择，要依据工程地质与水文地质条件、隧道断面形状、隧道外形尺寸、隧道埋深、地下障碍物、地下管线及构筑物、地面建筑物、地表隆沉要求等，经过技术、经济比较后综合确定。由于软土地层地基承载力小，含水量大，容易造成盾构头部下栽盾尾上浮的“栽头”现象。要结合软土地层特点进行盾构选型，应注意盾构重心位于合适位置，盾构重量分布相对均匀。

软土地层掘进中盾构易栽头，需要保持较大的上下推力差才能维持盾构垂直姿态。如果实际掘进中总推力较小，不足以提供大的力差，则可适当提高土舱压力，增大总推力。

盾构铰接一般可用于辅助纠偏和拟合设计曲线。当姿态出现偏差较大，靠推力差无法扭转时，可结合偏差大小打开铰接，辅助纠偏。在线路曲线半径较小的情况下，为了拟合曲线，减小推进阻力，降低盾构推进对地层扰动，在推进时可打开铰接到适当角度。

开启超挖刀和使用仿形刀对盾构也有纠偏作用。当盾构出现偏差时，在反方向区域开启超挖刀，实现纠偏。

盾构停机过程中，会出现不同程度的下沉和栽头。当盾构停机时间过长，需及时减压，使土舱压力维持在一定数值。

在软土地层中，盾构趋势受成型管片趋势影响较大。拼装管片的趋势影响盾构姿态。正确计算管片趋势，合理选择点位，是控制盾构姿态的关键。在选择点位时，要做到精细化操作，分析行程差、盾尾间隙和盾构姿态，计算管片趋势，结合盾构走向和设计轴线确定点位。

由于管片从刚拼装完成到隧道变形稳定后，会出现一定的位移。为保证成型隧道线型在允许范围内，推进时应根据管片实测位移量确定盾构掘进姿态。

严格控制同步注浆质量，尽量缩短浆液凝结时间，注浆量要达到设计要求，保证管片砌环能够与土体密贴，给盾构提供足够的抗扭转摩阻力，防止盾构产生过大滚动，保证管片环自身稳定。优先选用双液浆，加强土层的承载力和提高盾壳与周围土体的摩阻力。注浆过程中，可根据实际需要确定注浆孔位及每个注浆孔的注浆压力和注浆量。注过多引起盾构上浮时，应适当减少浆液的注入量。

6.5.3 工程案例——上海轨道交通 9 号线某区间软土隧道施工技术

1. 工程概况

上海轨道交通 9 号线某区间采用盾构法施工，隧道埋深 9.8 ~ 21.7 m，最大 28‰，最小平面曲线半径 500 m。隧道施工范围内主要地层为灰色泥质黏土、灰色黏土、灰色粉质黏土、暗绿—草黄色粉质黏土，局部涉及土层为灰色泥质粉质黏土夹粉性土，始发前 400 m 位于古河道沉积软土地层。盾构在始发后，坡度要在 50.4 m（42 环）的距离从 2%变坡至 28%，平均每环管片下降 0.62‰的坡度。同时，水平方向由直线缓慢变化为 500 m 半径的圆曲线。上海地区管片拼装形式为通缝拼装。管片仅在水平方向设置 26.4 mm 的楔形量，垂直方向未设置楔形量。盾构在纵向坡度及竖曲线段掘进过程中，成型隧道轴线拟合盾构轴线控制较难。

2. 施工重难点

（1）存在问题。

在始发进至 150 环的过程中，出现不同程度的渗漏水、管片破损以及上浮现象。其中 1 ~ 81 环平均上浮量 5 cm，82 ~ 111 环平均上浮量达到 7 cm，管片在脱出盾尾 50 环以后上浮量趋于稳定。管片上浮的同时，伴随有隧道渗漏水以及管片破损等现象发生。

（2）原因分析。

盾构在该阶段掘进过程中位于古河道沉积软土地层，主要穿越地层为灰色淤泥质黏土、灰色黏土、灰色粉质黏土。其中，灰色淤泥质黏土、灰色黏土均属于高含水量、高压缩性、低强度、低渗透性的饱和黏性土，具有较高的灵敏度，明显的触变特性以及较低的土体抗剪切性能，在刀盘扰动以及注浆压力的作用下极易破坏土体结构，产生土体压缩、加剧管片的上浮。

古河道沉积软土地层土性较差，由正常沉积区进入古河道沉积软地时，会造成盾构突沉，严重时会使盾构失稳。盾构掘进过程中为防止盾构栽头，下部推力较上部推力大，对管片存在一个向上的分力。

上海地区盾构掘进施工中的同步注浆采用的是厚浆，该浆液属于惰性浆，初凝时间较长，管片在脱出盾尾后处于悬浮状态，根据理论计算得知，管片受到浆液向上的浮力大于每环管片自重，管片存在向上的作用力。

中铁装备盾构主机总重约 365 t，较小松、海瑞克、石川岛等盾构重约 50 t，且实际重心在几何重心前 787 mm 位置。该盾构在上海软土地层推进过程中易发生“栽头”现象，为避免盾构“栽头”，需加大上下油缸推力差。但在实际推进过程中，若上下推力差超过 1 500 kN 后，管片易产生上浮甚至破损现象。

（3）解决方法。

① 严格控制盾构姿态。

逐步压低盾构的垂直姿态，抵消部分管片上浮量。通过管片上部贴片调整管片的前超量，使管片在轴线方向有 1 ~ 2 mm 向下的趋势，当管片达到这一趋势后，将盾构垂直姿态整体缓慢的、均匀的按照每环 2 ~ 3 mm 的速度向轴线下方（负值）调整，调整的垂直姿态范围为-20 ~ -30 m。据现场数据分析研究，当盾构坡度大于设计坡度的 2‰ ~ 3‰，垂直姿态前后高差在 5 ~ 10 mm 时，管片不易发生破损。因此在掘进过程中确保盾构坡度大于设计坡度的 2‰ ~ 3‰，盾构态保持平顺，垂直姿态前后点高差控制在 5 ~ 10 mm。

② 严格控制盾构掘进速度。

上海古河道沉积软土地层盾构掘进应保持匀速、均衡、快速通过，掘进速度宜控制在 30 ~ 40 mm/min，以减少盾构掘进对地层造成的扰动。同时采用单管单泵 4 点同时注浆的方式来及时填充土体与盾构之间的建筑空隙，严格控制注浆量及注浆压力，并通过在每方惰性浆液中分别加入 50 kg、100 kg 水泥的方式使浆液的初凝时间缩短到 11 h 和 8.5 h，使同步注浆浆液能够及时包裹并固结管片。

③ 严格控制盾构掘进上下推力差。

推力差是控制盾构姿态的基本要素。尤其是在古河道沉积软土地层盾构掘进施工中，盾构对推力差反应很敏感，推力差控制尤为重要。古河道沉积软土地层盾构掘进总推力一般控制在 800 ~ 1 000 t。地层较软、埋深较浅时，盾构容易“栽头”。本工程最大纵坡为 28‰，盾构掘进过程中为了保持盾构姿态稳定，一般控制下部油缸推力大于上部油缸推力差。根据现场数据分析研究，盾构掘进过程中当上下油缸推力差大于 1 500 kN 时，管片上浮量较大，且易出现管片破损现象，盾构施工过程中需严格控制上下油缸推力差小于 1 500 kN。

④ 二次注浆。

为及时固结脱出盾尾的管片，对后方 10 环以后的管片每 3 ~ 5 环注入双液浆，采用环箍固定管片的方式，使管片脱出活尾后不再处于游离状态，从而控制管片的上浮。双浆液的配比为：水泥∶水=1∶1，水泥浆∶水玻璃=1∶1，水∶水玻璃=1∶1，水玻璃波美度 B=40 Be，浆液初凝时间为 30 s。

⑤ 堆载重物。

古河道沉积软土地层含水量较大，土体抗剪能力较差，在管片受到向上作用力时易产生土体压缩、从而将加剧管片的上浮。因此，可采取在台车桥架处的管片底部增加铁锭堆载，通过额外增加管片重量的方式来抵抗部分上浮力。通过试验，每环管片增加 400 kg 铁可有效抑制管片的上浮。

⑥ 盾构优化改造。

A. 盾构主机重心及主机长度的优化。

中铁装备盾构原设计主机长度为 8.551 m（不含刀盘），主机总重量约为 365 t。根据盾构主机的重心进行分析，得出主机重心在几何重心前 787 m 位置。

优化方案：新做主机前盾，主机长度缩短至 8.320 m（不含刀盘）；优化前盾结构，新做前盾钢结构减轻约 6 t；优化刀盘结构，将 6 块小面板减薄，减轻约 2 t 优化刀具布置，减去 14 把切刀和 10 把先行刀，减轻 0.45 t；去除主驱动扭矩限制器，减轻约 2 t（上海软地层掘进扭矩小，不需要扭矩限制器）。以上优化共减轻盾构主机约 10.5 t。

盾构主机经优化后，主机总长由 8.551 m 缩短至 8.32 m，共缩短 231 mm，重心后移约 170 mm。

B. 推进油缸布置优化。

盾构推进油缸共分为 4 组，分组示意如图 6-5（a）所示，其中邻接块靠近封顶块处有一组双缸，根据现场研究分析，当管片脱出盾尾 5 ~ 6 环后此处管片偶尔会出现破损。

优化方案：结合设备特点以及盾构掘进情况，将原①点位和⑮点位双缸拆分为单缸，并屏蔽其中的一根单缸，以减轻易破损处管片受力，如图 6-5（b）所示。

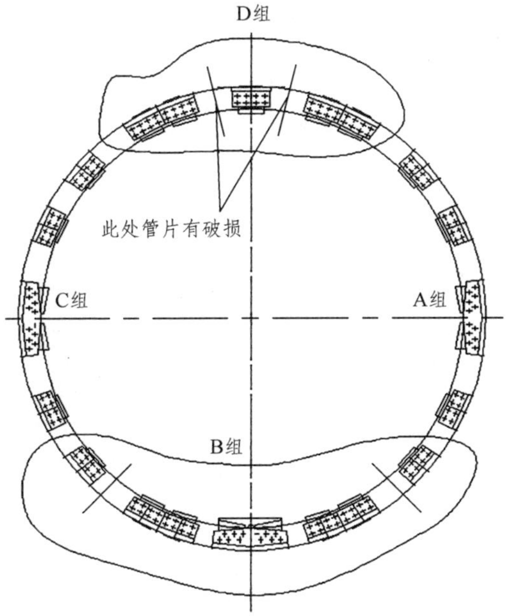

（a）优化前

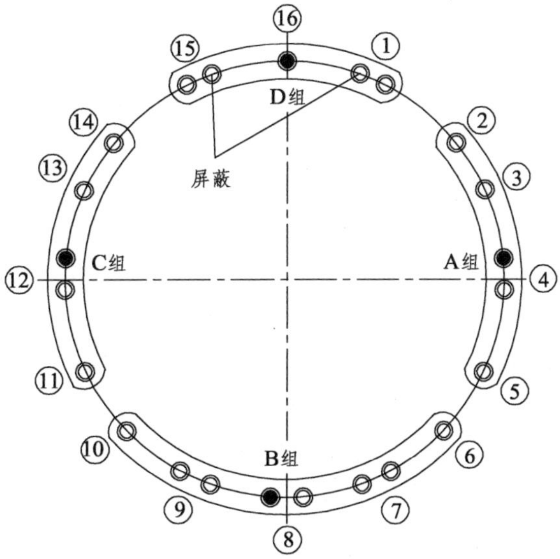

（b）优化后

图 6-5　盾构油缸分布示意

C. 盾构整机长度优化。

中铁装备盾构整机长度约为 83 m，包含注浆系统、液压系统、膨润土系统、污水系统、供电系统、泡沫系统等。

优化方案：根据上海轨道交通车站结构设计以及城区盾构施工场地小的问题，将原盾构 3 号台车去掉（包括主控制柜），并重新制作两个小控制柜放置于 2 号台车；去掉原 7 号台车，将电缆箱缩小并将原 7 号台车水管卷筒放置原 6 号台车，将原 3 号台车膨润土系统移至原 6 号台车左侧；皮带机出渣位置移动至原 5 号台车位置（现场出渣只用 3 节渣土车），原 5 号台车中部平台重新制作，盾构整机长度缩短至 65 m。

盾构经优化改造后，能够更好地适应上海软土地层盾构掘进施工，尤其体现在盾构姿态控制方面。盾构姿态控制较为稳定，在上海软土地层掘进过程中，尚未出现盾构“栽头”或者是盾构“漂移”等盾构姿态变化较大的情况，掘进各项指标均控制在规范及设计要求范围内，成型隧道质量控制较为理想。

参考文献

[1] 住房和城乡建设部，盾构法开舱及气压作业技术规范：CJJ 217—2014[S]. 北京：中国建筑工业出版社，2014.
[2] 白伟，等. 盾构隧道孤石地层探测及处理关键技术[M]. 北京：中国铁道出版社，2018.
[3] 曾垂刚. 泥水平衡盾构泥浆循环技术的探讨[J]. 隧道建设，2009,29(2):162-165+193.
[4] 陈馈. 盾构刀具关键技术及其最新发展. 隧道建设，2015，35（3）：197-203.
[5] 陈馈. 盾构刀具关键技术及其最新发展. 隧道建设，2015，35（3）：197-203.
[6] 陈馈. 我国工程机械行业的数字化智能化绿色化发展前景. 建筑机械化，2014. 35（02）：第29页.
[7] 陈馈. 盾构法施工超高水压换刀技术研究. 隧道建设，2013，33（8）：626-632.
[8] 陈馈. 重庆地铁工程盾构适应性设计. 建筑机械，2011（9）：104-107.
[9] 陈馈. 重庆地铁六号线二期工程盾构适应性设计. 建筑机械化，2011，32（2）：81-84.
[10] 陈馈. 狮子洋隧道盾构地中对接施工技术. 建筑机械化，2010，31（11）：60-63.
[11] 陈馈. 盾构带压进舱安全系统的研制. 铁道工程学报，2009，26（3）：54-56+61.
[12] 陈馈. 北京铁路地下直径线盾构选型. 建筑机械，2007（11）：36-39+3.
[13] 陈馈. 隧道掘进机产业化及发展方向. 铁道工程学报，2007（3）：56-59.
[14] 陈馈. 上海地铁延伸工程盾构刀盘设计与施工. 建筑机械化，2007（3）：61-64.
[15] 陈馈. 浅议我国隧道掘进机产业化及发展方向. 建筑机械化，2007（2）：25-28+4.
[16] 陈馈. 客运专线狮子洋隧道盾构设计与施工. 建筑机械化，2007（1）：43-46.
[17] 陈馈. 西安地铁施工盾构选型分析. 建筑机械化，2006（9）：34-36.
[18] 陈馈. 重庆过江隧道盾构刀具磨损与更换. 建筑机械化，2006（1）：56-58.
[19] 陈馈. 南水北调中线穿黄工程盾构选型. 建筑机械化，2005（12）：36-39.
[20] 陈馈. 南水北调中线一期穿黄工程盾构选型. 建筑机械，2005（12）：26-31+6.
[21] 陈馈. 浅谈南水北调穿黄隧洞的施工难点及对策. 建筑机械化，2005（11）：56-59.
[22] 陈馈. 国产盾构开发与产业化前景浅析. 建筑机械化，2005（10）：43-47.
[23] 陈馈. 重庆过江隧道盾构法施工泥水处理技术. 建筑机械化，2004（10）：34-36+33.
[24] 陈馈. 南京地铁TA15标盾构法施工技术. 建筑机械，2004（10）：68-71.
[25] 陈馈. 高水压地段泥水平衡盾构施工防水技术. 建筑机械化，2004（9）：21-23.
[26] 陈馈. 重庆主城排水长江隧道施工技术. 建筑机械化，2004（8）：29-32.
[27] 陈馈. 南京地铁盾构掘进技术. 建筑机械化，2004（2）：30-33.

[28] 陈馈. 浅谈盾构的应用及发展前景. 建筑机械化，2004（2）：58-61.
[29] 陈馈. 青藏铁路机械设备选型及管理模式初探. 隧道建设，2001（4）：32-34.
[30] 陈馈. 盾构施工关键技术. 北京：中国铁道出版社，2019.
[31] 陈馈. 中国隧道. 南京：译林出版社，2018.
[32] 陈馈. 盾构设计与施工[M]. 北京：人民交通出版社，2019.
[33] 陈馈，蔡建林. 城市地下综合管廊发展现状与对策. 建筑机械化，2012，33（10）：53-55.
[34] 陈馈，冯欢欢. 深圳地铁 11 号线大直径盾构适应性设计. 现代隧道技术，2015，52（2）：166-173.
[35] 陈馈，冯欢欢. 极软弱地层盾构施工关键技术探析. 建筑机械化，2014，35（11）：66-70+90.
[36] 陈馈，冯欢欢. 武汉三阳路公铁合建超大直径盾构隧道设计方案研究. 现代隧道技术，2014，51（4）：168-177.
[37] 陈馈，冯欢欢. 超大矩形盾构适应性设计与施工对策. 建筑机械化，2014，35（3）：71-74+85.
[38] 陈馈，冯欢欢. 中国盾构技术的发展与创新. 建筑机械化，2012，33（S2）：12-15+6.
[39] 陈馈，傅德明，吴学松. 盾构技术 60 年飞跃. 建筑机械化，2009，30（10）：42-45.
[40] 陈馈，韩亚丽. 泥水平衡盾构控制系统模拟试验台. 建筑机械化，2007（4）：59-62.
[41] 陈馈，洪开荣，吴学松. 盾构施工技术[M]. 北京：人民交通出版社，2009.
[42] 陈馈，焦胜军，冯欢欢. 盾构法施工[M]. 北京：人民交通出版社，2021.
[43] 陈馈，康宝生. 浅谈施工企业技术装备与管理. 建筑机械化，2005（2）：46-48.
[44] 陈馈，李建斌. 盾构国产化及其市场前景分析. 建筑机械化，2006（5）：59-64.
[45] 陈馈，李荣智. 地铁隧道穿越地下连续墙的处理技术. 建筑机械化，2004（7）：26-28.
[46] 陈馈，刘东亮. EPB 盾构掘进的土压控制. 建筑机械化，2005（12）：45-48.
[47] 陈馈，苏翠侠，王燕群. 盾构刀盘的有限元参数化建模及其分析. 隧道建设，2011，31（1）：37-41.
[48] 陈馈，苏翠侠，王燕群. 盾构刀盘的有限元参数化建模及其分析. 建筑机械化，2010，31（12）：57-60.
[49] 陈馈，杨延栋. 中国盾构制造新技术与发展趋势. 隧道建设，2017，37（3）：276-284.
[50] 陈馈，张兵. 重庆地铁六号线一期工程 TBM 法施工技术. 建筑机械化，2011，32（5）：52-55+7.
[51] 陈馈，张宁川. 长春地铁盾构选型与刀盘设计初探. 建筑机械化，2009，30（10）：80-82+91.
[52] 陈馈，等. 盾构法施工新技术新工艺[M]. 福州：福建科学技术出版社，2021.
[53] 陈馈，周蓓. 中国盾构[M]. 南京：译林出版社，2017.
[54] 陈新，王敏. 浅谈核电站取水隧洞硬岩段盾构施工地面钻孔爆破预处理技术. 科技创新与应用，2016（2）：181-182.
[55] 代迈. 地铁隧道超高强硬岩地层盾构施工技术研究[D]. 合肥：安徽理工大学，2021.

[56] 段军朝. 城市轨道交通盾构隧道施工技术与管理[M]. 北京：中国建筑工业出版社，2019.
[57] 方治纲. 高强度全断面极硬岩盾构隧道掘进施工技术. 建筑机械化，2021，42（11）：41-43.
[58] 丰帆，马鹏远，董沂鑫. 长沙河西城区岩溶发育特征及地铁工程中的风险分级. 工程技术研究，2021，6（24）：6-10.
[59] 冯欢欢，杨书江. 成都地铁 4 号线砂卵石地层土压平衡盾构施工技术. 隧道建设，2014，34（3）：274-279.
[60] 高伟贤，邓立营，张瑞临. 盾构主轴承密封结构研究. 矿山机械，2008，36（13）：21-23.
[61] 贵州省住房和城乡建设厅. 贵阳市轨道交通岩土工程勘察规范. 2020，贵阳.
[62] 郭泽浩. 盾构竖井施工方法一点认识. 路基工程，2007（6）：161-162.
[63] 国家市场监督管理总局. 工程岩体分级标准：GB/T 50218—2014. 2014.
[64] 国家铁路局. TB 10181—2017 铁路隧道盾构法技术规程[M]. 北京：中国铁道出版社，2017.
[65] 洪开荣. 盾构与掘进关键技术[M]. 北京：人民交通出版社，2018.
[66] 洪开荣，等. 中国全断面隧道掘进机发展历程、成就及展望. 隧道建设（中英文），2022，42（5）：739-756.
[67] 洪开荣，冯欢欢. 近 2 年我国隧道及地下工程发展与思考（2019—2020 年）. 隧道建设（中英文），2021，41（8）：1259-1280.
[68] 胡欣雨，张子新. 砂卵石地层土压盾构开挖面动态平衡机理研究. 地下空间与工程学报，2009，5（6）：1115-1121.
[69] 黄平华. 盾构被困实例分析及脱困措施. 隧道建设，2017，37（3）：342-347.
[70] 黄旭. 盾构刀盘选型及刀具强度分析. 传动技术，2018，32（2）：28-33.
[71] 江泽礼，王江卡. 岩石地层盾构施工技术研究. 施工技术，2018，47（S4）：1494-1497.
[72] 李丰果. 全断面硬岩地层盾构卡机原因分析与脱困措施. 西部探矿工程，2022，34（1）：200-202.
[73] 李海峰. 卵石含量高、粒径大的富水砂卵石地层中盾构选型研究. 现代隧道技术，2009，46（1）：57-63.
[74] 刘阳君，等. 密闭钢套筒+素地连墙加固接收盾构施工技术应用. 现代隧道技术，2020，57（S1）：980-984.
[75] 刘志峰. 盾构空推过矿山法隧道关键技术研究. 铁道建筑技术，2022（7）：184-188+214.
[76] 欧阳磊. 盾构过矿山隧道空推施工关键技术及控制措施. 福建建材，2020（2）：56-58+16.
[77] 宋天田. 盾构法隧道关键技术及典型应用[M]. 北京：中国铁道出版社，2020.
[78] 孙连勇，王永军，温法庆. 土压平衡盾构施工指南[M]. 武汉：武汉大学出版社，2019.

[79] 王百泉，等．土压/泥水平衡双模式盾构适应性设计．隧道建设（中英文），2020，40（S2）：314-318.
[80] 王国安，盾构地中对接施工技术初探．隧道建设，2007（S2）：536-541.
[81] 王江卡，等．盾构驾驶与施工[M]．北京：中国铁道出版社，2021.
[82] 闫建诚．土压平衡盾构全断面硬岩施工技术．施工技术，2014，43（9）：127-130.
[83] 阳军生，等．高强度基岩爆破预处理泥水平衡盾构掘进特征研究．岩土工程学报，2014，36（6）：1179-1184.
[84] 杨梅．全断面硬岩地层盾构掘进问题分析及解决措施．铁道建筑技术，2015（5）：54-57.
[85] 杨延栋，等．全断面硬岩地层盾构隧道管片上浮控制技术研究．隧道建设，2015，35（2）：180-184.
[86] 杨云，李强，邱健．土压平衡盾构主驱动结构设计分析．现代制造技术与装备，2018（9）：1-2.
[87] 张宁川，李光．双模式全断面掘进机探讨．隧道建设，2013，33（4）：323-326.
[88] 张耀三．汕头华能电厂电缆隧道盾构工作井沉井施工．中国市政工程，2008（2）：62-64.
[89] 张志奇，马志坚．以全断面硬岩为主的复合地层土压平衡盾构刀盘及刀具配置技术研究．建材与装饰，2018（21）：262-263.
[90] 中华人民共和国住房和城乡建设部．城市轨道交通地下工程建设风险管理规范．城市轨道交通地下工程建设风险管理规范，2011.
[91] 中华人民共和国住房和城乡建设部．盾构法隧道施工及验收规范：GB50446—2017[S]．成都：西南交通大学出版社，2017.
[92] 周庆伟．不同地质条件下盾构刀具选型．中华建设，2021（10）：114-115.
[93] 周智．花岗岩地层大直径盾构长距离空推技术难点与应对．广东土木与建筑，2022，29（1）：70-74.
[94] 竺维彬，鞠世健．复合地层中的盾构施工技术[M]．北京：中国科学技术出版社，2006.
[95] 竺维彬，鞠世健．地铁盾构施工风险源及典型事故的研究[M]．广州：暨南大学出版社，2009.